U0870659

学生报告

柴俊勇◎著

上海人民出版社

1970 年 4 月 16 日，作者（右三）离沪赴江西生产建设兵团九团当“种庄稼”兵，在上海老北站列车旁与送行的邻居合影

1974 年，作者在参加中共江西省委组织活动时，在南昌市八一广场留影

1978 年，作者被选调到中央团校集训后在共青团中央机关工作，在北京天安门广场留影

1982 年至 1987 年 7 月，作者在共青团上海市委机关（陕西南路 30 号）工作

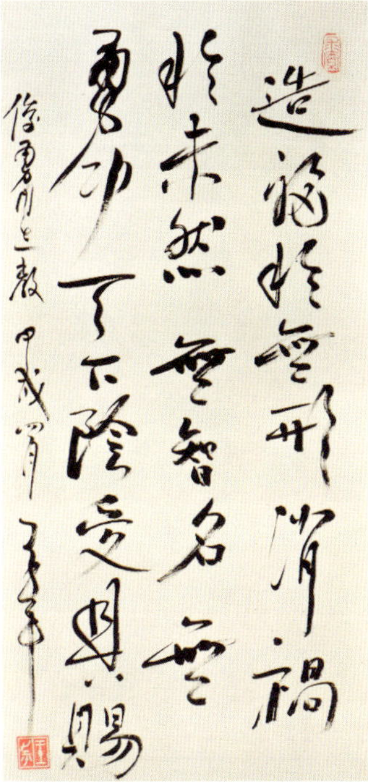

时任中共上海市委副书记、市委政法委书记、市社会治安综合治理委员会主任王力平亲笔书写条幅赠送作者:“造福于无形,消祸于未然,无智名,无勇功,天下阴受其赐。”

作者与第十二届全国政协常委,中国法学会党组书记、常务副会长陈冀平合影

2000 年 7 月至 2006 年 3 月，作者在上海市人民政府担任副秘书长时办公情景

作者在中国共产党上海市第七次代表大会上被选为市纪委委员，出席市第八次党代会

作者被上海市第十一届人民代表大会第四次、第五次、第六次会议主席团通过担任大会副秘书长，当选第十二届市人大代表

作者在担任第十一届、第十二届市政协委员时参与活动

作者应上海市政协副主席王志雄邀请，在第十二届政协第三次全体会议上代表市工商联界别作大会发言

2009 年 3 月，作者专程到河南省著名的南街村实地考察

作者在海南省博鳌论坛会址广场上留影

作者参加希望小学落成典礼，与少先队员们在一起

作者在江西井冈山竹排上留影

作者在内蒙古呼伦贝尔大草原

作者在新疆塔克拉玛干沙漠

2016 年，课题调研团队在北京故宫考察大客流科学、有效管理经验时，作者与国务院应急管理专家组组长闪淳昌（右五）、仇鸿老师（左三）合影

作者与百姓在交谈

作者在西藏自治区学习考察时在拉萨留影

作者与藏族孩子们在一起

作者与老红军、老八路、老将军合影

上海市人大常委会原副主任孙贵璋（前排左四）、胡传治（前排右三）在担任上海市人口福利基金会理事长时带领作者（前排右二）和同事们到崇明县开展活动

作者与时任上海兰生集团监事长蒋禹照合影

作者与广东省中国文物鉴藏家协会会长谢志峰夫妇合影

作者在中央团校门口与中共中央党校研究室副主任赵杰合影

作者与十三届市政协学习委员会常务副主任王国平、中共上海市委党校常务副校长沈炜合影

作者兼任上海市宁波经济建设促进会常务副会长、秘书长时在主持迎春团拜会

作者在担任第六届上海市人口福利基金会理事长时主持论坛

作者以国际应急学会中国委员会副主席名义在2016上海公共关系国际高峰论坛上作报告

上海市第九届政协党组副书记、副主席，上海法学家企业家联谊会第五届会长朱达人为作者（第六届会长）颁发证书

作者与上海卫星研究所原党委书记郭建伟（右一），上海东方国际集团原党委副书记、纪委书记强志雄（右二），军垦农场战友薛国安（左一）合影

作者与时任中共安徽省绩溪县县委书记赵敏生在中央领导同志旧居门口合影

作者与时任上海市人力资源社会保障局局长周海洋合影

作者与上海市公安局原副局长张声华合影

作者与光大集团原董事长、党委书记王明权，上海电视台编导柴俊为合影

作者与上海政法系统老前辈、老领导王鉴（前座左二），上海市第九届政协主席王力平（前座右二），京剧表演艺术家李蔷华（前座左一），梨园界京胡名家“南尤北燕”中的“南尤”尤继舜（前座右一），梅派非遗传人夏慧华（后排中），王鉴同志的女儿王丽江（后排左一）合影

作者与著名篮球运动员姚明握手

编辑的话

柴俊勇，城市公共安全专家、国家行政学院兼职教授、上海市人民政府原副秘书长，第十一、十二届市政协委员。作为专家型领导干部，他曾走进机关、院校、企业讲台，围绕公共行政领域诸多话题作过大量演讲和报告，但在这部汇编了他从政生涯中各类报告、政协提案和社情民意信息的文集中，他却自称“柴生”。好一个柴生，洗尽铅华，以“生”自诩，足见其谦敏善思，求真务实的性格。

柴生早年在江西接受过艰苦的知青劳动磨炼，19岁就加入了中国共产党，对党的忠诚、对人民的感情、对工作的激情，从那时起便深深扎根于心。他秉持做一名真正共产党人的价值观，无论在怎样的工作岗位和人生阶段，总要给社会留下点什么。在从事共青团工作期间，他牵头起草了我国第一部地方性青少年保护法规；在市委政法委岗位上，他全身心投入社会治安综合治理，当好领导同志的参谋和助手；在市政府工作期间，他在安全生产、应急管理、化解社会矛盾等方面先行先试、探索新路；在人民政协工作岗位上，他深入学习贯彻习近平总书记关于加强和改进人民政协工作的重要思想，不断提升政协工作的学习质量和水平。在离职退休后，他仍然保持朝气蓬勃、锐意进取、奋力创新的精神状态，总感觉仍不能止步，还要把自己的全部智慧和余热奉献给党，奉献给人民。

一部《柴生报告》，记录了柴生为党工作几十年来努力推动社会进步的点点滴滴。这其中，既有宏观的政策建议和研究报告，也有针对微观现实问题的政协提案和社情民意信息，一枝一叶，桩桩件件，无不与提升人民大众的获得感、幸福感和安全感密切相关。柴生所撰写的社情民意信息，是市政协委员中采纳率最高的之一，有的得到中央领导同志和市委、市政府主要领导同志批示。柴生认为，既然承载了人民的信任和寄托，就一定要给人民一个交代，为党的事业留下一点贡献，为人生历程留下一点印记，为人民群众留下一点福祉。这种激情和执着，归根到底源于对党和人民的忠诚，源于信仰的力量。

目 录

◎ 第一部分　系列报告

◎ 第三部分　政协提案

第一部分　系列报告

·人民政协篇·

习近平总书记关于加强和改进人民政协工作的重要思想对于指导人民政协工作具有现实意义

习近平总书记在党的十九大报告中，全面阐述了新时代中国特色社会主义思想。着眼中国特色社会主义事业的长远发展，顺应全党和全国各族人民的共同心愿，十九大把习近平新时代中国特色社会主义思想确定为党的行动指南，写入党章。这是十九大的伟大思想理论成果，是十九大具有划时代意义的历史贡献。

党的十八大以来，以习近平同志为核心的党中央从党和国家事业发展全局出发，进一步加强对人民政协的政治领导、思想领导和组织领导。习近平总书记多次专门就政协工作发表重要讲话、作出重要批示，科学回答了人民政协事业面临的一系列重大理论和实践问题，内涵丰富、思想深邃、说理透彻，为人民政协工作在新的征程上开拓奋进指明了前进方向、提供了基本遵循。党的十九大报告对人民政协工作提出新要求，为人民政协进一步做好工作提供了根本遵循，增强了前进的动力。学习好、贯彻好、落实好习近平总书记关于加强和改进人民政协工作的重要思想，对于我们正确把握人民政协的性质定位，充分发挥优势作用，坚持在继承中发展、在发展中创新，认真履职尽责，团结带领参加人民政协的各党派团体和各族各界人士，围绕中心、服务大局、做好工作，具有重大的现实意义。

一、对正确领会“懂政协、会协商、善议政”具有指导意义

习近平总书记在全国政协十二届三次全体会议期间，提出了“懂政协、会协商、善议政”的重要思想。这是对新时期人民政协和政协委员素质能力的重要指针，是履职尽责的根本遵循。“懂政协”是前提，“会协商”是根本，“善议政”是方法。“懂政协、会协商、善议政”是相互联系、不可分割的有机整体，具有丰富的理论内涵和实践特征。深入学习、领会和践行“懂政协、会协商、善议政”的重要思想，是推进人民政协事业发展的必然要求。

“懂政协”实质是对人民政协的认知程度。一是在政治上“懂”。政治性是人民政协的首要属性。“人民政协是具有中国特色的制度安排，是社会主义协商民主的重要渠道和专门协商机构。”必须旗帜鲜明讲政治，坚定不移讲看齐。必须始终坚持正确的政治方向，毫不动摇地坚持中国共产党的领导，进一步强化政治意识、大局意识、核心意识、看齐意识，始终与以习近平同志为核心的党中央保持高度一致。这是人民政协事业发展的根本保证，是政治原则，也是政治规矩。必须始终把增进思想政治共识作为重大政治任务，不断强化理论武装，进一步增强“四个自信”，把社会各界的思想共识凝聚到中国特色社会主义上来。必须始终与党委同心同德、同向同行，切实把增进思想共识体现在紧紧围绕党委中心工作履职尽责上，自觉通过协商民主的程序，把党委的重大决策部署转化为政协组织和广大政协委员的履职行动。

二是在政协性质上“懂”。习近平总书记强调，领导干部不管处在哪个层次和岗位，都应该读点历史，对政协委员来说也一样，必须了解人民政协的来龙去脉，明白为什么在中国会有政协这样一个崭新的政治组织。人民政协是中国人民爱国统一战线的组织，表明了人民政协统一战线平台的属性；人民政协是中国共产党领导的多党合作和政治协商的重要机构，表明了人民政协政治协商平台的属性；人民政协是我国政治生活中发扬社会主义民主的重要形式，表明了人民政协发扬民主平台的属性。从人民政协的性质定位，我们更加理解团结和民主是人民政协的两大主题，二者辩证统一、相辅相成；也更加理

解人民政协是社会主义协商民主的重要渠道和专门协商机构，协商议政是人民政协的职责所在。

三是在政协职能上“懂”。要充分认识三项职能统筹在社会主义协商民主建设的大格局下。人民政协的政治协商、民主监督、参政议政职能并不是单独设置、分头推进，而是互联互通、融为一体，三者在参与主体、基本原则、主要内容、实现形式等方面都是一致的。从协商民主的大格局来理解三项职能，才能创新履职载体，增强履职实效。要充分认识加强人民政协民主监督工作的深刻内涵。党的十八届六中全会对支持和保证人民政协依照章程进行民主监督作出部署，中共中央办公厅印发《关于加强和改进人民政协民主监督工作的意见》，为新形势下政协民主监督提供了基本遵循。

“会协商”体现了人民政协的根本任务。我们要深刻理解“有事好商量，众人的事情由众人商量，是人民民主的真谛”。“协商民主是实现党的领导的重要方式，是我国社会主义民主政治的特有形式和独特优势”等重要论述。要坚持有事多商量，遇事多商量，做事多商量，商量得越多越深入越好。协商的前提一是会谋划。谋划协商工作，要坚持“准、精、深、实、效”的指导思想。重点协商、民主监督、调研视察等计划安排，要准确对接党委、政府的工作重点，数量不在于多而在于精，深入调查研究，抓好工作落实，努力达到党委、政府满意，人民群众满意，政协组织和政协委员满意的成效。二是会选题。只有准确把握履职的重点方向，选准选好协商议题，协商才能得到党政重视，成果才能得到采纳使用，履职才会不做无用功。三是会搭台。政协的职责就是搭好平台，让各党派团体、各界别和广大政协委员，在协商民主的大平台上议政建言。习近平总书记提出推进社会主义协商民主广泛多层制度化发展的要求，为探索社会主义协商民主在基层的工作机制提供了指导。

“善议政”展现了人民政协的能力水平。人民政协“议政不行政、献策不决策”的特点就决定了要善用“话语权”，发出好声音。“议”是重心、“善”是要求，不是漫无目的泛泛而谈，也不是只唱赞歌不提意见的敷衍了事，而是要把“懂政协”的基础、“会协商”的本领，融入体现在“善议政”的实践中，以言建功，服务国计民生，服务党政决策。

站得高，善于谋全局议大事。“为一身谋则愚，而为天下谋则智。”作为政协委员，看问题、办事情要努力站得高一些、看得远一些、想得深一些，时时想大局，处处顾大局，主动把政协工作放到党委、政府全局工作中去谋划、去推进，做到党委、政府工作部署到哪里，人民政协工作就跟进到哪里。政协建言献策，要从大局出发，以是否有利于发展全局为标准，以能否满足人民群众的根本利益为标尺，不要只考虑局部利益、小团体利益、个人利益。比如撰写社情民意，我们既要反映身边群众关心的一些路不平、灯不明的小事，更要反映一些综合性、前瞻性的问题，体现出政协委员应有的格局和境界。

议得专，善于建真言献良策。政协是由界别组成的，各界别的委员大都术业有专攻，其中不乏有造诣的专家、学者，这是人民政协议政建言的优势所在。政协议政建言，要在“专业”上下功夫。建言献策要做到人无我有、人有我新、人新我专，见人之所未见，发人之所未发，努力提出让党政领导同志眼前一亮的对策建议。

说得实，善于用好政协话语权。政协最大的权利是话语权。话语权的价值体现在讲真话、说实话，建有据之言，献务实之策。要观点鲜明而不尖酸刻薄，分析深刻而不偏激极端，问题精准而不片面偏颇，措施对路而不琐碎冗长。要善于用事实和数据说话，做到言之有物、言之有据、言之有理。在立场角度上，设身处地、与人为善；平等协商、坦诚相待。切实做到合情合理合势，建言建在需要时、议政议在点子上、监督监在关键处。

二、对形成最大公约数、画出最大同心圆具有凝聚意义

习近平总书记在党的十九大报告中指出：“要高举爱国主义、社会主义旗帜，牢牢把握大团结大联合的主题，坚持正确处理一致性和多样性统一，找到最大公约数，画出最大的同心圆。”共识是谋事的前提，团结的基础。没有共识，画不出那个最大的同心圆，中国梦也无法圆。党的十八大以来，习近平总书记多次指出：“凝聚共识很重要，思想认识不统一时要找最大公约数。”最大公约数本是一个数学术语，可引申为“求大同”。寻求最大公约数的过程就是

求大同的过程。在政治社会领域，最大公约数理念要求在面对利益格局多元、价值取向多样的复杂局面时，最大限度地寻求利益共同点和共同价值观。习近平总书记关于最大公约数的论述是一个立意深远、内涵丰富、博大精深的有机整体。它主要涵盖：中国梦是海内外中华儿女团结奋斗的最大公约数，社会主义核心价值观是内化于心的最大公约数，全面深化改革是外化于行的最大公约数，协商民主是固化于制的最大公约数，法治中国是治国理政的最大公约数，群众路线是做好工作的最大公约数，合作共赢是国家对外关系的最大公约数。凝聚起13亿多人的共识，就能筑起世界上最美丽、最坚固、最长久的发展道路，直通中华民族伟大复兴的光辉殿堂。

以最大公约数画出最大同心圆，对人民政协提出了更高的要求。任务越艰巨，越要求提高工作艺术；利益越多元，越要求统筹兼顾；思想越多样，越要求确立主导。要以高度的紧迫感、使命感和责任感，努力实现自身思想观念的转型和修养素质的提高。人民政协工作做得好不好，要看团结的面有多大，朋友多不多、合格不合格、够不够铁。多不多是数量问题，合格不合格、够不够铁是质量问题。特别是要交一些能说心里话的挚友诤友，想交到这样的朋友，不能做快餐，而是要做"佛跳墙"这样的功夫菜。

毛泽东同志在中华人民共和国成立初期就指出："如果我们不善于依靠人民群众，不善于同党外的人员合作，那就无法把工作做好。"在2015年5月召开的中央统战工作会议上，习近平总书记指出："在革命、建设、改革各个历史时期，我们党始终把统一战线和统战工作摆在全党工作的重要位置，努力团结一切可以团结的力量、调动一切可以调动的积极因素，为党和人民事业不断发展营造了十分有利的条件。"以最大公约数画出最大同心圆，要从工作对象群体的有效覆盖、化消极因素为积极因素的有效作为、联系交友的有效落实方面着手。毛泽东同志不但说过"所谓政治，就是把拥护我们的人搞得多多的，把反对我们的人搞得少少的"，还说过"所谓团结，就是团结跟自己意见分歧的，看不起自己的，不尊重自己的，跟自己闹过别扭的，跟自己作过斗争的，自己在他面前吃过亏的那一部分人，至于那个意见相同的已经团结了的，就不发生团结的问题了"。我们要团结一切可以团结的力量，尽量不把消极因素留在社会或推向社会。把消极因素留在社会或推向社会，实际上是把包袱和压力甩给党和政府。人民政协化解的消极因素越多，对党和政府排忧解难的贡献就越大，力量就越壮大，这就画出了更大的同心圆。

习近平总书记曾指出："一方面，要不断巩固共同思想政治基础，另一方面，要充分发扬民主、尊重包容差异。对危害中国共产党领导、危害我国社会主义政权、危害国家制度和法治、损害最广大人民根本利益的问题，必须旗帜鲜明反对，不能让其以多样性的名义大行其道。这是政治底线，不能动摇。除此之外，对其他各种多样性，要尽可能通过耐心细致的工作找到最大公约数。只要我们把政治底线这个圆心固守住，包容的多样性半径越长，画出的同心圆就越大。"这一重要论断集大目标、大战略、大气魄、大思维、大智慧、大统战于一体，充分展现了中国共产党人海纳百川、虚怀若谷的伟大胸襟和治国理政、凝聚人心的大手笔。党的十八大以来，面对错综复杂的国际国内形势和多元多样的利益格局、思想观念、价值取向，习近平总书记审时度势，从战略高度提出寻求各方面的最大公约数，要求"各级领导干部要善于以最大公约数的思想方法研究问题、解决问题，聚合众力、融合众智"。这一思想涉及实现中国梦、全面深化改革、法治建设和党的群众路线等方面，贯穿内政外交和党的建设各领域、全过程，是"四个全面"重要思想的有机组成部分，对协调推进"四个全面"战略布局具有重要现实意义。

人民政协作为社会发展人才库、国家决策智囊团、统一战线黏合剂，紧紧围绕团结和民主两大主题开展工作，聚焦改革与发展履行职能建言献策。越是在改革攻坚期、发展关键期和全面建成小康社会的决定性阶段，越需要发挥人民政协联系群众广泛、各方人才荟萃的优势，越需要政协委员积极履职、参政议政，在协商民主的舞台上集思广益、群策群力，更有效地凝聚共识、汇聚力量。要不断提高政协委员参政议政的质量，最大限度集中民智，保障公民有序参与政治，以更加主动、更富创造性的协商民主服务于国家发展大局，推动形成全国上下心往一处想、智往一处谋、劲往一处使的良好局面。要努力营造宽松和谐的民主协商氛围，以开阔的胸襟、平等的心态、民主的作风，鼓励不同意见交流和讨论，容得下不同意见，听得进逆耳之言，形成知无不言、言无不尽的氛围，真正通过协商出办法、出共识、出感情、出团结。

三、对解决人民政协工作所面临的问题与挑战具有开拓意义

习近平总书记在党的十九大报告中指出:"人民政协工作要聚焦党和国家中心任务,围绕团结和民主两大主题,把协商民主贯穿政治协商、民主监督、参政议政全过程,完善协商议政内容和形式,着力增进共识,促进团结。加强人民政协民主监督,重点监督党和国家重大方针政策和重要决策部署的贯彻落实。增强人民政协界别的代表性,加强委员队伍建设。"

党的十九大报告对人民政协工作提出的新要求,充分体现了以习近平同志为核心的党中央对人民政协工作的高度重视和殷切期盼,我们要认真负责把新要求落到实处。近几年,我们政协工作的问题与不足在哪里呢?全国政协十二届历次全会工作报告中有关工作不足部分是这样叙述的:2013 年,我们清醒地认识到,与新形势、新任务要求和广大政协委员人民群众期望相比,一些工作还存在不足,需要切实加以改进。比如,有的协商议政活动时效性不够强,质量有待提高。民主监督还比较薄弱,联系服务委员的办法还不够多等。真诚希望广大委员对常委会工作提出批评和建议,以利我们把今后的工作做得更好。2014 年,我们清醒地看到,政协工作还存在一些不足,主要是政协民主监督仍需加强、制度机制仍需完善、提案质量仍需提高、履职能力仍需增强等。这些,我们都将在今后工作中采取措施努力改进。还要看到,本届政协已经撤销了令计划、苏荣等 14 人全国政协委员资格,这警示我们要切实加强委员队伍建设,继续坚定不移地推进党风廉政建设和反腐败斗争。2015 年,我们清醒地看到,工作中存在的问题和不足主要是:有些调研议政活动深度不够、实效不强,民主监督工作需要进一步规范,联系和服务委员的办法还不够多,履职能力建设需要进一步加强,一些制度规定的落实还不到位,等等。对这些问题,我们要高度重视,切实改进。2016 年,我们清醒地看到,政协工作中还存在一些不足,对重点问题的调查研究需要更加深入,民主监督的相关机制需要进一步健全,团结联谊的广度和深度需要不断拓展,委员履职服务工作的质量和水平需要进一步提高。对这些问题,我们要高度重视,认真研究解

决。2017 年,我们清醒看到,工作中存在的问题和不足主要是:有些调研议政活动深度不够、实效不强,民主监督工作需要进一步规范,联系和服务委员的办法还不够多,履职能力建设需要进一步加强,一些制度规定的落实还不到位,等等。对这些问题,我们要高度重视,切实改进。2018 年,有些工作同新时代新任务的要求相比、同人民群众期待相比还有一定差距。一些调研议政活动还存在调查浮于表面、深入实际不够的问题,民主监督的方式方法和制度化建设还需要进一步探索,团结联谊的范围和渠道还有待于进一步拓展,发挥委员作用还需进一步强化,专门委员会联系界别、联系委员的工作还需进一步改进,机关建设还有薄弱环节,对地方政协工作指导还不够,等等。这些都需要切实加以改进。

归纳起来是 10 个问题。(1)依据所需所盼所能,政协的协商内容还不够清晰。(2)立法协商、预算协商如何展开。(3)协商形式的程序、频率如何把握。(4)委员的建言献策、协商的成效还不够明显。(5)协商民主监督相对比较薄弱。(6)加强委员履职管理如何科学管用。(7)建立委员联系渠道如何进一步拓宽。(8)委员的入口关如何有政协机关的话语权。(9)协商能力和水准如何着力进一步提升。(10)如何更好地加强党对政协的领导。认真学习贯彻习近平总书记关于加强和改进人民政协工作的重要思想,是一项长期的重大政治任务。问题就是补缺所在、工作重点、提升方向、人民期待,问题就是工作动力。我们要认真学习习近平总书记对人民政协提出的要求,要真学、真对照,一定要坚持边学边改、即知即改,一个个分析具体原因,一项项明确改进措施,一件件抓好督查落实,真正把不足找准、找全、找到位,把问题改正、改好、改彻底。要不断把对习近平总书记关于人民政协工作的重要讲话精神的学习贯彻工作引向深入,努力取得更大成效。

四、对提升新时代人民政协和委员履职能力具有促进意义

中国特色社会主义进入了新时代,我国社会主要矛盾已经转化为人民日益增长的美好生活需要和不平衡不充分的发展之间的矛盾。这是关系全局的

历史性变化，对党和国家工作提出了许多新要求。人民政协必须不断提高工作水平和履职能力。要提高政治把握能力，坚定理想信念，增进政治认同，提高运用科学理论分析判断形势、研究解决问题的能力和水平。要提高调查研究能力，坚持问题导向，深入实际摸清真实情况，集合众智提出解决办法，努力使对策建议有的放矢、切中要害。要提高联系群众能力，创新群众工作方法，畅通和拓宽各界群众的利益诉求表达渠道，发挥好桥梁纽带作用。要提高合作共事能力，发扬求同存异、体谅包容的优良传统，贯彻民主协商、平等议事的工作原则，尊重和包容不同意见的存在和表达，以民主的作风团结人，不断增进思想共识、加强合作共事。这是习近平总书记对人民政协提出的明确要求。

政协委员是政协工作的主体。政协委员是国家治理体系中的不可或缺的资源，政协委员的荣誉来之不易、社会知名度大、关注度高，既是对个人综合素质的肯定，也是组织的充分信任。政协委员要倍加珍惜委员身份，格外看重政协事业，自觉肩负起光荣使命和神圣职责。

政协委员是社会精英，各行各业的翘楚，在自己的专业领域都颇有建树。但人民政协有自己的理论体系和业务知识，有自己独特的工作方法。因此，政协委员要有“空杯”意识和甘当“小学生”的态度，以海绵吸水的态度孜孜不倦地学习。通过学习，深刻理解政协是政治组织，深刻理解政协不是权力机关，明白政协发挥作用不是靠说了算，而是靠说得对。深刻理解政协是平台，是发扬民主的平台，是政治协商的平台，也是统一战线的平台，倍加珍惜每一次与党政领导面对面协商的机会，多建真言，多献良策。掌握调查研究、撰写提案、反映社情民意等工作的方式方法，努力成为政协工作的行家里手。

要当一名响当当的政协委员。政协委员代表各界群众参与国事、履行职责，是一种崇高的荣誉，更是一种沉甸甸的责任。政协委员要尽心尽力履行职责，要增强委员意识，把责任扛在肩上，把事业放在心上，有效履行委员职责。政协委员必须具备较高的思想水平和认识能力，只有一些零碎的想法，一般的观感、笼统的表态是不够的，这就需要广泛学习各方面知识，扎实开展调查研究，及时了解现实情况，摸清真实情况，找准存在问题，做到建言建在需要时，议政议在点子上，监督监在关键处。政协委员的一言一行，社会都很关注，要模范遵守宪法法律和政协章程，自觉践行社会主义核心价值观，守住道德底线，不碰法律红线，自觉廉洁自律。使之成为界别诉求、社情民意的传递者；研究问题、解决问题的参与者；责任政府、依法行政的监督者；创新发展、转型驱动的建设者。

人民政协务必要尊重和保障委员民主权利、完善委员联络制度、健全委员联络机构，为委员履职创造条件。政协机关一定要为委员做好服务工作。要以委员的需求、愿望为导向，以委员的履职尽职的服务为目标，以委员的满意高兴为标准。政协的领导要多同委员沟通交流，视察同坐一辆车，用餐同吃一桌饭，座谈同讲心里话，同心同德、同舟共济，使政协机关成为委员之家，有家的温馨、有家的感受、有家的体验。中共界别的政协委员、中共党员的政协委员要带头积极参政议政，带头参加政协组织的各项活动，带头开展调查研究，带头多撰写提案、多反映社情民意，发挥示范和表率作用。政协委员的履职积极性很大程度取决于政协机关的工作成效。

五、对改进和加强中国共产党对人民政协领导具有创新意义

人民政协是中国共产党在 1948 年 5 月 1 日向全国人民提议的，是把马克思列宁主义统一战线理论、政党理论、社会主义民主政治理论同中国具体实践相结合的伟大创造。人民政协的优势可以概括为三个“独”：一是独特性，与党的革命道路有着天然的联系，是具有中国特色社会主义道路的必然产物。二是独有性，是中华民族文化的时代发扬，天下为公的精神追求，兼容并蓄的政治胸怀，求同存异的价值取向。三是独到性，为新中国成立奠定基石，在社会主义建设和改革开放中不断创新，是中国制度自信的世界展示。

习近平总书记在党的十九大报告中指出：“党政军民学，东西南北中，党是领导一切的。”人民政协成立六十多年来，离不开中国共产党的坚强领导。党始终支持人民政协依照章程独立负责、协调一致开展工作，运用人民政协这一政治组织和民主形式，为实现党的总目标、总任务服务。可以说，人民政协在建立新中国、建设新中国、探索改革路、实现中国梦伟大实践中，走过了辉煌历程，建立了历史功勋。人民政协有力保障了实现人民当家作主。党的领导和

党的执政，关键在于党始终成为人民主心骨，始终是人民的共同选择。人民政协顺应人民群众民主意识不断增强的趋势，有序扩大社会各界政治参与，既反映多数人的普遍愿望，又吸纳少数人的合理主张，可以保障最大限度地实现最广大人民的民主权利。人民政协有力促进了科学民主决策。坚持协商于决策之前和决策实施之中，是党治国理政的重要经验。在政协平台上，在平等、宽松氛围中，党委、政府就经济社会发展的重要问题和人民群众关心的实际问题，开展协商讨论，广开言路、广集众智、广求良策，促进作出符合实际、贴近民意的决策。人民政协有力推动了党执政方式的改进。党的领导，一个显著特点就是寓领导于协商之中。党委、政府在政协同各党派团体、各族各界代表人士协商的过程，就是听取不同观点、吸收建设性意见的过程，体现了党对人民意愿和人民权利的尊重，密切了党和人民群众的联系，推动了党的执政方式的改进，保证了党领导人民有效治理国家。

中国共产党的领导是中国特色社会主义最本质的特征，是人民政协事业发展进步的根本保证。人民政协是中国共产党领导的各党派、各团体、各民族、各阶层大团结大联合的组织，政协委员作为组织中的一员，必须学习领会贯彻党的路线方针政策，这是做好政协工作的根本前提，也是人民政协事业不断前进的方向。第一时间学习党和国家的大政方针和决策部署，牢固树立“四个意识”，自觉在思想上政治上行动上同以习近平同志为核心的党中央保持高度一致，提高自己看问题、办事情、提建议的政治站位。自觉学习宪法法律、学习政治纪律和政治规矩、学习政协章程，加强自我约束，自觉践行社会主义核心价值观，做发展的动力、德行的楷模。

中国共产党各级党委要重视和支持人民政协事业发展，把人民政协政治协商作为重要环节纳入决策程序，会同政府、政协制定实施协商年度工作计划，对明确规定需要协商的事项必须经协商后提交决策实施。要加强人民政协民主监督，完善民主监督的组织领导、权益保障、知情反馈、沟通协调机制。要推进人民政协参政议政更加深入务实开展，委托政协开展重大课题调研，邀请政协委员参与重大项目研究论证，完善参政议政成果采纳落实机制，更好发挥人民政协建言资政作用。要高度重视政协领导班子建设，改进委员产生机制，真正把代表性强、议政水平高、群众认可、德才兼备的优秀人士吸收到委员队伍中来。要适应经济社会发展和统一战线内部结构变化，深入研究更好发挥政协界别作用的思路和办法，扩大团结面、增强包容性，拓展有序政治参与空间。

六、对向世界讲好中国特色的人民政协故事具有引领意义

习近平总书记指出："在一个国家的各种制度中，政治制度处于关键环节。所以，坚定中国特色社会主义制度自信，首先要坚定对中国社会主义政治制度的自信，增强走中国特色社会主义政治发展道路的信心和决心。"同时，他也指出，设计和发展国家政治制度，必须注重历史和现实、理论和实践、形式和内容有机统一，要把握现实要求、着眼解决现实问题，不能割断历史，不能想象突然就搬来一座政治制度上的"飞来峰"。

人民政协植根于中国历史文化，产生于近代以后中国人民革命的伟大斗争，发展于中国特色社会主义光辉实践，是统一战线的组织，是多党合作和政治协商的机构，是人民民主的重要实现形式，体现了中国特色社会主义制度的鲜明特点，具有鲜明中国特色。党的十八大以来，以习近平同志为核心的党中央进一步加强和创新人民政协工作，提出了关于人民政协的新理念新思想新战略，特别是系统总结中国共产党领导的多党合作和政治协商制度，系统总结人民政协政治协商的成功实践，创造性提出"健全社会主义协商民主制度"，要求推动协商民主广泛制度化发展，并特别强调人民政协要发挥协商民主重要渠道和专门协商机构作用，使人民政协的性质和定位得到升华。习近平总书记关于人民政协和协商民主的新思想，充分体现了中国特色社会主义的道路自信、理论自信、制度自信、文化自信。

习近平总书记指出："中国共产党人和中国人民完全有信心为人类对更好社会制度的探索提供中国方案。"2012 年，党的十八大报告正式提出"人类命运共同体"倡议，为构建新时代下新型国际秩序提出了中国的智慧和方案。五年多来，在以习近平同志为核心的党中央领导下，中国在推进"人类命运共同体"建设上积极探索实践，一路勇往直前。中国特色社会主义民主政治建设，

是中国共产党为人类民主制度发展提供中国智慧的重要体现。坚持选举民主和协商民主相结合的民主制度,既保障了人民在选举时有投票的权利,也保障了人民在日常政治生活中进行民主决策、民主管理、民主监督的权利。发展协商民主,让人民通过自由平等的沟通交流、对话协商的方式参加政治生活,解决公共事务。相比西方民主,协商民主在理论上解决了人民日常政治参与、民主管理问题。西方民主制度过分强调选举,使得民主止步和定格于"选举"这一外在的形式,从这一点来说,协商民主在理论上的先进性、优越性显而易见。习近平总书记在党的十九大报告中指出:"我们走中国特色社会主义道路,具有无比广阔的时代舞台,具有无比深厚的历史底蕴,具有无比强大的前进定力。"充满着制度自信。

人民政协应有的制度价值和潜在功能没有得到充分发挥,部分党政干部和有些人民群众对政协的认识还局限于"拍拍手"的层面,这不能不说是一种遗憾。因此,在国内要讲好人民政协故事,在世界上更要将具有中国特色的人民政协故事讲生动、讲精彩、讲可信。只要我们坚持不懈地推进协商民主广泛多层制度化发展,并把它同社会主义选举民主相结合,中国特色社会主义民主一定能够以一种崭新的民主制度,为人类政治文明建设作出新贡献。

习近平人民政协思想研究

上海市政协学习委员会课题组*

一、习近平人民政协思想的理论来源

人民政协是中国独特的制度设计，根植于中国的社会政治土壤，立足于中国特色社会主义的现实国情。习近平人民政协思想具有深厚的理论基础、实践基础、制度基础与文化基础，展现着中国特色、中国风格、中国气派。

（一）中国特色社会主义人民政协理论是习近平人民政协思想的理论基础

毛泽东统一战线思想是习近平人民政协思想之源。毛泽东指出："中国无产阶级应该懂得：他们自己虽然是一个最有觉悟性和最有组织性的阶级，但是如果单凭自己一个阶级的力量，是不能胜利的。而要胜利，他们就必须在各种不同的情形下团结一切可能的革命的阶级和阶层，组织革命的统一战线。"①中国共产党将统一战线作为重要政策贯彻落实到中国革命进程之中。中华人民共和国成立后，以毛泽东同志为代表的中国共产党人从国情出发，突破苏联"一党制"政党模式，提出"长期共存，互相监督"的方针，使多党合作思想在社会主义条件下进一步确立。

改革开放以来，中国共产党运用马列主义统一战线理论、政党理论、民主政治理论与中国具体实践相结合，创立了中国特色社会主义人民政协理论。以邓小平同志为核心的中央领导集体继承了毛泽东人民政协思想，把中国共产党领导的多党合作和政治协商制度上升为国家基本政治制度，指明人民政

---

* 执笔人：国家行政学院兼职教授、上海市政协学习委员会常务副主任柴俊勇；中国浦东干部学院副教授、上海市政协学习委员会办公室副主任何丽君。

① 《毛泽东选集》第2卷，人民出版社1991年版，第645页。

协是发扬社会主义民主的重要形式，将人民政协的职能由“政治协商”拓展为“政治协商和民主监督”，明确中国共产党和各民主党派“长期共存、互相监督、肝胆相照、荣辱与共”的十六字方针。以江泽民同志为核心的中央领导集体从统战性、政党性、民主性的角度完善了人民政协的性质，确立了团结和民主两大主题，完善人民政协“政治协商、民主监督、参政议政”三项职能。以胡锦涛同志为总书记的中央领导集体提出围绕中心、服务大局是人民政协履行职能必须遵循的原则，实现和维护最广大人民的根本利益是人民政协工作的出发点和落脚点，选举民主、协商民主是我国社会主义民主的两种形式。中国共产党统一战线思想作为中国特色社会主义理论体系重要组成部分，无论是革命建设时期，还是改革发展时期都彰显旺盛的生命力，习近平人民政协思想是对中国共产党统一战线思想的继承与发展。

（二）新中国人民政协的发展实践是习近平人民政协思想的实践基础

实践是检验真理的唯一标准，理论是在实践中不断丰富发展的。中国共产党人民政协思想孕育于中华人民共和国成立前，丰富于社会主义建设时期，发展于改革开放时期。1948 年 4 月 30 日，中共中央发表了《纪念“五一”劳动节口号》，广泛动员各民主党派、各人民团体、无党派人士和社会贤达迅速召开全国政治协商会议，协商成立新中国。1949 年 9 月，中国人民政治协商会议第一届全体会议在北平召开，标志着中国共产党领导的多党合作和政治协商制度正式确立。1954 年 12 月，全国政协二届一次会议在北京举行，通过了《中国人民政治协商会议章程》和《中国人民政治协商会议宣言》，明确人民政协的性质、地位、作用和任务，为政治协商制度奠定了思想、政治和组织基础。1982 年 12 月，全国人大五届五次会议通过的《宪法》明确规定：“中国人民政治协商会议是有广泛代表性的统一战线组织，过去发挥了重要的历史作用，今后在国家政治生活、社会生活和对外友好活动中，在进行社会主义现代化建设、维护国家的统一和团结的斗争中，将进一步发挥它的重要作用。”政治协商的作用载入宪法，为新时期政治协商工作提供了法律保障。1993 年，作为一项基本政治制度，中国共产党领导的多党合作和政治协商制度被写入宪法，确定了人民政协制度在国家政体框架中的地位，将人民政协的工作提升到社会主义民主国家构建的层面。1997 年，党的十五大将坚持和完善中国共产党领导的多党合作与政治协商制度列为社会主义初级阶段基本纲领的重要内容。人民政协源自中国共产党领导人民进行革命、建设、改革的长期实践,新中国人民政协的鲜活实践是习近平人民政协思想的实践基础。

(三) 中国特色社会主义政党制度是习近平人民政协思想的制度基础

西方政党制度是西方国家调节社会政治关系,缓和阶级矛盾的重要途径。近代中国曾尝试过君主立宪制、议会制和总统制,结果都失败了。一些拉美国家将西方政党制度引入国内,并未取得预期成效,反而陷入“休克状态”或是跌入“中等收入陷阱”。邓小平曾指出,“我们国家也是多党,但是,中国的其他党,是在承认共产党领导这个前提下面,服务于社会主义事业的”①,这一政党制度“根本不同于西方资本主义国家的多党制或两党制,也有别于一些社会主义国家实行的一党制”②。习近平指出,“照抄照搬他国的政治制度行不通,会水土不服,会画虎不成反类犬,甚至会把国家前途命运葬送掉。只有扎根本国土壤,汲取充沛养分的制度,才最可靠,也最管用。”③“人民通过选举、投票行使权利和人民内部各方面在重大决策之前进行充分协商,尽可能就共同性问题取得一致意见,是中国社会主义民主的两种重要形式。在中国,这两种民主形式不是相互替代、相互否定的,而是相互补充、相得益彰的,共同构成了中国社会主义民主政治的制度特点和优势。”④悠久的文化传统、历史的经验教训和特有的中国国情,注定了中国必须实行符合自己特点的政党制度。中国改革开放三十多年举世瞩目的巨大成就展现了中国共产党领导的多党合作和政治协商制度是经得起实践检验、符合中国国情的政党制度。具有极为坚实内在逻辑性的中国特色社会主义政党制度,是习近平人民政协思想的制度基础。

(四) 中华民族优秀传统文化是习近平人民政协思想的文化基础

“抛弃传统、丢掉根本,就等于割断了自己的精神命脉。”⑤习近平人民政

---

① 《邓小平文选》第 2 卷,人民出版社 1994 年版,第 267 页。

② 政协全国委员会办公厅、中共中央文献研究室编:《人民政协重要文献选编》(中卷),中央文献出版社、中国文史出版社 2009 年版,第 479 页。

③ 习近平:《在庆祝全国人民代表大会成立 60 周年大会上的讲话》,《人民日报》2014 年 9 月 6 日。

④ 习近平:《在庆祝中国人民政治协商会议成立 65 周年大会上的讲话》,《人民日报》2014 年 9 月 21 日。

⑤ 习近平:《在中共中央政治局第十三次集体学习时的讲话》(2014 年 2 月 24 日)。

协思想是以习近平同志为核心的党中央从源远流长、博大精深的中国优秀传统文化中吸取丰富养料与精神养分凝结而成，彰显中华民族的文化特色及其独特价值。“贵和”是中国传统文化核心价值取向之一，是古圣先贤积千年之理论与实践积淀流传下来的精神瑰宝。习近平在联合国教科文组织总部演讲中谈及：“中国人早就懂得了‘和而不同’的道理。生活在2 500年前的中国史学家左丘明在《左传》中记录了齐国上大夫晏子关于‘和’的一段话：‘和如羹焉，水、火、醯、醢、盐、梅，以烹鱼肉。’‘声亦如味，一气，二体，三类，四物，五声，六律，七音，八风，九歌，以相成也。’‘若以水济水，谁能食之？若琴瑟之专一，谁能听之？’”①“和”是“和而不同”的前提，是事物差异性、多样性的统一；“不同”是“和而不同”的特质，事物只有“不同”才会发展。中国传统“和合”思想强调矛盾事物和谐的重要性，突出不同要素组成中的融合作用，是人民政协在中国生根开花、枝繁叶茂的文化土壤，为习近平人民政协思想提供了不竭的文化源泉。

二、习近平人民政协思想的基本内涵

根据时代发展的新要求、社会实践发展的新情况，党的十八大以来，习近平从党和国家发展全局的战略高度先后二十多次专门就政协工作作出重要讲话和批示，对人民政协的性质定位、重要作用与原则要求进行系统阐释与全面部署。探析习近平人民政协思想的基本内涵不仅有助于丰富发展中国特色社会主义理论体系，更可为做好新形势下人民政协工作提供理论指导。

（一）人民政协的性质定位

“人民政协是我国民主政治建设的一大创造，也是我国社会主义民主制度的一大特色、一大优势。”②人民政协是中国共产党“领导的多党合作和政治协商的重要机构，不是国家的权力机关、决策机关和行政机关”③。习近平在担

① 习近平：《习近平谈治国理政》，外文出版社2015年版，第261—262页。

② 《2003—2007年时任浙江省委书记习近平同志关于人民政协工作的论述摘编》，中国人民政治协商会议浙江省委员会，第2页。

③ 《2003—2007年时任浙江省委书记习近平同志关于人民政协工作的论述摘编》，中国人民政治协商会议浙江省委员会，第20页。

任浙江省委书记期间，充分肯定浙江省政协正确把握了“献策不决策、立论不立法、议政不行政、宽松不放松”的工作方位。[①]在庆祝中国人民政治协商会议成立65周年大会上，习近平再次强调：“做好人民政协工作，必须坚持人民政协的性质定位。”[②]

1. 人民政协是最广泛的爱国统一战线组织

习近平指出，“人民政协是最广泛的爱国统一战线组织。统一战线是中国共产党夺取革命、建设、改革事业胜利的重要法宝，也是实现中华民族伟大复兴的重要法宝。”[③]作为最广泛的爱国统一战线组织，人民政协不同于国家权力机关和行政机关，承担着广泛凝聚参加人民政协的各民主党派、工商联、各无党派人士、各人民团体、各族各界人士、香港澳门台湾同胞、海外侨胞和归侨侨眷团结奋斗致力于中华民族伟大复兴的政治任务，是中国共产党实现对中华儿女政治引领和动员不可或缺的重要平台。

2. 人民政协是多党合作和政治协商的机构

习近平指出，人民政协是“多党合作和政治协商的机构”[④]。“人民政协以宪法、政协章程和相关政策为依据，以中国共产党领导的多党合作和政治协商制度为保障，集协商、监督、参与、合作于一体，是社会主义协商民主的重要渠道。”[⑤]“人民政协要发挥作为专门协商机构的作用，把协商民主贯穿履行职能全过程”[⑥]，组织各党派、各团体、各民族以及各界代表人士开展政治协商、民主监督、参政议政活动，以“更好协调关系、汇聚力量、建言献策、服务大局。”[⑦]

3. 人民政协是人民民主的重要实现形式

习近平指出：“人民民主是社会主义的生命。人民政协是人民民主的重要形式。”[⑧]“人民是否享有民主权利，要看人民是否在选举时有投票的权利，也要看人民在日常政治生活中是否有持续参与的权利；要看人民有没有进行民主选举的权利，也要看人民有没有进行民主决策、民主管理、民主监督的权利。”[⑨]“中国共产党领导人民实行人民民主，就是保证和支持人民当家作主。……保证人民依法有效行使管理国家事务、管理经济和文化事业、管理社

① 《社会主义协商民主的实践与创新》，浙江省人民政协，第12页。

②③④⑤⑥⑦⑧⑨ 习近平：《在庆祝中国人民政治协商会议成立65周年大会上的讲话》，《人民日报》2014年9月21日。

会事务的权力。”①人民政协要“丰富民主形式，畅通民主渠道”②，推进人民群众有序的政治参与，实现人民当家作主的“实质民主”。

4. 人民政协是国家治理体系的重要组成部分

习近平从加强国家治理体系现代化建设的高度审视人民政协政治地位，提出“人民政协是国家治理体系的重要组成部分”③的重要论述。人民政协“要适应推进国家治理体系和治理能力现代化的要求，坚持改革创新精神，推进人民政协理论创新、制度创新、工作创新。”④

习近平在继承中国特色社会主义人民政协理论的基础之上全面阐释人民政协的性质定位，人民政协是不可替代的爱国统一战线组织，是各党派团体和各族各界人士发扬民主、参与国是、团结合作的多党合作和政治协商机构，是保证和支持人民当家作主的重要形式，是推进国家治理体系和治理能力现代化的重要形式。

（二）人民政协的重要作用

在庆祝中国人民政治协商会议成立65周年大会上，习近平充分肯定过去六十几年人民政协对于中华人民共和国建立、建设与发展进程中的历史贡献，坚信人民政协未来将会发挥更为积极重要的作用。

1. 人民政协具有不可替代的作用

习近平在担任浙江省委书记期间指出，“人民政协与人大、政府互为补充，相辅相成，在我国政治生活中具有不可替代的作用”⑤。人民政协的优势是其他任何组织无与伦比的，其政治作用主要体现在如下三方面。一是“出实招、谋良策”⑥。人民政协“要充分发挥人才荟萃、智力密集的优势，发挥政协位置超脱、视野开阔的优势，……以发现问题的敏锐性和拾遗补阙的主动性，按照‘少而精、专而深、出精品、求实效’的原则”⑦，“聚焦推动科学发展、全面深化改革中的重大问题和群众最为关切的问题，深入进行调查研究，努力为改革发

---

①②③④⑥ 习近平：《在庆祝中国人民政治协商会议成立65周年大会上的讲话》，《人民日报》2014年9月21日。

⑤ 《2003—2007年时任浙江省委书记习近平同志关于人民政协工作的论述摘编》，中国人民政治协商会议浙江省委员会，第1页。

⑦ 《2003—2007年时任浙江省委书记习近平同志关于人民政协工作的论述摘编》，中国人民政治协商会议浙江省委员会，第6页。

展出实招、谋良策”①,“发挥智囊团的作用”②。二是“添助力、增合力”③。人民政协要“充分发挥联系广泛的优势,为凝心聚力、增进团结服务。……努力做好联系人、团结人、争取人的工作,最大限度地把全体社会主义劳动者、社会主义建设者、拥护社会主义的爱国者和拥护祖国统一的爱国者都团结起来”④。“积极宣传改革发展的大政方针,引导所联系群众支持和参与改革发展,正确对待新形势下改革发展带来的利益格局调整,为改革发展添助力、增合力。”⑤三是“推动各项改革发展举措落到实处”⑥。人民政协要“坚持服务、配合、支持的原则,重点抓住党政机关工作中存在的突出问题,敢于开展民主监督,善于开展民主监督”⑦。“敢于讲真话、讲诤言,及时反映真实情况,勇于提出建议和批评,帮助查找不足、解决问题,推动各项改革发展举措落到实处。”⑧

2. 人民政协的未来必将更为辉煌

“我们有充分的理由相信,人民政协创造了辉煌的历史,也必将创造更加辉煌的未来!”“人民政协要发挥作为专门协商机构的作用”⑨,展现“五个可以”的独特优势。“五个可以”即:可以广泛达成决策和工作的最大共识,有效克服党派和利益集团为自己的利益相互竞争甚至相互倾轧的弊端;可以广泛畅通各种利益要求和诉求进入决策程序的渠道,有效克服不同政治力量为了维护和争取自己的利益固执己见、排斥异己的弊端;可以广泛形成发现和改正失误和错误的机制,有效克服决策中情况不明、自以为是的弊端;可以广泛形成人民群众参与各层次管理和治理的机制,有效克服人民群众在国家政治生活和社会治理中无法表达、难以参与的弊端;可以广泛凝聚全社会推进改革发展的智慧和力量,有效克服各项政策和工作共识不高、无以落实的弊端。⑩人民政协要“继承光荣传统,提高履职能力现代化水平,为实现‘两个一百年’奋斗目标、实现中华民族伟大复兴的中国梦作出新的更大贡献”⑪。

①③⑤⑥⑧⑨⑩⑪　习近平:《在庆祝中国人民政治协商会议成立65周年大会上的讲话》,《人民日报》2014年9月21日。

②　《2003—2007年时任浙江省委书记习近平同志关于人民政协工作的论述摘编》,中国人民政治协商会议浙江省委员会,第3页。

④⑦　《2003—2007年时任浙江省委书记习近平同志关于人民政协工作的论述摘编》,中国人民政治协商会议浙江省委员会,第7页。

（三）人民政协工作的原则要求

习近平总结了65年来人民政协工作的宝贵经验，提出了新时期人民政协工作的原则与要求。概要而言，主要体现在四个方面。

1. 坚持中国共产党的领导，发挥中国特色社会主义制度优势和特点

加强党委对同级人民政协的领导是习近平一以贯之的思想。习近平担任浙江省委书记期间提出，要积极探索和完善“总揽全局，协调各方”的领导体制，形成“一个党委”、“三个党组”、“几个口子”的领导体制。通过“三个党组”，实现省委对省人大常委会、省政府、省政协的领导；通过“几个口子”，实现省委对各个工作领域的领导。①习近平要求各级党委坚持每届至少召开一次政协工作会议，研究新情况，解决新问题；党委定期向政协通报情况，指导和支持政协围绕党和政府的中心工作履行职能、开展活动；党委常委会每年至少专题听取一次政协工作汇报，研究重要问题，提出任务和要求，帮助解决实际困难；党委、政府领导班子成员中都要明确一名同志联系政协工作；党委主要领导同志要关心和过问政协工作，认真听取政协的意见和建议。②从2002年10月到2003年10月，习近平调任浙江工作一年间，全省共召开19次通报协商会，通报中央有关会议精神，征求对人事安排、省委工作和浙江经济社会发展工作的意见。③

担任中共中央总书记以后，习近平明确提出：“做好人民政协工作，必须坚持中国共产党的领导。中国共产党的领导是包括各民主党派、各团体、各民族、各阶层、各界人士在内的全体中国人民的共同选择，是中国特色社会主义最本质的特征，也是人民政协事业发展进步的根本保证。人民政协事业要沿着正确方向发展，就必须毫不动摇坚持中国共产党的领导。”④“坚持党的领导，首先是坚持党中央的集体统一领导。一个国家、一个政党，领导核心至关

① 《社会主义协商民主的实践与创新》，中国人民政治协商会议浙江省委员会，第7页。

② 《社会主义协商民主的实践与创新》，中国人民政治协商会议浙江省委员会，第14页。

③ 《社会主义协商民主的实践与创新》，中国人民政治协商会议浙江省委员会，第10—11页。

④ 习近平：《在庆祝中国人民政治协商会议成立65周年大会上的讲话》，《人民日报》2014年9月21日。

重要。”[①]要“充分发挥党总揽全局、协调各方的领导核心作用”[②]，进一步加强对人民政协的政治、思想和组织领导。中央政治局常委会议每年都研究并批准全国政协年度协商计划、听取政协党组工作汇报、研究政协常委会工作报告和全体会议有关事项的请示。中共中央和中央办公厅先后颁发《加强社会主义协商民主建设的意见》和《加强人民政协协商民主建设的实施意见》，颁布实施《中国共产党统一战线工作条例（试行）》，对推进人民政协事业发展作出一系列重要部署。《关于加强人民政协协商民主建设的实施意见》指出，“各级党委应把人民政协协商民主建设纳入总体工作部署和重要议事日程”，“按照党委统一领导、各方分工负责的原则，统筹制定加强党委和政府工作与政协协商有效衔接的相关制度”，“及时研究并统筹解决工作中的重大问题”。人民政协要增强“政治意识、大局意识、核心意识、看齐意识”，“坚持中国共产党的领导、人民当家作主、依法治国有机统一”[③]。“政协党组肩负着实现党对人民政协领导的重大政治责任，要发挥领导核心作用，坚定不移贯彻执行党关于人民政协的方针政策，把党的有关重大决策和工作部署贯彻到政协全部工作中去。”[④]

2. 坚持大团结大联合，广泛凝聚实现中华民族伟大复兴的正能量

习近平在担任浙江省委书记期间高度重视“发挥政协人才库和智囊团的作用”[⑤]，做好人民政协的大团结大联合工作。“紧紧围绕省委的工作部署，进一步加强调查研究，开展民主监督，努力形成体现时代性，把握规律性，富有创造性，具有可操作性的调研成果。”[⑥]“对一时尚未进入省委决策程序或省委尚未来得及仔细研究的带有趋向性、全局性的问题，省政协要有发现问题的敏锐性，拾遗补阙的主动性，适度提前介入，深入理性思考，提出对策建议”[⑦]，“把

① 《中共十八届六中全会在京举行》，《人民日报》2016 年 10 月 28 日。

② 《中共中央印发〈关于加强社会主义协商民主建设的意见〉》，《人民日报》2015 年 2 月 10 日。

③ 习近平：《在庆祝中国人民政治协商会议成立 65 周年大会上的讲话》，《人民日报》2014 年 9 月 21 日。

④ 《中办印发〈关于加强人民政协协商民主建设的实施意见〉》，《人民日报》2015 年 6 月 26 日。

⑤⑥⑦ 《2003—2007 年时任浙江省委书记习近平同志关于人民政协工作的论述摘编》，中国人民政治协商会议浙江省委员会，第 3 页。

各方面的力量都团结起来、凝聚起来，把一切积极因素充分调动起来、发挥出来，万众一心，众志成城，有力地促进我省的改革与发展。”①

担任中共中央总书记以后，习近平指出：“大团结大联合是统一战线的本质要求，是人民政协组织的重要特征。”②“一个篱笆三个桩，一个好汉三个帮。实践证明，建立新中国，建设新中国，开拓改革路，实现中国梦，都需要各党派团体和各界人士齐心努力。越是处于改革攻坚期，越需要汇集众智、增强合力；越是处于发展关键期，越需要凝聚人心、众志成城。”③要正确处理一致性和多样性的关系，最大限度为党和国家事业凝聚共识、凝聚智慧、凝聚力量。人民政协要“完善工作机制，搭建更多平台，为民主党派和无党派人士在政协更好发挥作用创造条件。”④“全面贯彻党的民族政策和宗教政策，积极引导各族群众增强对伟大祖国的认同、对中华民族的认同、对中华文化的认同、对中国特色社会主义道路的认同”⑤，“坚定不移贯彻‘一国两制’、‘港人治港’、‘澳人治澳’、高度自治的方针，推动全面准确落实基本法，推动内地同香港、澳门的交流合作，维护香港、澳门长期繁荣稳定。”“坚持‘两岸一家人’，拓展同台湾岛内有关党派团体、社会组织、各界人士的联系和沟通，推动两岸关系和平发展。要加强同海外侨胞、归侨侨眷的联系，维护他们的合法权益，支持他们积极参与和支持祖(籍)国现代化建设与和平统一大业，促进中国同世界各国的文化交流。”“坚持在热爱中华人民共和国、拥护中国共产党的领导、拥护社会主义事业、共同致力于实现中华民族伟大复兴的政治基础上，最大限度调动一切积极因素，团结一切可以团结的人，汇聚起共襄伟业的强大力量。”⑥

3. 坚持发扬社会主义民主，发挥人民政协在发展协商民主中的重要作用

围绕中心、服务大局，充分发挥人民政协作为协商民主重要渠道和专门协商机构的作用，“在人民内部各方面广泛商量的过程，就是发扬民主、集思广益

---

① 《2003—2007年时任浙江省委书记习近平同志关于人民政协工作的论述摘编》，中国人民政治协商会议浙江省委员会，第2页。

②④⑤⑥ 习近平：《在庆祝中国人民政治协商会议成立65周年大会上的讲话》，《人民日报》2014年9月21日。

③ 刘维涛：《习近平同党外人士共迎新春》，《人民日报》2014年1月24日。

的过程，就是统一思想、凝聚共识的过程，就是科学决策、民主决策的过程，就是实现人民当家作主的过程”①。习近平对于人民政协协商民主的目的、内容、对象、形式、制度与氛围进行了详尽阐述。一是协商目的。协商目的主要体现于“在实现人民当家作主的过程”中“使我们的决策和工作更好顺乎民意、合乎实际”。“协商就要真协商，真协商就要协商于决策之前和决策之中，根据各方面的意见和建议来决定和调整我们的决策和工作，从制度上保障协商成果落地，使我们的决策和工作更好顺乎民意、合乎实际。”②二是协商内容。人民政协要“聚焦推动科学发展、全面深化改革中的重大问题和群众最为关切的问题，深入进行调查研究，努力为改革发展出实招、谋良策”③。政协协商既包括“改革发展稳定”等“国计”的“重大问题”，也包括“涉及群众切身利益”等“民生”的“实际问题”。三是协商对象。人民政协要深入各个层次的现实生活，加强广泛多层协商。“涉及全国各族人民利益的事情，要在全体人民和全社会中广泛商量；涉及一个地方人民群众利益的事情，要在这个地方的人民群众中广泛商量；涉及一部分群众利益、特定群众利益的事情，要在这部分群众中广泛商量；涉及基层群众的事情，要在基层群众中广泛商量。”④政协协商既包括“全体人民和全社会”的广泛商量，也包括“一个地方人民群众”的广泛商量，还包括“一部分群众利益、特定群众利益”、“基层群众”的广泛商量。四是协商形式。人民政协要“完善政协会议及其他协商形式。改进政协通过会议进行协商的形式，适当增加专题议政性常委会议和专题协商会次数，完善协商座谈会制度”⑤，“更加灵活、更为经常地开展专题协商、对口协商、界别协商、提案办理协商，探索网络议政、远程协商等新形式”⑥。五是协商制度。社会主义协商民主“应该是全方位的，而不是局限在某个方面的，应该是全国上上下下都要做的，而不是局限在某一级的。因此，必须构建程序合理、环节完整的社会主义协商民主体系，确保协商民主有制可依、有规可守、有章可循、有序可遵”⑦。人民政协要“推进政治协商、民主监督、参政议政制度建设，不断提高人民政协协商

①②③④⑦ 习近平：《在庆祝中国人民政治协商会议成立 65 周年大会上的讲话》，《人民日报》2014 年 9 月 21 日。

⑤⑥ 《中共中央印发〈关于加强社会主义协商民主建设的意见〉》，《人民日报》2015 年 2 月 10 日。

民主制度化、规范化、程序化水平”①。六是协商氛围。政协协商不仅依赖于制度,还有赖于协商氛围。人民政协要“努力营造既畅所欲言、各抒己见、又理性有度、合法依章的良好协商氛围”②,让协商主体坦诚交换意见,理性、有效参与协商,“让来自各方面的有利于维护广大人民群众根本利益的意见建议,能够在人民政协中得到充分表达,使党和政府能够听到来自各民主党派、无党派人士、人民团体和各族各界人士的真实意见”③。

4. 坚持推进履职能力建设,紧扣改革发展献计出力

人民政协依章履职,“要做的工作多,内容十分广泛,任务也很繁重,在工作方法上必须注意区别轻重缓急,抓住重点,突破难点,最终形成全面推进的局面”④。“聚焦推动科学发展、全面深化改革中的重大问题和群众最为关切的问题,深入进行调查研究,努力为改革发展出实招、谋良策”⑤,这就需要推进人民政协履职能力建设,加强政协委员队伍的能力建设,“进一步发挥政协各专委会的基础作用和政协委员的主体作用”⑥。一要推进人民政协履职能力建设。人民政协“要提高政治把握能力,坚定理想信念,增进政治认同,提高运用科学理论分析判断形势、研究解决问题的能力和水平。要提高调查研究能力,坚持问题导向,深入实际摸清真实情况,集合众智提出解决办法,努力使对策建议有的放矢、切中要害。要提高联系群众能力,创新群众工作方法,畅通和拓宽各界群众的利益诉求表达渠道,发挥好桥梁纽带作用。要提高合作共事能力,发扬求同存异、体谅包容的优良传统,贯彻民主协商、平等议事的工作原则,尊重和包容不同意见的存在和表达,以民主的作风团结人,不断增进思想共识、加强合作共事”⑦。“四大能力”体现了人民政协工作的特点规律,是新形势下加强人民政协履职能力建设的工作标准与具体要求。二要加强政协委员队伍的能力建设。“政协委员是政协工作的主体”⑧,习近平从三方面

①⑤⑦⑧ 习近平:《在庆祝中国人民政治协商会议成立65周年大会上的讲话》,《人民日报》2014年9月21日。

②③ 《社会主义协商民主的实践与创新》,中国人民政治协商会议浙江省委员会,第15页。

④ 《2003—2007年时任浙江省委书记习近平同志关于人民政协工作的论述摘编》,中国人民政治协商会议浙江省委员会,第11页。

⑥ 《2003—2007年时任浙江省委书记习近平同志关于人民政协工作的论述摘编》,中国人民政治协商会议浙江省委员会,第3页。

谈及对政协委员履职尽责的希望。一是希望勇于担当责任。政协委员代表各界群众参与国事，履行职责，是一种崇高的荣誉，更是一份沉甸甸的责任。政协委员要尽心竭力履行职责。要增强委员意识，把责任扛在肩上，把事业放在心上，有效履行委员职责。二是希望着力提高能力素质。政协委员必须具备较高的思想水平和认识能力。只是一些零碎的想法、一般的观感、笼统的表态是不够的，这就需要广泛学习各方面知识，扎实开展调查研究，及时了解现实情况，摸清真实情况，找准存在问题，做到建言建在需要时，议政议在点子上，监督监在关键处。三是希望自觉保持良好形象。政协委员一言一行，社会都很关注，要模范遵守宪法法律和政协章程，自觉践行社会主义核心价值观，守住道德底线，不碰法律红线，自觉廉洁自律。人民政协要努力为委员履职尽责创造条件，教育引领政协委员懂政协、会协商、善议政，守纪律、讲规矩、重品行，营造风清气正、廉洁奉公的履职环境。

习近平高度重视人民政协工作，围绕人民政协的性质定位、重要作用和原则要求等作出了系统阐述与明确要求，为人民政协的未来发展指明了方向，有力推动了中国特色社会主义人民政协理论和实践的发展与完善。

三、习近平人民政协思想的发展创新

以习近平同志为核心的党中央把握新时期人民政协工作面临的新形势新任务，创造性提出一些关于人民政协的新思想新部署新要求，实现了人民政协思想的发展创新。具体而言，习近平人民政协思想的发展创新主要体现在三方面。

（一）重视人民政协在推进国家治理体系和治理能力现代化中的作用地位

习近平在推进国家治理体系和治理能力现代化的视域中谋划人民政协工作，提出“人民政协是国家治理体系的重要组成部分”①。一是治理主体多元

① 习近平：《在庆祝中国人民政治协商会议成立65周年大会上的讲话》，《人民日报》2014年9月21日。

化。国家治理强调党和政府的领导与多元主体参与公共事务管理的统一，充分发挥人民群众在国家事务管理与决策中的作用。人民政协要“广泛形成人民群众参与各层次管理和治理的机制，有效克服人民群众在国家政治生活和社会治理中无法表达、难以参与的弊端”①，体现全体人民共同治理国家的特性。二是治理方式法治化。国家治理的关键在于法治化，这依赖于科学的制度设计与有效的制度执行。人民政协要健全政治协商、民主监督、参政议政制度和工作机制，不断提高“协商民主制度化、规范化、程序化水平”②。2003 年 1 月—2007 年 4 月，在习近平亲自部署下，浙江省委先后制定出台一系列加强协商民主工作的文件，比如：《关于进一步加强民主党派、工商联和无党派人士工作若干问题的意见》、《中共浙江省委关于加强和改善党的领导，支持人民政协履行职能制度化、规范化和程序化的意见》、《中共浙江省委关于进一步加强中国共产党领导的多党合作和政治协商制度建设的实施意见》等③。习近平提出：“政协履行职能‘三化’建设成效如何，关键要看各项制度规定是否真正落到了实处。要大力弘扬求真务实精神，大兴求真务实之风，增强制度意识、规范意识和程序意识。不但要重视制度的构建，更要重视制度权威的确立和各项制度、规范、程序的落实，防止制度虚置、规范扭曲和程序走样，使制定的制度、规范、程序真正落到实处。”④人民政协通过促进治理主体多元化、治理方式法治化等，“以改革思维、创新理念、务实举措大力推进履职能力建设，努力在推进国家治理体系和治理能力现代化中发挥更大作用”。⑤

（二）提出人民政协工作要坚持贯彻党的群众路线

习近平把人民政协工作与党的群众路线优良作风有机衔接起来。“中国共产党及其领导的国家是代表最广大人民根本利益的，其一切理论和路线方针政策，其一切工作部署和工作安排，都应该来自人民，都应该为人民利益而

---

①②⑤　习近平：《在庆祝中国人民政治协商会议成立 65 周年大会上的讲话》，《人民日报》2014 年 9 月 21 日。

③　《社会主义协商民主的实践和创新》，中国人民政治协商会议浙江省委员会，第 4 页。

④　《2003—2007 年时任浙江省委书记习近平同志关于人民政协工作的论述摘编》，中国人民政治协商会议浙江省委员会，第 13 页。

制定和实施。”[①]“人民政协作为党联系群众、团结各界的重要组织，在协调关系、化解矛盾方面要进一步发挥独特作用。”[②]“在中国共产党统一领导下，通过多种形式的协商，广泛听取意见和建议，广泛接受批评和监督”[③]；参加人民政协的各党派团体和各族各界人士要及时反映界别群众愿望诉求，引导所联系成员和群众，正确对待改革带来的利益格局调整；政协委员要讲真话、讲实话、讲心里话，尤其是要把群众呼声和诉求准确反映上来，以发挥“中国社会主义协商民主的独特优势”[④]。坚持群众路线“有利于党和政府深入体察民情、充分了解民意、广泛集中民智，推动决策的科学化、民主化，更好地实现、维护和发展最广大人民的根本利益”[⑤]。只有“把人民利益放在第一位”[⑥]，“聚焦推动科学发展、全面深化改革中的重大问题和群众最为关切的问题”[⑦]，“畅通和拓宽各界群众的利益诉求表达渠道”[⑧]，“尊重人民主体地位，尊重人民首创精神”[⑨]，才能更好地保持党与人民群众的血肉联系、巩固和扩大党的执政基础。

（三）强调人民政协在发展协商民主中的重要渠道和专门协商机构作用

习近平主张建构程序合理、环节完整的协商民主体系，提倡广泛多层制度化的协商，对于世界民主政治尤其是协商民主这一中国特有民主形态具有重要推动作用。“协商民主是在中国共产党领导下，人民内部各方面围绕改革发展稳定重大问题和涉及群众切身利益的实际问题，在决策之前和决策实施之中开展广泛协商，努力形成共识的重要民主形式”[⑩]。改革开放以来，社会成员价值取向多元，民主诉求越加明显，迫切需要在国家和社会之间建立一种既实现社会利益表达又完成国家意志传输的政治沟通机制。社会主义协商民主强调人民对公共事务广泛而有序的政治参与，注重通过对话、商讨包容和吸纳各种利益诉求，为人民参与民主决策、民主管理和民主监督提供有效载体。社

①③④⑥⑦⑧⑨ 习近平：《在庆祝中国人民政治协商会议成立65周年大会上的讲话》，《人民日报》2014年9月21日。

② 《2003—2007年时任浙江省委书记习近平同志关于人民政协工作的论述摘编》，中国人民政治协商会议浙江省委员会，第4页。

⑤ 《2003—2007年时任浙江省委书记习近平同志关于人民政协工作的论述摘编》，中国人民政治协商会议浙江省委员会，第2页。

⑩ 中共中央印发《关于加强社会主义协商民主建设的意见》，《人民日报》2015年2月10日。

会主义协商民主是解决大型国家人民有序参与的民主形式,"是深化政治体制改革的重要内容","是中国社会主义民主政治的特有形式和独特优势"。①

作为专门协商机构的人民政协,既没有固定利益,也没有专门立场,应着眼于党和国家工作大局整合各利益攸关方运用政协这一平台多商量,在协商民主中起到引领带动作用。人民政协要"适应经济社会发展和统一战线内部结构变化,深入研究更好发挥政协界别作用的思路和办法"②,尽量设置覆盖社会的不同阶级、党派、团体、民族、宗教等的界别,"扩大团结面、增强包容性"③,"更加灵活、更为经常开展专题协商、对口协商、界别协商、提案办理协商,探索网络议政、远程协商等新形式"④,"让来自各方面的有利于维护广大人民群众根本利益的意见建议,能够在人民政协这个大家庭中不受拘束地得到充分表达,使社会主义民主得到大力发扬。"⑤协商是政协的常态,强化人民政协协商的开放性、平等性与对话性,为政府体制外的广泛社会力量提供政治参与渠道,化解社会冲突,稳定社会秩序,促使党和政府民主决策和人民民主的真正实现。

习近平人民政协思想是习近平治国理政思想的重要组成部分。习近平重视人民政协在推进国家治理体系和治理能力现代化中的作用地位,提出人民政协工作要坚持贯彻党的群众路线,强调人民政协在发展协商民主中的重要作用,有力推动了人民政协事业的新进步。习近平人民政协思想是加强和改进新形势下人民政协工作的重要遵循,是对中国特色社会主义人民政协理论的丰富发展。

(本文于中共中央党校《理论动态》2094期全文刊登)

① 中共中央印发《关于加强社会主义协商民主建设的意见》,《人民日报》2015年2月10日。

②③④ 习近平:《在庆祝中国人民政治协商会议成立65周年大会上的讲话》,《人民日报》2014年9月21日。

⑤ 《社会主义协商民主的实践与创新》,中国人民政治协商会议浙江省委员会,第16页。

政协语言沟通艺术

2014 年世界语言大会形成的“苏州共识”指出:“语言是人类文明世代相传的载体,是相互沟通理解的钥匙,是文明交流互鉴的纽带”。人之所以为人者,言也。语言能力对个人、国家和整个人类意义重大。

政协不是权力机关,也不是决策机构,而是各党派团体和各族各界人士发扬民主、参与国是、团结合作的重要平台,具有政治话语权和政治影响力。政协议政不行政、献策不决策、立论不立法、监督不执纪,政协的政治话语权和政治影响力很大程度上靠所提意见、建议的质量和可行性,靠对复杂问题的正确见解和对工作的预见性。可以说,政协委员懂政协、会协商、善议政,最终就体现在一个“说”字上。用好话语权,还得讲究“说”的方法和艺术,要力求说服力,以一种大家容易接受的方式来传递政协的声音和意思。因此,当好政协人,做好政协事,就要会说政协话、说好政协话,就要将讲究语言沟通艺术,作为一门基本功和一项硬本事。

一、要会说政协话

说话最难,李瑞环同志曾讲过,群众看干部就两条,一条是你怎么做事,一条是你怎么说话。走进政协门,做了政协人,就要会说政协话。

一是讲政治话,不讲糊涂话。政协作为我国政治体制重要组成部分,首先是一个政治组织,政治性是其根本属性。在政协这个平台上,党委、政府同各党派、各团体、各界别和广大政协委员,就经济社会发展重大问题和涉及人民群众切身利益实际问题,深入开展协商,广纳群言、广集民智、广谋良策、广聚共识。

因此,在政协说话,第一要方向正确,不违背宪法,不违背政协章程,与党中央保持高度一致，不与党的路线方针政策唱反调，散布与党中央不一致的观点。第二要观点正面，坚持历史地、发展地、辩证地看问题，不妄议中央，不说三道四，不发表偏执偏激的言论，不提出浮躁和脱离实际的极端主张。在协商讨论重大决策部署时，提出批评和反对意见，都要站在提高党的执政能力，促进党和政府科学民主决策的角度，坚决不能变成否定党的领导。这也是政治纪律和政治规矩。

二是讲统战话，不讲对立话。毛泽东指出，政治就是两句话，把自己的人搞得多多的，把敌人搞得少少的。政协作为统一战线组织，统战是中心职能，就是做人的工作，就是要贯彻党的统一战线政策，团结大多数人，把不同的阶层、不同的派别、不同信仰的人团结起来，调动一切积极因素，为实现中华民族伟大复兴凝聚最广泛的智慧和力量。

因此，在政协说话，第一要多说有利于团结的话，少说伤人感情、失去人心的话。不要人为制造对立面，造成紧张气氛，并非理直气就要壮，就要强词夺理，以势压人。要坚持求同存异、民主协商，坦率务实的交换意见，在充分发扬民主中不断夯实团结奋斗的共同思想政治基础，努力寻求最大公约数、增进最大共识度、形成最大凝聚力。第二要多说增进共识的话，少说可能造成分歧和对立的话，促进不同思想观点交流交锋交融，逐步增进了解、加深理解、消除误解、取得谅解，把所有人拧成一股绳，达到团结的目的。

三是讲包容话，不讲偏激话。政协涵盖了社会方方面面，具有政治上的代表性和包容性。政协核心是协商，就是商量、讨论、商议、商榷、商酌。每个委员由于所处的环境和位置、经历，或者观察、思考问题的角度不同，难免“横看成岭侧成峰，远近高低各不同”。必须处理好多样性和一致性的关系，不能以一致性取代多样性，也不能用多样性否定一致性。

因此，在政协说话，第一要平等对话和交流，不说盛气凌人的话。不能只让我说，不让你说，有话大家说，在不同观点的讨论、交流、交锋中，才能交融，最终解决认识上的偏差和误解。要在平等基础上，各抒己见，包括理论依据和事实根据，彼此互动。第二要说换位思考的话，少说强加于人的话。不同观点、意见的交流，不是势不两立的针锋相对和驳斥。只有抱着互相理解的态度来谈问题，才更能达到心平气和解决问题的效果。就像李瑞环同志讲的，光讲事不行，还得讲理。坚持“不打棍子、不扣帽子、不抓辫子”的“三不”方针，提倡热烈而不对立的讨论，开展真诚而不敷衍的交流，鼓励尖锐而不极端的批评。第三要善于说批评的话，要有原则、有底线、有分寸，要特别注意场合、语气、尺度和分寸。

四是讲界别话，不讲外行话。由界别组成是政协的显著特色。全国政协现有 34 个界别，市政协现有 32 个界别。政协界别中包括各党派和主要社会团体，集中社会各界的代表人士。这种按界别组成的方式，可以为各党派、团体发表主张提供场所，也可以将部分群众中分散的、个别的意见得到系统、综合地表达。了解了社会各界别的意见就基本了解了大多数人的意见，掌握了各界别的情况就基本掌握了整个社会的情况。

因此，在政协说话，第一要说代表界别整体意见的话。时任中共中央政治局委员、上海市委书记韩正强调，委员来自界别，要多反映界别群体的整体性声音，不要变成委员个人利益和诉求的表达。政协委员由各界别协商产生，代表界别群众的利益，是界别的联系人和代言人，必须出于公心，反映和表达所联系界别群众的意愿和利益诉求，不能成为个人或者部门利益的代言人，参政议政的个体户，更不能夹杂个人的一己私利。第二要说专业话。要说本界别共同关注的话。我常说，把复杂问题说简单是大家，把简单问题说复杂是“砖家”。政协委员作为某个界别或者某一行业的代表性人士，术业有专攻，才有其所长。不可能熟悉和精通所有领域的知识，对不熟悉领域的实情不要勉强去说，不能班门弄斧，要做本领域的“大师”，说专业的内行话。武则天《臣轨》中写道：“非所言勿言，以避其患；非所为勿为，以避其危”。郑端《郑学录》中写道：“万言万中，不如一默”，不会说话干脆不要说。不一般地建言，不建一般的言，做到言之有据、言之有理、言之可鉴、言之有用。

二、要说好政协话

苏霍姆林斯基说过，美的语言带给人愉悦、幸福和享受，是人类不可缺少的精神生活资料。说好政协话，发出政协好声音，需要用好政协会议口头发言、政协大会口头发言、政协提案、反映社情民意信息等载体，需要综合考虑包括场合、对象在内的语境，需要考虑包括表达方式、语气、语调在内的表达能力。

一是“说好”政协会议上的发言。委员没有决策权也没有行政权，但却拥有“话语权”，这种话语权不在于说了算，而在于说得好、说得早、说得对。在社会政治生活和广大群众心中，享有崇高声誉和莫大期待。现在大家反映比较集中的问题是有的委员拉起来就讲，什么都能讲，什么都讲不深。政协会议发言要精彩，第一要准备充分，琢磨透了再说。要学习领会中央大政方针，准确把握党委、政府决策意图，找准发言切入点，做到发声发到点子上、说话说在需要时，只有这样才能站得高、看得远、想得深，说得准。第二要观点鲜明，对策建议想好了再说。要言不烦，要说短话，不说客套话，直入主题，提出切实可行的操作性的建议。一定不可信口开河，贸然出言，否则一语失当，悔之晚矣。特别是不要说诸如“医改如果成功，是全国人民的悲剧”、“买不起房，不要埋怨政府和开发商”之类的雷人雷语，更不要发生委员一发言、舆论就发笑的现象。第三要注重表达，有技巧地说。在坚持原则性和准确性的前提下，力求通俗、简洁、鲜明、生动和富有个性。表达得越有特色越能引起关注，反映的问题越能被重视。第四要注意场合和对象，委婉地说。政协会议发言主要是针对党委和政府工作提出意见建议，发言的目的是让党政部门听得进去、接受自己的观点，切忌居高临下和教训口吻，“应当怎样，必须怎样”，切忌变成质询和猛烈抨击，多使用商量、诚恳、委婉的表达。

二是“说好”政协的大会发言。政协全体会议、常委会议的大会发言，是极具参政议政特色的一项内容，应该树立一个标准，从这个高度去要求和挑选发言者。因为发言不仅是领导同志在听、政协委员在听，人民大众也在听。多一些良言实策和思想碰撞，少一些单纯的情绪抒发和“假大空”，才真正体现出政协委员应有的水平。第一从小处切入，观点掷地有声，给人以启迪。总字数控制在 1 500 以内，时间 8 分钟，最容易引起受众的共鸣。这就要求观点特别精要、准确，不拖沓。第二要注重表达的说服力和感染力，使人十分想听，入耳。

三是“说好”政协提案。十二届上海市政协主席吴志明多次强调，提案数量反映履职热情，提案质量是生命。生命比热情更重要，要高度重视提案的质量。第一要科学确定题目，提案是一事一提。要坚持问题导向，既要聚焦党委、政府和社会各界关心的热点问题，也要关注尚未得到充分重视、亟待破题的冷门问题，还要瞄准改革发展稳定进程中需要认真研究的问题。第二要对策“靠谱”，加强调查研究，掌握第一手资料，了解问题推进情况，了解存在的问题症结。在此基础上注重研究论证，言之有据不道听途说，言之有理不主观臆断，言之有度不偏激偏执，言之有物不大而化之，使提出的对策建议符合客观实际、符合群众意愿，具有可操作性。

四是“说好”社情民意。社情民意就是指社会生活的基本情况和人民群众的意见愿望。了解和反映社情民意，最主要的就是了解民生民情民意。在这个意义上讲，反映社情民意信息，就是政协践行党的群众路线、群众观点的重要体现。第一要接地气，坚持从群众中来、到群众中去，深入所联系的界别群众中间，发现一般渠道不容易发现的问题，反映一般渠道不易掌握的社会情况和群众意见。第二要接天线，发挥政协渠道畅通优势，实事求是地、及时快捷地传达给党政决策部门。第三要重提炼，人云亦云的问题，要能说出新的观点；方向已经确定的问题，争取把真情实况说明白；各方比较困惑的问题，争取拿出好办法来。简言之，对丰富材料去粗取精、去伪存真、由此及彼、由表及里，体现新视野、新角度。

我对人民政协三看

人民政协是个很好的制度设计。人民政协是中国特殊国情的产物，是毛泽东、周恩来等新中国开国元勋的发明创造，在国际上是独一无二的。人生能有机遇当上政协委员或到政协机关工作是一大幸事。我对人民政协的感悟是三看。

一、看懂政协

中国人民政治协商会议是中国人民爱国统一战线的重要组织，是中国共产党领导的多党合作和政治协商的重要机构，是发挥社会主义民主的重要形式。“组织”、“机构”、“形式”这三个关键词清晰地表明人民政协的性质，决定了她具有其他组织不具有的广泛代表性，巨大包容性，党派合作性和民主协商性。她能够根据国家利益和意志，把各个党派、各族各界人士最大限度地团结起来、凝聚起来，形成建设自己国家，创造人民美好生活的强大力量。她能够把国家的重大问题先经过人民政协协商后由权力机关决定，行政机关实施。这既充分发挥了民主，广泛听取了人民内部的各方面意见，又有效发挥了制度和资源优势，集中力量办大事。她能够以非权力机关的角色，对党政机关进行非强制性的政治监督与制约，既避免了对权力监督制约的缺位，又避免了西方“两院制”、“多党制”的内耗。正是这些鲜明的特点使人民政协成为扎根中国大地，符合中国国情，具有中国特色的政治组织，成为我国政治体制的重要组成部分，体现了我国政治制度的一大特色和优势。

二、看重政协

能够被组织协商，从界别的渠道推荐为政协委员是不容易的，担任政协委员是荣耀，更是责任，要防止“没当上委员到处活动，当了委员不来活动”，还要克服“当委员、无所谓”的思想，不要看轻政协委员所肩负的使命和职责，对政协安排的活动不是主动参与，而是能不来尽量不来。政协工作的主体是委员，没有委员的广泛参与，工作就寸步难行。政协组织是一个有机的系统，政协委员就是这个系统中最具活力的细胞，委员的作为决定了这个组织机构的价值，我们每个委员都要明确自己的权利和义务，切实提高履职尽责的责任感和使命感，积极参加政协的学习培训、调研视察等履职活动。当前，我们国家和上海正在深入推进全面深化改革，进一步扩大开放和创新驱动、转型发展，许多深层次的经济、社会、文化发展的矛盾更加突出，在这种复杂情况下，更需要政协充分发挥协调关系、建言献策、服务大局的作用，要完成这样的使命，政协委员必须具有强烈的政治意识，具备坚定的政治立场，具备政治的敏锐性和政治的判断力，要善于把本职工作与政协工作、全局工作联系起来，以实实在在的作为推动人民政协事业发展，为改革发展稳定大局献计出力。

三、看 好 政 协

人民政协这一中国独有的政治资源和国家制度资源，其资源潜力无比巨大，在当今错综复杂的国内外形势下，这一制度设计的潜力和作用，多么需要进一步地挖掘、认同和发挥！中国特色社会主义政治发展道路是历史的选择，人民的选择。社会主义越发展民主也越发展，发展前途光明，前程无限。党的十八大政治报告中第一次把社会主义协商民主写入报告，这是对协商民主实践的理论升华，是对人类政治文明发展的有益贡献。协商民主是立法和决策领域最佳治理方式，人民政协的协商民主体现了社会主义民主的本质要求，符合广大人民群众的根本利益。人民政协是推进协商民主的重要渠道，积极探索以界别为基础，以专题为内容，以对口为纽带，以座谈为主要形式的协商机制，在推进社会主义民主政治建设方面，是大有可为，大有作为的。我们通过学习看懂政协，才会看重政协，才会看好政协，真心实意地入好政协的门，当好政协的人。

·改革开放篇·

进入新时代　走好新征程

党的十九大是在全面建成小康社会决胜阶段、中国特色社会主义进入新时代的关键时刻召开的一次十分重要的大会。党的十九大报告振奋人心，也深得人心，报告中一个引人瞩目的亮点，就是庄严作出中国特色社会主义进入新时代的标志性论断，这是我们党对时代变化、对中国特色社会主义事业发展本身所作出的重大研判。这在中华人民共和国发展史、中华民族发展史、世界社会主义发展史、人类社会发展史上都具有重大意义。

一、新时代的标志和意义

这个新时代是承前启后、继往开来在新的历史条件下继续夺取中国特色社会主义伟大胜利的时代，是决胜全面建成小康社会、进而全面建设社会主义现代化强国的时代，是全国各族人民团结奋斗，不断创造美好生活，逐步实现全体人民共同富裕的时代，是全体中华儿女勠力同心、奋力实现中华民族伟大复兴中国梦的时代，是我国日益走进世界舞台中央、不断为人类作出更大贡献的时代。新时代有很多重要和显著的标志。

标志一：党和国家事业发生历史性变革。党的十八大以来，以习近平同志为核心的党中央团结带领全党全国人民披荆斩棘、一往无前，取得了全方位的、开创性的、举世公认的历史成就，党和国家事业发生前所未有的深层次的、根本性的历史变革。以习近平同志为核心的党中央以巨大的政治勇气和强烈的责任担当，提出一系列新理念、新思想、新战略，出台一系列重大方针政策，推出一系列重大举措，推进一系列重大工作，推动党和事业发生历史性变革。这些历史性变革对党和国家事业的发展具有重大和深远的影响。

标志二：我国社会主要矛盾发生历史性的深刻变化，一个很重要的方面就体现在矛盾的变化上，经过新中国成立以来特别是改革开放40年来的跨越性发展，我国社会主要矛盾已经由人民日益增长的物质文化需要同落后的社会生产之间的矛盾，转化为人民日益增长美好生活需要和不平衡不充分的发展之间的矛盾。这是中国共产党人为实现中华民族伟大复兴使命不懈奋斗的结果，也是我们比历史上任何时候都更接近、更有信心和能力实现中华民族伟大复兴目标发展的新起点。

标志三：确立习近平新时代中国特色社会主义思想。时代是思想之母，实践是理论之源。我们党要始终站在时代的潮头，始终引领时代发展和时代变革，就必须要有对马克思列宁主义、毛泽东思想、邓小平理论、“三个代表”重要思想、科学发展观的继承和发展，必须不断推进马克思主义中国化、时代化、大众化，必须不断推进实践创新基础上的理论创新，必须统揽伟大斗争、伟大工程、伟大事业、伟大梦想。党的十九大把习近平新时代中国特色社会主义思想写入党章，并确立为党必须长期坚持的指导思想，成为指导进行伟大斗争、伟大工程、伟大事业、伟大梦想的行动指南，实现了党的指导思想又一次与时俱进，具有重大的政治意义、理论意义、实践意义。

中国特色社会主义进入新时代，意味着近代以来久经磨难的中华民族迎来了从站起来、富起来到强起来的伟大飞跃，迎来了实现中华民族伟大复兴的光明前景；意味着科学社会主义在21世纪的中国焕发出强大生机活力，在世界上高高举起了中国特色社会主义伟大旗帜；意味着中国特色社会主义道路、理论、制度、文化不断发展，拓展了发展中国家走向现代化的途径，给世界上那些既希望加快发展又希望保持自身独立性的国家和民族提供了全新选择，为解决人类问题贡献了中国智慧和中国方案。它深刻揭示坚持和发展中国特色社会主义的历史意义、国际意义和时代意义，极大增强了“四个自信”和夺取新时代中国特色社会主义伟大胜利的决心。

二、新征程的方略和目标

党的十九大的一个重大贡献就是对新征程进行了顶层设计，展示了中国从全面建成小康社会到全面实现现代化的新目标、新蓝图。根据新时代、新征程面临的新形势、新任务阐述了“八个明确”：一是明确坚持和发展中国特色社会主义的总任务；二是明确新时代我国社会的主要矛盾；三是明确中国特色社会主义的总体布局是“五位一体”，战略布局是“四个全面”，强调坚定道路自信、理论自信、制度自信、文化自信；四是明确全面深化改革的总目标是完善和发展中国特色社会主义制度、推进国家治理体系和治理能力现代化；五是明确全面推进依法治国的总目标是建设中国特色社会主义法治体系、建设社会主义法治国家；六是明确新时代的强军目标是建设一支听党指挥、能打胜仗、作风优良的人民军队，这同时也是实现“两个一百年”奋斗目标、实现中华民族伟大复兴的战略支撑；七是明确中国特色大国外交要推动构建新型国际关系，推动构建人类命运共同体；八是明确中国特色社会主义最本质的特征和中国特色社会主义制度的最大优势是中国共产党的领导，强调党是最高政治领导力量，提出新时代党的建设总要求，突出政治建设在党的建设中的重要地位。要深刻理解新时代坚持和发展中国特色社会主义的十四条基本方略，是对党的基本纲领、基本经验、基本要求的深度整合与升华，是新时代坚持和发展中国特色社会主义行动纲领，具有长远指导意义。

实现中华民族的伟大复兴，必须根据发展阶段的变化，及时提出符合国情、顺应党心民意的战略目标，并制定切实可行的战略安排。一直以来，高度重视并切实实现战略目标、战略安排，是我们党的一大政治优势。改革开放之后，我们党对我国社会主义现代化建设作出了战略安排，提出“三步走”战略目标。在世纪之交，又慎重提出，到建党100周年时建成经济更加发展、民族更加健全、科教更加进步、文化更加繁荣、社会更加和谐，人民生活更加殷实的小康社会；到新中国成立100周年时，基本实现现代化。党的十八大确立“两个一百年”奋斗目标，习近平总书记站在党和国家事业发展全局上把这个奋斗目标概括为实现中华民族伟大复兴的中国梦。

当前我们正处于全面建成小康社会的决胜期，也是“两个一百年”奋斗目标的历史交汇期。在此关键时刻，以习近平同志为核心的党中央统筹“两个一百年”的奋斗目标，综合分析进入新时代后国际、国内形势和我国发展条件，郑重作出了“从全面建成小康社会到基本实现现代化，再到全面建成社会主义现代化强国”的战略安排。从这一战略安排出发，我们既要全面建成小康社会、实现第一个百年奋斗目标，又要乘势而上开启全面建成社会主义现代化国家新征程、向第二个百年奋斗目标进军；既要提前基本实现社会主义现代化，又要继续向着更高的目标再奋斗十五年，把我国建成富强民主文明和谐美丽的社会主义现代化强国，使中华民族更加昂扬地屹立于世界民族之林。这一伟大的构想和战略安排将掀开实现中国梦的新篇章，是中华民族伟大复兴的新里程碑。

三、企业家的使命与责任

党的十九大报告指出，“激发和保护企业家精神，鼓励更多社会主体投身创新创业。”《中共中央、国务院关于营造企业家健康成长环境　弘扬优秀企业家精神　更好发挥企业家作用的意见》日前正式公布。文件题目很长，内容也很丰富。这是六十多年来中央首次以专门文件明确企业家精神的地位和价值，对于建设中国特色社会主义的市场经济体制有着奠基性的制度创新意义，值得庆贺。《意见》用36个字对弘扬优秀企业家精神提出要求，即弘扬企业家爱国敬业遵纪守法艰苦奋斗的精神、创新发展专注品质追求卓越的精神、履行责任敢于担当服务的精神。《意见》强调，要着力营造依法保护企业家合法权益的法治环境、促进企业家公平竞争诚信经营的市场环境、尊重和激励企业家干事创业的社会氛围。《意见》指出，改革开放以来，一大批优秀企业家在市场竞争中迅速成长，一大批具有核心竞争力的企业不断涌现，为积累社会财富、创造就业岗位、促进经济社会发展、增强综合国力作出了重要贡献。它表明，在中国经济进入新常态后转型升级的关键时刻，营造企业家成长环境，弘扬企业家精神，发挥企业家作用，已经在国家层面受到高度重视。这对激发和保护企业家精神，促进大众创业、万众创新，保证我国经济健康稳定增长，可谓正逢其时。

从中国特色社会主义事业上来看,要发挥“关键少数”的作用,这里的“关键少数”就是三支队伍的建设,即干部队伍、科技队伍、企业家队伍。支持企业家创业,发挥企业家积极作用,是我国改革开放以来一直坚持的一个方针。从实践上看,仍然存在着一些不关心爱护企业家与侵害企业家利益、财产,甚至个人安全的不良现象,影响了企业家的预期和积极性。这些问题不克服、不解决,就会影响中国经济的健康发展。在党的十九大召开前夕,中央以专门文件的形式强调企业家精神,实际上也是向整个社会释放了一个明确而积极的信号:中国将继续坚持党的十一届三中全会开创的改革开放的路线,着力营造依法保护企业家合法权益的法治环境,促进企业家公平竞争诚信经营的市场环境、尊重和激励企业家干事创业的社会氛围。

而营造企业家健康成长环境的关键,在于加大政府管理市场模式的改革力度,为全社会打造公平公开的市场环境。

企业家队伍在改革开放后迅速成长,但由于政府职能转变的相对滞后,一些地方也出现过因政府不当干预等造成企业家合法权益受损的事件,这是导致企业家信心受挫的一个主因。党的十八届三中全会明确要发挥市场在经济运行中的决定性作用,四中全会又明确了依法治国的方针,但从近年暴露的一些事件看,个别地方依然存在“权大于法”的情况。同时,如果政府掌握了过多市场资源,也会导致一些民营企业不得不用“潜规则”来敲开市场准入的门——这些年揭露的一些官员的腐败案件,主要集中在运用影响力及家属子女和审批权干预市场,这在客观上也影响了部分企业家的声誉,造成社会民众对他们的偏见。

弘扬企业家精神,当务之需就是按照十八届三中、四中全会的要求,明确政府的行政边界,并逐步按照国际通行的“负面清单”模式来管理市场,切实做到“法无授权不可为”。改革应当最大限度减少政府随意干预市场的空间,堵塞政府官员利用审批权谋取利益的空间,营造起公平公正的市场环境。这样一来,企业家也不必再去钻营什么“关系学”,他们更能安心于市场经营,并能够建立起长远的发展规划。

与此同时,弘扬企业家精神的要义,也在于让优秀企业家发挥先导作用,激励全社会形成“大众创业、万众创新”的氛围。要做到这点,仍需要政府转变职能,强化企业家公平竞争的权益保障。

我国曾经长期实行的计划经济体制使民众养成了对政府的过度依赖,就业往往以进入政府机关和事业单位、国有企业为最优选择,缺乏自主创业精神。在 20 世纪 80 年代改革初期,我国的个体户曾被视为“光彩实业”得到了政府的积极鼓励和倡导,但即便如此,相当数量的群众仍然以得到国家分配为就业导向。这种倾向在近年有回潮趋向,对于转型升级后的中国经济是一个严重的障碍。

何以出现这种情况?一个不可忽视的因素是企业家创业面临的各种困难,在社会上产生了消极的效应,特别是一些民营企业在创业过程中面临的各种“玻璃门”、“旋转门”、“弹簧门”、“卷帘门”已经成为社会创业的“拦路虎”。同时,有的地方政府诚信意识缺乏,在国有企业与民营企业发生纠纷时,政府不能站在公正的立场上进行处理;有的领导干部甚至随意干扰司法,即使不涉及个人谋私,也构成了对公平市场秩序的破坏,磨损社会的创业精神。

企业家应当是经济转型发展的中流砥柱,而优秀的企业家精神或者说是创业精神,应当被锻造成为民族精神的一部分,成为全社会的宝贵财富。创业精神不会凭空生长。在改革行向纵深时,尤其需要依法清理废除那些仍在妨碍统一市场公平竞争的旧规定、老做法,促进各种所有制经济主体依法依规平等使用生产要素、公开公平公正参与市场竞争,同等受到法律保护。

企业家是社会中的优秀群体,他们具有极强的创新特质、资源整合能力和拼搏精神,能够敏锐地感知社会发展趋势和消费者未来需求,其在经济发展中的作用是不可或缺和不可替代的。

深圳是改革开放的“样板房”

2018年是改革开放40周年，我们国家的改革开放就是从深圳开始试点的。1978年，广东一些居民掀起第三次逃港潮，人们冒着被鲨鱼吞吃或是被捕的危险，用各种方式潜入香港、追求发财的梦想。广东怎么办？此时，刚复出不久的习仲勋出任广东省委第一书记。习仲勋同志资格颇老，20世纪30年代初，他是陕甘宁边区创始人之一，1959年任国务院副总理，1962年因为小说《刘志丹》案长期遭受迫害，粉碎“四人帮”之后才获平反。这位经验丰富而又关心民众的元老认为，围追堵截只能解一时燃眉之急，只有把自己发展起来，才能最终解决偷渡问题。香港为什么如此繁华？那里80%也是广东人，我们要有信心把广东搞上去，要寻找新的突破口，实现跨越式发展。

1979年1月，广东撤销宝安县，成立深圳市。就在这个月，一封香港厂商来信引起了邓小平注意，这封信要求在广州开设工厂，邓小平意识到这是利用外资的一个机会，在这封来信摘报上批示：“这件事，我看广东可以放手干”。1979年4月，习仲勋向中央提出，为了从根本上解决广东的贫穷与落后问题，有必要试办出口特区，希望中央给广东一点特殊政策，给广东放权。邓小平说，当年延安那么小小一块地区，后来竟打下那么大的江山。他说：“办一个特区，过去陕甘宁就是特区嘛。中央没有钱，你们自己去搞，杀出一条血路来！”邓小平当然知道，习仲勋就是当年陕甘宁特区创始人之一。历史竟然如此巧合，进入新的现代化时代，创办新特区的担子又落到了习仲勋身上。1980年8月26日，全国人大常委会批准设立“深圳经济特区”。1980年香港GDP总量已经达到467亿元人民币，而深圳仅3亿元，甚至达不到香港的一个零头。2017年，深圳全市生产总值2.2万亿元，超越香港，成为全国GDP第三高的城市。不能不说是一个奇迹。经过38年的不懈努力，深圳迅速从一个渔村建设成一座充满魅力、动力、活力和创新力的现代化国际化大都市。深圳奇迹是中国改革开放40年的缩影，显示中国的后发力度。只要路线、方针、政策正确，中国人的创造力是惊人的。

深圳位于我国南海之滨，珠江口东岸，与香港接壤，总面积1 997平方公里。40年前一些人通过深圳偷渡到香港，如今，来往香港非常方便，偷渡已经绝迹，全国各地年轻人尤其是香港青年人都来深圳创业。5年来，前海深港青年梦工场孵化143个香港青年创业团队，单个团队融资额最高达7亿元，为香港大学生提供超过1 500个实习岗位，接待近2万名香港学生交流学习。深圳户籍人口只有384.52万人，常住人口1 200万人，流动人口500多万人，实际管理人口2 100万人。可是，深圳的公务员数量只有上海的50%，深圳管理模式是市场主导，政府把控，整个城市充满生机和活力。这同样是奇迹。

最近，国务院同意广东省“关于撤销深圳经济特区管理线的请示”，意味存在了36年的“特区管理线”成为历史，将会促进深圳经济特区一体化发展。

深圳的发展是从来料加工开始起步的，发展到如今，深圳已经诞生一批全国乃至全球的大企业，尤其在创新方面，深圳走在全国前列。2017年深圳全社会研发投入超过900亿元，占GDP比重4.13%；高新技术产业增加值占GDP比重提升40.8%。深圳出现一批全国乃至全球科技企业巨头。像腾讯已经是全球互联网巨头，近期股价再创历史新高，总市值全球第六。华为是仅次于三星、苹果的全球第三大手机生产商。大疆是全球最大的无人机公司。万科是全球市值最大的房地产公司。金融业方面，中国平安是中国最大的保险公司，招商银行是最大的股份制银行。另外，深圳还有顺丰、中兴通讯、比亚迪等大公司。深圳上市公司的总市值大大高于上海。这也是奇迹。

目前，深圳是全国经济中心城市、科技创新城市、区域金融中心、商贸物流中心，在国际上知名度、影响力不断扩大，成为我国最早实施改革开放、影响最大、建设最好的经济特区。深圳的发展成就，是我国改革开放以来实现历史性变革和取得伟大成就的精彩缩影，是中国共产党的正确领导和社会主义制度优越性的有力印证，展示了中国特色社会主义的勃勃生机和光明前景。

党的十八大以来，习近平总书记离京视察“第一站”就来到深圳，要求深圳“坚持走改革开放这条正确道路，这是一条富国之路、富民之路，不仅要坚定不移走下去，而且要有新开拓、要上新水平”；2015年1月对深圳工作作出重要批示,勉励深圳“在‘四个全面’中创造新业绩,努力使经济特区建设不断增创新优势、迈上新台阶”;2017 年 4 月对广东工作作出“四个坚持、三个支撑、两个走在前列”的重要批示,赋予深圳新征程中的新使命。这些为深圳改革发展进一步指明了前进方向、注入了强大动力。过去五年,深圳 GDP 由 1.29 万亿元增加到 1.95 万亿元,年均增长 10.3%;地方一般公共预算收入由 1 482 亿元增加到 3 136 亿元,年均增长 20%左右。同时,万元 GDP 能耗、水耗持续下降,2016 年仅为全国平均水平的 1/3 和 1/8,逐步走出一条质量效益型发展之路。

2018 年,深圳坚持以习近平新时代中国特色社会主义思想为指导,以习近平总书记对广东、深圳工作的重要批示指示精神为统领,在 38 年改革开放夯实的基础上,保持工作稳定性和连续性,坚持抓大事、谋长远,打基础、破难题,努力使经济特区建设不断增创新优势、迈上新台阶。重点做好十个方面工作:一是开展“营商环境优化行动”,着力打造国际一流营商环境;二是开展“实体经济强基行动”,不断巩固和扩大经济运行稳中向好势头;三是开展“创新之都建设行动”,加快建设国际科技、产业创新中心;四是开展“开放优势厚植行动”,努力构建更高水平的开放型经济新体制;五是开展“城市管理治理攻坚行动”,对标国际一流提升城市规划建设管理水平;六是开展“生态环境整治行动”,以更严标准更高要求打好环境治理攻坚战;七是开展“发展成果惠民行动”,下大力气保障和改善民生;八是开展“文明城市创建行动”,牵引带动文化强市建设再上新水平;九是开展“依法治市深化行动”,加快打造法治中国示范城市;十是开展“安全稳定防护行动”,着力营造更加和谐稳定的发展环境。

通过深圳这座青春的城市,人们看到,从主动融入世界到越来越多地被世界所借鉴,中国与世界的双向互动,呈现历史性的变化。一个充满活力的社会主义中国日益走近世界舞台中央,一个充满自信的中华民族以更加昂扬的姿态屹立于世界民族之林。

40 年前,中国开启了改革开放这场伟大革命,从此中国的面貌焕然一新,世界的面貌也为之一变。世界第二大经济体、第一大工业国、第一大货物贸易国、第一大外汇储备国,世界经济增长的主要稳定器和动力源,书写了世界上“最成功的脱贫故事”。40 年来,从农村到城市,从试点到推广,从经济体制改革到全面深化改革,中国人民用双手书写了国家和民族发展的壮丽史诗,推动了中国和世界的共同发展进步。

最普通的人最伟大。1978年11月26日,安徽凤阳县小岗生产队队长严宏昌与20名社员写下了生死契约:“我们分田到户,每户户主签字盖章。如以后能干,每户保证完成每户的全年上交和公粮,不在(再)向国家伸手要钱要粮。如不成,我们干部作(坐)牢刹(杀)头也干(甘)心。大家社员也保证把我们的小孩养活到18岁。”每个姓名之上,均覆有一片血红,其中有17个手印、4方图章。这个惊天动地的契约,作为中国当代史的珍贵文物,收藏在中国革命博物馆,藏品号为GB54563。2016年4月25日,习近平总书记来到小岗村,他说,当年贴着身家性命干的事,变成中国改革的一声惊雷,成为中国改革的标志。一个国家、一个民族要实现振兴,就必须在历史前进的逻辑中前进、在时代发展的潮流中发展。面对复杂变化的世界,人类社会向何处去?亚洲前途在哪里?求解这一时代之问,最根本的就在于把握历史规律,认清世界大势。当今世界,和平合作、开放融通、变革创新的潮流滚滚向前。只有坚持和平发展、携手合作,才能真正实现共赢、多赢;只有推进互联互通、加快融合发展,才能促进各国共同繁荣发展;只有坚持变革、不断创新,才能始终站在时代潮头。中国40年改革开放之所以必然成功,也一定能成功,根本原因就在于中国人民顺应了历史前进的大逻辑,始终挺立在时代发展的潮头。

改革开放这场中国的第二次革命,不仅深刻改变了中国,也深刻影响了世界。40年来,中国人民极大解放和发展的中国社会生产力,开辟的中国特色社会主义道路,充分显示的中国力量,为世界积极作出的中国贡献,深刻印证改革开放是中国和世界共同发展进步的伟大历程;40年来,中国人民始终艰苦奋斗、顽强拼搏,始终上下求索、锐意进取,始终与时俱进、一往无前,始终敞开胸襟、拥抱世界,深刻彰显改革开放是中国人民的精气神,是世界前进的历史大逻辑。正如习近平总书记高度概括的:“中国进行改革开放,顺应了中国人民要发展、要创新、要美好生活的历史要求,契合了世界各国人民要发展、要合作、要和平生活的时代潮流。”

一个时代有一个时代的问题,一代人有一代人的使命。虽然我们已走过万水千山,但仍需要不断跋山涉水。当前,改革又到了一个新的历史关头,推进改革的复杂程度、敏感程度、艰巨程度不亚于40年前。因循守旧没有出路,畏缩不前坐失良机。改革开放的过程就是思想解放的过程。没有思想大解放,就不会有改革大突破。解放思想不是脱离国情的异想天开,也不是闭门造车的主观想象,更不是毫无章法的莽撞蛮干。解放思想的目的在于更好实事求是。

上海作为全国改革开放的前沿和窗口,可以说就是"吃改革开放饭"发展起来的,深圳值得上海学习。2018年11月,党中央、国务院决定在上海举办首届中国国际进口博览会。这不是一般性的会展,而是我们主动开放市场的重大政策宣示和行动。中共中央政治局委员、中共上海市委书记李强在市政协十三届一次会议闭幕会上作了《汇聚改革再出发的磅礴力量》的重要讲话,提出要牢记习近平总书记"将改革进行到底"的重要指示,拿出改革再出发的决心、勇气和行动,坚定不移地用好改革开放这个制胜法宝,坚定不移做深做透改革开放这篇大文章。

坚持两手抓两手都要硬

邓小平在南方谈话中指出“不仅经济要上去，社会秩序、社会风气也要搞好，两个文明建设都要超过他们，这才是有中国特色的社会主义”，在整个改革开放过程中，始终坚持四项基本原则，牢牢把握这个大政方针。

吴邦国同志时任中共上海市委书记，他说：我们始终不放弃精神文明建设。我们要对下一代负责，如果每家的小孩出去家长就提心吊胆，日子怎么过？社会的稳定要保证，如果社会动荡，什么事情也不能做，最后受苦的还是普通老百姓。市委提出在上海，跑马场不许搞，陪酒女郎不许有，赌场不许开，不准搞选美，不准搞任何形式的色情场所。有人会说我“左”，其实，这是对人民负责。社会风气搞坏了谁也无法收场。这样的事情搞多了，必然会形成黑社会，黑社会的“病”难治，对党政机关都有腐蚀。上海搞乱了，社会风气不正，即便经济上去了，老百姓也是不满意的，对你有意见，要骂娘。时任中共上海市委副书记、市委政法委员会书记、市社会治安综合治理委员会主任王力平提出了“一个坚决、两个不能”原则，即：坚决不能为资产阶级自由化提供讲台；不能以解放思想为借口，突破“禁区”，对一些有伤风化，危害治安的事情“开口子”；不能以危害社会治安为代价，来换取暂时的经济效益，重申上海“五个不准”。对存在严重安全隐患的娱乐场所责令整顿，依法关停。

上海的政法工作，在王力平同志的直接领导下，做到了四个严：严打、严治、严管和严防，四管齐下：公、检、法、司、安各司其职，密切配合，确保上海有一个良好的社会治安环境。上海的社会治安一直是全国最好的地区之一，主要有 5 个标志：一、大事不出，小事及时化解，没有发生影响全局的重大事件；二、刑事案件发案数基本得到控制；三、国际国内重大政治、经济、文化等活动组织严密，确保万无一失；四、大型公共场所，包括机场、车站、码头等，社会秩序井然有序；五、人民群众普遍感到有安全感，并积极参与社会治安综合治理。

我在市委政法委机关工作时间较长，先后担任市委政法委处长、副秘书长、秘书长，并兼任市社会治安综合治理委员会办公室主任。我深深感到，邓小平南方谈话的重要论断，推动和促进了当时的社会治安工作，很多成功的做法，一直延续到现在，仍然在发挥积极的作用。例如，当时十分重视基层组织建设，形成了“以创建安全小区为载体，以基层党组织为核心，以基层政法干部为骨干，以群防群治队伍为依靠，以群众自治组织为基础”的社会治安综合治理网络建设。这其中，我们做了几件事情，至今还印象很深：第一，我们从市政法系统中选调了不少副处级干部，到每个街道和乡镇去担任党委副书记或街道办事处副主任、副乡镇长，专门分管所属地区社会治安综合治理工作。第二，组建了社区保安队，作为公安派出所的一支辅助力量。第三，我们鼓励人民群众敢于见义勇为。现在还在坚持这样做，每个月的 10 号，为全市社会治安见义勇为的表彰日。刘云耕同志在担任市委常委、市公安局长时曾为了倡导社会形成见义勇为良好风气，将见义勇为行为概括为：“勇敢的第一人，关键的第二人，成功的第三人，铜墙铁壁靠众人”。

尤其令人难忘的是，1993 年 5 月 1 日，王力平同志亲自到市公安局，在全国范围较早地开通了“110”公安报警服务电话。1994 年，时任中共上海市委常委、市公安局长朱达人在市委、市政府和国家公安部的批准同意下，将市公安局的刑侦处、治安处改成刑侦总队和治安总队，新组建巡警总队，从实战角度出发，加强了公安队伍建设。构筑了以“110”报警服务台为核心，交警管点，巡警管面，特警武警机动巡逻和社区民警管面的社会治安动态控制体系。同时，成立上海保安服务公司，组建专为银行服务的“运钞公司”，有效地解决了银行等金融机构的资金安全问题。

我们还积极探索刑满解教人员重新做人、回归社会的问题。市民建成员、吴炳朝任总经理的静安区“七一”运输公司和虹口区“海联”公司，都是主要安置帮教刑释解教人员的单位。他们在这方面做了大量细致工作，创造了成功经验。后来，上海电影制片厂演员剧团以此为素材，专门拍摄了电视连续剧《何须再回首》，北京电影制片厂也拍了名为《好人合算》的电影，在社会上产生了广泛的影响。我一直认为，民以食为天，民以安为地，顶天立地，才能国泰民安。社会风气、治安秩序，就是大民生。人民群众有安全感了，社会和经济才能健康地发展。

浦东新区要成为全国改革开放的标杆

2018年是贯彻党的十九大精神的开局之年，是改革开放40周年。浦东新区是全国改革开放的窗口和现代化建设的缩影，成就和辉煌令世人瞩目。党中央、国务院和中共上海市委、市政府又赋予浦东新区作为改革开放先行区、国家战略承载区。因此，建议在“三个力”上下一番苦功。

一是改革要有穿透力。习近平总书记主持召开中央深改领导小组第一次会议就指出，全面深化改革是一场持续的攻坚战，需要有勇气、有胆识，敢于涉险滩，敢于破藩篱，敢于担责任。如何形成共识，并让改革真正落地，这中间有一个关键问题，那就是穿透力。穿透力是双向的，不单单是顶层设计决定穿透到底层，还包括底层的实际情况、底层创造的改革经验穿透到上层。改革的决心大，思想上就要同心同德，改革的方向明，目标就要同心同向，抓改革要实，行动上就要同心同行。坚持全面深化改革，要害在能否破除“中梗阻”。

二是改革要有执行力。“道虽迩，不行不至”。改革的大政方针已经确定，改革的路线图和时间表已经明确，要以巨大的改革锐气勇敢地实施起来，以时不我待的精神跑出改革的“最先一公里”。而各项改革政策落地的最后一步，就是改革者历尽千难万苦、经过长途跋涉需要跑完的“最后一公里”。这个阶段往往也是改革阻力最大的地方，是实现改革目标的最后瓶颈，是实现量变到质变的最后一环。如果不集中力量加以突破，如果不持之以恒攻坚克难，改革方案和政策意图的实现就有可能前功尽弃，最终让老百姓望洋兴叹，对政府改革的决心、诚意和执政公信力丧失信心。改革的“最后一公里”，是对承担改革任务的各级政府执政能力、改革决心、为民情怀、责任担当的最大考验，也是对改革者改革韧劲的最后检验。

三是改革要有凝聚力。要坚持以人民为中心的改革价值取向。改革的目标最终是为了更好地坚持和完善中国特色社会主义，更好地为人民谋幸福，为民族谋复兴,推进全面深改就是要充分发挥我国社会主义制度的优越性。中央决定“加快住房制度改革和长效机制建设”列为 2018 年要着力抓好的重点工作之一,并强调要“力争取得明显实效”。这意味着今年我国在落实“住有所居”目标上将迈出实质性步伐。一个国家、一座城市、一个企业有希望,一定是一代人、一代人对自己的社会的期待值更高。改革必须和正在成为主流人口的期望值相匹配,立足大多数、着眼大多数、依靠大多数、为了大多数,让人民群众有更多获得感、幸福感、安全感。

培育和造就工匠精神

经历 40 年的发展,我们国家经济发展已进入新常态,经济发展的内在支撑条件和外部需求都已发生深刻变化,中国制造正从低端迈向中高端。李克强总理在十二届全国人大四次会议所作的《政府工作报告》中特别强调,要鼓励企业开展个性化定制,柔性化生产,培育精益求精的工匠精神,增品种、提品质、创品牌。现在,我们国家许多产业的产量规模居于世界前列,但是大而不强,产品档次整体不高,靠山寨和低价竞争企业并非少数。正是这样的背景,呼唤工匠精神的回归,显示中国制造已经行至中国创造的时代关口。

工匠精神,在德国被称为劳动精神,在美国被称为职业精神,在日本被称为匠人精神,在韩国被称为达人精神。工匠精神一词,事实上并不是舶来品,而是一个具有浓郁中国传统文化色彩的词汇。如中国古代《诗经》把对骨器、象牙、玉石的加工形象地描述为"如切如磋""如琢如磨",工匠那种精雕细琢、醉心忘我的情态跃然于诗句之间。《考工记》是中国战国时期描述手工业规范和工艺的重要文献,体现了古代中国在科技、工艺美术方面的精进理念,它对"工"的见解非常精辟:"知者创物,巧者述之,守之,世谓之工",这是对追求效能、讲究工艺、坚持创新的讴歌。

何谓工匠精神? 工匠精神就是专注敬业、一丝不苟、精益求精、至臻完美。工匠精神是一种内在的力量,而标杆性的人物、标杆性的品牌、标杆性的企业实际上是工匠精神的外化,是中国制造所孜孜以求的文明特征。上海曾是我国制造业的重镇,上海制造一度是信得过产品的代名词,特别在 20 世纪五六十年代,上海牌手表、蝴蝶牌缝纫机、凤凰牌自行车以及培罗蒙西服、蓝棠女式皮鞋等等,就是上海制造的标杆,背后闪耀着上海的工匠精神,为全社会所敬仰和追慕。如今,令国人自豪骄傲的是我们国家的航天事业,经过几代航天人的接续奋斗,我们国家的航天事业创造了以"两弹一星、载人航天、月球探测"

为代表的辉煌成就，走出了一条自力更生、自主创新的发展道路，积淀了深厚博大的航天精神。这就是“特别能吃苦、特别能战斗、特别能攻关、特别能奉献”。

社会如此复杂浮躁，航天人能做到科学求实、严肃认真；不少专家名人出国定居，资金外流，航天人能做到忠心报国，为国争光；有些领域争名夺利，权钱交易，航天人能做到淡泊名利，默默奉献；许多单位钩心斗角，离心离德，航天人能做到同舟共济，团结协作；不少地区论资排辈、青黄不接，航天人能做到年轻挂帅，人才济济。

我与航天人有缘。在江西军垦农场锻炼时，上海派来慰问团的领队人是上海第二机电局(现航天局)保卫处长和团委书记。回到上海工作时，长期与曾在航天系统工作过的领导同志合作共事。为了化解历史遗留问题，专程到贵州061基地走访60年代支内的航天人，并与上海卫星研究所党委书记郭建伟是挚友，对航天人了解较多较深。航天人文化力量的内涵是“四靠”。

一靠精神力量。在中国航天纵横半个多世纪的奋斗征程中，无数的航天科技工作者在平凡的岗位上为这个历史性的宏大工程，默默无闻地奉献着青春年华，勤勤恳恳地奉献着聪明才智，踏踏实实地奉献着心血汗水。他们用心血、才智乃至生命把中华民族自强不息、百折不挠的伟大精神写上了浩瀚天空。

二靠系统保障。航天科技工作者孜孜不倦地探索和勇于创新的实践，逐步形成了以科研生产组织保障为主线的总指挥系统和以航天型号设计攻关为主线的总设计师系统。这是具有中国特色的航天科研型号组织管理模式，是为长期科研生产实践所验证的科学的管理制度。“两总”制度在航天科技的不断跨越中发挥着不可或缺的重要作用。

三靠杰出团队。钱学森、邓稼先和袁家军、杨利伟等杰出代表同全体航天科技工作者一起，艰苦创业，奋斗拼搏，奋进登攀，创造和实践了“两弹一星、载人航天”震惊世界的壮举。他们忠于事业，不辱使命，铸起了捍卫和平的天空长城，实现了中国民族的飞天梦想。他们的思想品质、动人事迹将激励一代又一代航天人继往开来，去谱写新的篇章。

四靠科学态度。航天人用“放大镜”看问题，确立“零缺陷、零疑点、零故障”的“三零”高标准。“天宫一号”与“神舟八号”对接机构在上天之前，已经在地面上进行了 1 101 次对接试验、647 次分离试验。在飞船入轨之后的飞行过程中，制定了 180 多种故障对策；在飞船飞行 70 多万条计算机程序中，30%用来应对正常飞行，70%则用来应对故障。用“放大镜”看问题，就能把问题看得更准、更深、更透，所体现的正是严谨求实，一丝不苟的科学精神。

在现代工业文明的重塑中，举起工匠精神的旗帜，就是营造社会氛围、累积心理沉淀、提升实业精髓，为工匠精神的崛起夯实基础。现代企业的文化和理念已不再一味追求大而全，而更注重特而精、特而优，这就无形中形成对工匠精神的呼唤。一批注重高品质、高性能而不吝高价格的中国消费群体正在形成，他们也会形成对工匠精神的呼唤。工匠精神的树立，还在于对工匠的尊重，对人的尊重，当那些兢兢业业、勤勤恳恳的产品创作者得到社会和公众的赞赏和敬佩，具有工匠精神的人才辈出。同时还需要培育和造就工匠精神的机制和政策作保障，在各行各业，对创作者和产品的评价体系和激励机制要朝向精品。这样，倡导工匠精神应该也必将成为我们社会的追求。

对改革共青团工作方法的一些意见

当前,党和国家的各条战线都在从实际出发,全面而系统地,坚决而有秩序地进行改革。这次改革不是一般的工作方式方法和工作作风上的小改小革,而是带有根本性的体制改革。改革是一场伟大的革命,这就势必要求共青团组织也从根本上来考虑一些问题。诸如:怎样使共青团能真正成为青年之家,团干部成为青年之友;共青团工作的目的是什么;如何调动全团干部的积极性和创造性,等等。

共青团工作改革的方向是使她真正成了青年之家,团干部真正成为青年之友

共青团是青年自己的组织,应该成为青年之家。团干部是青年中的先进分子,应是青年之友。但是,现在我们在做团的工作时,都是以领导者、教育者身份出现在青年面前的,而对如何为青年着想,关心解决青年的特殊利益则很不够,为青年服务的观念薄弱。因此,现在有些青年把团组织看成是“官办”的,把团干部看成是当“官”的。

共青团是党联系青年群众的传送带。青年群众的意见、要求、情绪通过共青团向党反映,并提出相应的建议和主张;同时,通过共青团的组织,向青年进行党的路线、方针、政策和党的主张的教育。就是说,共青团要担负教育青年的任务,也要担负代表青年的任务。而现在我们有些团干部看到青年上门来反映情况,要求解决实际困难,感到为难。认为团组织一无权,二无钱,只凭嘴皮搞宣传,解决不了啥问题。因此,怕麻烦不大想管。这样久而久之,青年有意见和愿望就不大愿意向团干部说,把共青团撇开,直接找党委或行政领导谈,使通过共青团这条渠道解决问题,反映呼声的人越来越少。这种现象说明

我们一定程度上脱离了青年，没有完成好党交给我们的任务。团的工作改革，首先要在团的指导思想上来一个转变，这就是群众组织要群众化，而群众化的主要标志是三点：

第一，共青团要为青年群众服务，使青年觉得到我们团组织办公室来，就像到自己家里一样，无话不说。青年人肯学习，最少保守思想，善于思考。他们在谈话中常常对党和国家政治、经济生活中的一些大事发表看法，提出建议，敢于对党内和社会上的不正之风进行斗争。这点是很宝贵的。我们团组织应该旗帜鲜明地给予鼓励支持和保护，对于青年中产生的一些偏激、片面甚至错误的思想，要积极地帮助引导，而不要简单地压制；还要敢于为青年的基本权益呼喊奔走。劳动就业、学习、恋爱、婚姻、住房、业余活动场所等，是青年最关心和迫切要求解决的问题，在这些方面，共青团能解决的，要积极想办法去解决；难以解决的，要积极向党、政府和社会反映、呼吁，引起重视，以争取各方面的支持和配合，帮助解决，限于条件实在一时无法解决的，也要充分讲清道理，使人心悦诚服。同时，共青团还要同损害青年身心健康和摧残青年的种种不良倾向作斗争。

第二，团干部要广交青年朋友。在团内担任工作的同志，意味着负有带领青年前进的责任，而自己仍然是青年中的一员，必须置身于群众之中，不能高踞于青年群众之上，不能以先进分子自居，盛气凌人，不能以教育者自居，摆出一副训斥人的架势，使青年感到可畏而不可亲。刘少奇同志曾经指出："真正先进，就是要联系群众，和团外青年的关系要好。"这就教导我们团干部要以平等的态度同青年交谈。与人相交，贵在知心。推心置腹，以诚相见，互信互学，各有谏诤，是我们同青年交朋友时应该努力做到的，这样青年见到我们才会亲亲热热，如同兄弟姐妹一样。中国有句俗话，锅不热，饼不靠，青年人在工作、学习、生活、同志关系以及恋爱婚姻等方面必然会遇到这样那样的困难，需要我们发扬热心为青年服务的精神，了解青年们的要求，关心他们的生活，设身处地为青年着想，切切实实地为青年多办实事。只要我们对青年满腔热情，我们的青年朋友就会越来越多。现在全团有四千八百万人，只要每一个团员团结联系五个青年，就能把青年广泛地团结起来，也只有这样，团的组织才能像磁石一样把青年吸引在自己的周围。

第三,团的活动内容和工作方式要面向大多数青年,从青年的实际要求出发。据老团干部介绍,在民主革命时期,我们的青年党员做群众工作是十分生动多样的,和爱好唱歌的青年一道办歌咏班,举办文娱晚会,星期天和青年一道凑点钱包馄饨,边包边谈心。有的青年由于婚姻恋爱而苦闷,就关心帮助他们,和爱好读书的青年组织读书会,等等。就是这样,通过各种形式和青年在一起生活、活动,启发他们的觉悟,引导他们参加革命。周总理曾经说过,我们要用多种多样的活动方式,条条道路引导他们革命,引导他们跟党走。现在,我们进入社会主义建设时期,共产党成了执政党,作为党的亲密助手的共青团还要不要继续赢得青年呢?毛主席早在1953年就说过:"青年团要照顾青年的特点,青年就是青年,不然,何必要搞青年团呢?"青年的特点很多,但他们有一个共同点,就是希望生活不断向上、充实、丰富和欢乐,而不愿生活每况愈下、贫困、单调和忧伤。也就是要多玩一点,多娱乐一点,要蹦蹦跳跳,不然青年人就不高兴,就不愿参加团的活动。这几年,我们团在配合党的中心工作开展活动方面做了不少工作,但在适合青年特点上做得确有欠缺。青年想的我们不敢想,青年盼的我们不办,往往是硬扭,这样使青年对团组织是敬而远之,不靠团,不爱团,使团组织缺乏活力。因此,改革团的工作目的是赢得青年。要赢得青年首先要了解青年,懂得青年成长的规律,抓住青年的愿望。80年代青年有四个需要:一是需要有场所发挥自己的聪明才智;二是需要有人支持、帮助他们学习文化和科学技术;三是需要社会能为青年开展文娱体育活动多提供些条件和场所;四是需要领导、家长、社会尊重他们。确定是这样,我们每天都能看到青年人经过一天学习、工作后,还是要找寻生活情趣,希望愉快地度过自己的业余时间,他们不可能像老年人那样一坐几小时,清闲安静地休息。他们当中,有的上夜校补习文化知识,有的看古今中外的名著,有的上影剧院,有的在树荫下谈情说爱,有的在家装电装机、修半导体,裁剪衣服……总之,每个人都有自己爱好,并从中获得乐趣,我们团的活动是群众性的活动,不是我们团的干部的活动。因此,搞活动要考虑青年愿望、要求和爱好及思想水平,要根据这个去确定活动的各种形式,确定开展什么活动。只有这样,才能吸引青年,增强团的活力,提高团在青年心目中的威信。

团在管理干部和使用、培养干部等问题也要改革

在新的历史时期，共青团作为党的助手，肩负着开创新局面的重担，作为党的后备军，团又负有为党培养造就积极分子和输送青年干部的职责。团的性质决定共青团工作改革成果标志之一就是发现、培养大批适合四个现代化需要的年轻干部，并把这一任务完成好。因此，共青团在管理干部和使用、培养干部问题上要作改革。

第一，考核一个团干部业绩，主要是看实效。除了政治上要坚定，工作上要刻苦、学习上要勤奋外，也要注重看他联系团结了多少青年，交了多少青年朋友，写出几份有思想、有分析、有建议的调查报告，蹲下去抓出几个能指导全团工作的典型。我们现在抓典型，似乎有点像捞馄饨的办法，浮在面上熟的，则挑剔它老了、糊了，沉在下面不熟的则无人问津，中间半生半熟的倒往往被选上了。我们改革团的工作，也要使团干部的作风有个转变，各级干部要沉下去抓典型。总之要看实效，从制度上引导青年干部做一个有效的政治工作者。这些年来，全团的工作主要忙在上头，团支部比较冷清，不改变这种状况，就不会有共青团工作万紫千红的新局面，团的威信和地位也很难提高。团干部也是青年人，他们同样具有青年人固有的特点。因此，对我们工作中出现的缺点，毛病、不能简单地指责，而是帮助，引导、纠正，不能以某一缺点而掩盖他的优点，要支持他们多实践，在实践中增长才干。这样我们事业才有希望，实干家才能不断涌现。

第二，对每一个干部有什么特长，适合做什么工作，团委组织部都要了如指掌。对每一个干部的使用不能只看安排了什么长之类，而是要看是否有利于调动他的积极性，是否有利于他的才能的发挥，是否有利于他的成长和发展。譬如，省、市、自治区团委一级的书记设置，是否可以第一书记管全面，常务副书记兼秘书长，协助第一书记负责做好面上工作。其他副书记、常委都兼部长，这样减少一个层次，有利于提高团的工作效率，有利于年轻干部成长，有利于把工作落到实处。机关工作人员中有三至五年工作经历，能承担一方面工作，都给明确为科级干部。放心让他们工作。简而言之，就是要年轻干部压

实担，多实践。

第三，公社、工矿企业以上的团委干部工作时间有的可以考虑改为早中班制。早班时间为上午七点至下午三点，中班时间为下午三点至晚上十点。早班的同志处理日常事务，到基层搞调查研究，召开一些会议。中班的同志安排组织活动内容，晚上同青年一起开展各种有益身心健康的娱乐活动。早中班可每月轮换一次。这样既有利于团干部业余学习，充实头脑，不断长进，又有利于同青年打成一片，同青年一起搞活动，加深了解，成为青年的引路人。

第四，团组织应有自己的青年政治学院。现在，中央团校一些省、市、自治区团校都是以轮训干部为主，用半年或更短时间向基层团干部进行团的基础理论、哲学、政治经济学、教育学等常识的教育，学员在校时，抄啊记啊，搞成了满满几大本，自己也觉得茅塞顿开，肚子里有了点墨水，决心回到工作岗位上把学到的知识运用于实践，但一接融到实际，并非如此，很多东西用不上。目前，团干部要求培训的呼声很高，但每次开班，学员来不齐，是什么原因呢？原因有二条：一是工作多，人手少，确实抽不出人来。二是怕影响文化学习。要解决这一矛盾，就涉及团校体制改革。中央团校和各级团校都肩挑双担——一是培训干部，二是办大学。这样，中央团校挂两块牌子，一块是中央团校，一块是中国青年政治学院。各省、市、区团校也照此办理，他们每年可以招收优秀的应届高中毕业生入学，经过三年学习合格，分配做团的工作，按大专毕业生待遇，发给文凭，这样，不仅解决了团干部的来源问题，又促进了团干部队伍的年轻化、专业化、知识化。对即将离开团的工作岗位(团县委书记以上)的干部，报送去青年政治学院脱产学习二年，成绩合格，发给大专毕业文凭。然后按照干部的德、才条件分配做工作，这样，有利于促进团干部安心做团的工作，消除年龄大了，不知去向如何的后顾之忧。

第五，团县委以上团委可聘请顾问；各省、市、区团委可建立顾问组，顾问组可从60年代以前的原书记、副书记或常委中选任。每年工作要点的制定、重大的纪念活动等请顾问们指点，这样有利于团干部队伍不断更新，经验得以保存。上海团市委几位书记就比较注意请老书记、老青年工作者出出主意，受益不浅。这种尊老求贤的风气应在团内大力提倡。

第六，各级青联委员年龄要下降，青联下设若干学术团体和兴趣爱好协会。切实改变目前青联委员“听听报告举举手，出国游览谈体会，看场电影往回走”的状态，真正发挥各届委员团结联系各界青年的作用。

共青团只有敢于代表青年利益，才能得到青年的拥护，使广大青年紧紧团结在自己的周围，成为“青年之家”。团的干部只有同青年在一起工作、学习、娱乐，才能成为青年之友，各级团组织只有正确、科学地使用干部，才能调动团干部的创造性和积极性。

（载《青少年研究》1983年第3期）

· 执政能力篇 ·

科学思维方式与领导能力提升

党的十八大以来，习近平总书记高度重视领导干部的队伍建设。2013 年 6 月，在全国组织工作会议上，提出了“信念坚定、为民服务、勤政务实、敢于担当、清正廉洁”好干部标准。2014 年 3 月，在参加十二届全国人大二次会议安徽代表团审议时，对领导干部提出了“严于修身、严于用权、严于律己；谋事要实、创业要实、做人要实”的要求。2015 年 1 月，在同中央党校县委书记研修班学员座谈时提出“心中有党、心中有民、心中有责、心中有戒”的要求。2016 年 3 月，习近平总书记在参加十二届全国人大第四次会议上海代表团审议时提出，“干部要有锐意创新的勇气、敢为人先的锐气、奋发向上的朝气”。这些重要论述都是领导干部必须遵循的准则。

习近平提出领导干部要有“统筹兼顾的能力，开拓创新的能力，知人善任的能力，应对风险的能力，维护稳定的能力，与媒体打交道的能力”。领导干部的思维方式相当重要，每位领导干部特别是党政领导干部，在从事领导工作中都会遇到很多困难、矛盾和挑战。不同人处理的方式不一样，有的怨天尤人、有的坐而论道、有的退缩回避、有的积极应对，这都同领导干部的思维方式有关。习近平多次强调各级领导干部要努力学习掌握科学的思维方法，防止出现“新办法不会用、老办法不管用、硬办法不敢用、软办法不顶用”。所以，科学的思维方法是保证改革发展稳定各项工作的顺利进行的前提。

一、统筹兼顾能力

统筹兼顾能力，首先要有全局意识。对全局看不清楚的，对一个地方和一件小事也是看不清楚和处理不好的。为此，必须从全局着眼，准确把握局部的地位和作用。事物的全局，就是由诸多要素和诸多阶段所构成的有机整体。相对全局来说，各个要素、各个阶段都是局部。考虑任何问题、处理任何事情、完成任何工作，都要站在全局的高度，从全局需要出发，不断提高局部工作的质量和水平，切忌一叶障目，不见泰山。其次，要有系统的观点。系统的观点是马克思主义哲学的一个基本观点。马克思主义认为，世界是物质构成的，物质是运动的和普遍联系的。一切事物、现象及其内部诸要素之间相互影响、相互制约、相互作用。坚持系统的观点，就要将创新、协调、绿色、开放、共享的五大发展理念作为一个整体来对待，作为一个系统来看待。五大发展理念来自于哪里？来自于实践。它是党的十八大以来，以习近平同志为核心的党中央对我国改革开放和社会主义现代化建设的伟大实践不断探索和总结的思想结晶，是中国特色社会主义的政治经济学，是马克思主义中国化的最新理论成果。五大发展理念虽然各有各的定位，各有各的功能，各有各的作用，但它们是一个整体，是一个大的系统，不可分割。它们的主题主旨相通，目标指向一致，共同构成了开辟未来发展前景的顶层设计，构成了整体密切相连的系统化逻辑体系，统一于“五位一体”总体布局和“四个全面”战略布局中，统一于坚持和发展中国特色社会主义伟大实践中，统一于实现“两个一百年”奋斗目标、实现中华民族伟大复兴的中国梦的进程中。

二、开拓创新能力

党的十八届三中全会提出，要进一步解放思想、进一步解放和发展社会生产力，进一步解放和增强社会活力。创新是一切社会发展的源泉和动力。国际经济竞争乃至综合国力竞争，说到底是创新能力的竞争，谁能在创新上下先手棋，谁就能掌握主动。反之，只会僵化守旧，必定无所进取、停滞甚至倒退。

创新不等于否定一切，不等于一切从头来，更不等于瞎折腾，天天变。创新是在继承基础上的发展。对已有的经验须进行总结和更好地应用，并在实践中不断丰富和完善，加以巩固和升华。一些党政机关、社会团体的工作人员存在一个通病，就是按惯例行事、缺乏创新，“面朝南坐”、精神不振。具体表现为工作中的“拖”（办事拖拉）、“踢”（互相推诿）、“盲”（实情不明）和“怠”（懒散懈怠）。开拓创新不是喊口号，是要脚踏实地地干。最近，我提出“五个转化”，要把口号转化为行动，要把概念转化为标准，要把原则转化为程序，要把认知转化为能力，要把愿景转化为现实。

三、知人善任能力

知人善任的能力，首先要有辩证思维。任何事物、任何人都是发展变化的，但是现实生活中看问题、处理问题、观察问题、思考问题，往往会出现一成不变、顾及一点不及其余的绝对化倾向。而实际上，任何事情都是相对的，而且是相互转化的。任何时候对待任何事情，如总结经验、观察形势、制定政策、处理问题、看人看事，都要讲两句话，都要辩证地看，照辩证法办事，最根本的是照对立统一规律办事，防止绝对化、主观化和表面化。知人善任的能力，要有两个把握。一是必须把握好发展的渐进性和飞跃性。任何事物都是质和量的统一，质量互变是普遍存在的客观现象，由于量变的多样性，质变的复杂性，它在现实中的具体表现又是多种多样的，丰富多彩的。实施五大发展理念，不能急功近利，必须克服急躁情绪，树立长期作战的思想准备，持之以恒，久久为功，做改革和发展的促进派。二是必须把握好发展的前进性和曲折性。任何事物的内部都包含着肯定和否定两个方面、两种因素。它们是相互对立、相互排斥的，又是相互依赖、相互渗透的。否定之否定规律表明，事物发展的方向、总趋势是前进的、上升的，事物发展的具体道路又是曲折的、迂回的。要允许探索，宽容失败，“风物长宜放眼量”，建立鼓励创新发展的容错纠错机制。要敢为人先，勇于冒尖，准备曲折，不怕反复，以“好事多磨”“事缓则圆”的心态，敢于自我否定，自我革新，浴火重生。

四、应对风险能力

我们党面临“四大考验”，指执政考验、改革开放考验、市场经济考验、外部环境考验；面临“四大危险”，指精神懈怠危险、能力不足危险、脱离群众危险、消极腐败危险。应对风险能力，首先要有底线思维。从解决现实问题出发，而不能从本本、条条和框框出发，正视问题才能解决问题。文过饰非，掩盖问题，就会使问题越积越多，矛盾越积越大。要分清问题性质、分清轻重缓急，以问题为导向，渐进式地解决存在的问题。同时，要善用底线思维，凡事从坏处准备，努力争取最好的结果，做到居安思危，有备无患，遇事不慌，牢牢把握工作的主动权。

我们常常把突发性事件管理和危机预案当作危机管理的全部。它们的即刻性效果给管理者带来错觉，以为危机已经解决。但事实上，任何一场危机都可能涉及多个系统层面。就像人体出现并发症，一旦有高烧，医生先会用退烧药，待身体条件具备后再手术一样，危机预案的解决方法也应当是让受影响的组织系统暂时稳定，然后再做长远的更新与转型。若一味追求快速“解决”，只会给未来带来更加难缠的困境。因为，这种思维方式过于依赖历史上的成见，而危机所包含的不确定性是无法简单依靠历史知识的惯性推导来解决的。简言之，危机的应对要面对四种情形：连环引爆式危机，慢火焖烧式危机，隐蔽耗散式危机，长久阴影式危机。对不同类型的危机，应当采取的危机应对方法是不一样的。比如，对连环引爆式危机我们需要立即拿出解决方法，否则它有可能带来灭顶之灾。而一旦系统采取暂时的稳定，我们就需要在习惯性管控思维之外，思考如何进一步“解散”“解析”和“解放”的管理办法。有些危机往往和社会关注度成正比。许多无法逆转的危机，只能依靠分散关注度换取悄悄处理的时间和空间。如果不懂“解散”的逻辑，强力动员资源压制冲突，结果只能是越描越黑。而且，危机本身就是复杂交错的因果关系造成的。每场危机背后，至少有行为、心理、文化和设施等方面的起因。因此，不能以为最直接的信号源消失了，危机就解决了。如果不找到病源，即使是割掉显示发炎情况的“扁桃腺”，我们的身体仍然会出现问题。事实上，造成危机的深度因素往往源于人们狭隘的思维方式和认知冲突。“解析”其实就是让各种片面认知充分暴露出来,让更适合的共识有凝聚成型的机会。爱因斯坦曾说,“解放”只能在理解层次的上一层出现。这里的“解放”,指的是超越和升华。更上一层系统的维度,可以让人们看到难以想象的可能性。

五、维护稳定能力

维护稳定能力,首先要有法治思维。法治思维就是领导干部想问题、做决策、办事情都必须以法律为准绳,善于运用法治方式保护和实现人民权益,维护社会公平正义的思维方式。要对法律怀有敬畏之心,牢记法律红线不可逾越、法律底线不可触碰,带头遵守法律、带头依法办事,牢固树立“法无授权不可为”、“法定责任必须为”的理念。不得违法行使权力,更不能以言代法、以权压法、徇私枉法。切实提高运用法治思维和法治方式深化改革、推动发展、化解矛盾、维护稳定的能力。

维护社会稳定工作,我曾经概括出五句话,脑中要有弦,稳定压倒一切;目中要有人,人民利益至上;心中要有数,有哪些不稳定因素;手中要有“米”,解决实际问题;腿上要有劲,夯实基层基础。抓好安全生产工作,我曾经也概括了四句话,抓住头,扎好根,编织网;人家亡羊,咱们补牢;以小防大,从严惩处;宁可花钱买笑声,不可赔钱听哭声。预防自然灾害工作,坚持三个不怕,不怕劳民伤财,不怕兴师动众,不怕十防九空,就怕给人民群众生命财产造成重大损失。总之,要把城市公共安全的基层基础工作做好,做到基层组织坚强有力,基础工作扎实有效,基本队伍一呼百应,法律法规配套管用。

六、与媒体打交道能力

互联网是信息时代的主要标志。互联网改变了人们的生活,也深刻改变了政治生态环境,为民主政治的发展提供了新的方式和渠道。对此,各级党政领导同志要不惧怕、不排斥、不逃避、不打压、不作秀,学会与网民平等对话。然后在此基础上,以信息发布和传播为手段,以人民群众关心关注的内容为内核，以群众乐于接受的语言和形式，切实有效地加强政务沟通。政务沟通要在必须和可能之间、在长远利益和眼前利益之间、在大多数人利益和少数人利益之间找到一个平衡点和结合点。具体到表达方式上，就是要心中有度、收放自如、谨言慎行、举止得当。现在，一些领导干部与媒体之间的关系，是形影不离，又爱恨交加。有人说，这是一把“双刃剑”，媒体既可以帮你“锦上添花”，也会给你“忙中添乱”。也有人说，时下当领导的最操心的事就是“防火、防盗、防媒体”。这些说法本身就说明，当前领导干部在与媒体的交往过程中，普遍存在着“三个误区”：一是用自己的需求去要求媒体；二是对媒体经常采取回避态度；三是对待媒体报道反应不当。如果还愿意意识到并承认这些误区的存在，领导干部就应学会与作为社会公器的媒体多作沟通，是应对而不是应付，更主动而不是被动。新闻媒体是发现问题、报道问题的行家里手，可以为政府提供公共智慧，也可以为政府提供舆论支持。领导干部都应从与媒体的相处中，学习一种更开放的心态，学会真诚、理性地对待媒体。

除了以一种更开放的心态真诚、理性地与媒体沟通，政府还应主动接受采访、答疑解惑，这才能让人们对政府产生信任。

当然，高质量的实际具体工作，是政务沟通最重要的支撑。尽力办实事让老百姓得到实惠、解决老百姓的实际问题，是建立政府与公众互信最重要的基石。这才是在“大众麦克风”时代和全媒体格局的舆论环境下，政府和社会沟通、应对问题时须采取的态度。

尤其在出现负面事件时，任何推诿或硬做官样文章，都可能成为阻碍信息分享的“痛”。君子坦荡荡，有话当面讲。如果有道理，就要合法、合情、合理地解释清楚；如果有过错，也要敞开来讲明白，自己接受深刻教训，公众也会宽容谅解。怕就怕与公众“躲猫猫”，甚至硬着头皮顶住。政务沟通有责任满足社会的知情权、实现公共信息的有效分享、拉近政府与老百姓之间的距离。对于语言沟通来讲，“准确”是第一位的，后面才有表达流畅、形态优雅、语言幽默等。有了“准确”这个1，紧跟其后的“风采”“风度”“幽默”这些0才有意义，才能加分。

以上是我对习近平总书记提出的领导干部六种能力建设的体会和感悟。接下来，我对如何做人、如何做事、如何做官谈点想法。

如何做人。国学中的“道”是皇冠上的明珠，是中华文化的最高智慧。人生有三境界：悟道（内在规律）、修德（行为规范）、持法（惩罚措施）。“道”的内涵之一是，这个世界是变化着的，其间生灭变化永无停息，我们只是变化中的片段，千万不要执着于自我。“道”的内涵之二是，这个世界是一体的，我们与这个世界紧密联系，我们从心里或者以行为向外发出的信号会影响这个世界，同时这个世界会以各种方式、各种倍数反馈给你。“道”的内涵之三是，我们可以发出“善”或者“恶”的信息，但是只有我们不计功利地发出“善”的信息，我们周围的世界才会向良好的方向发展，我们才能幸福度过此生。在人与人相处中务必反求诸己、先利其大、知必行之、无愧于心。

如何做事。要能想大事、愿做小事、能干实事、不做亏心事，具体做到“五有”：

有一种自觉——一切从实际出发。坚持实事求是，要求我们想问题、办事情把客观存在的实际事物作为根本出发点，一切从实际出发。只有坚持一切从实际出发，才能为正确面对问题提供前提，科学分析问题找到原点，合理解决问题开辟路径。这个道理说起来简单，但要牢记于心并时刻践行并不简单。现实工作中比较容易出现的情况是，有的从主观愿望出发，制定经济社会发展目标，不顾现实条件，把指标定得过高，按照指标“抓落实”，结果导致工作变味、数据失真，事与愿违。有的从个人经验出发，把过去的成功经验奉为圭臬，殊不知事过境迁、斗转星移，过去合理的现在不一定合理，过去有效的现在不一定有效。有的从有关材料出发，不深入实际生活，坐在办公室看材料、听汇报、上网络，关起门来想问题、作决策。还有的从一己私利出发，围绕个人的名誉、地位、利益打小算盘。实践表明，凡此种种工作中没有不碰壁的。一切从实际出发，不是一个抽象的口号，不是一个空洞的道理，是实事求是的出发点和前提，领导干部要时刻保持思想自觉和行动自觉。

有一种能力——把握事情的本质。实事求是的关键在于“求是”，洞察事情的本质。但我们看到、听到、感觉到的往往是事情的表象，需要透过现象、表象把握其本质和内核。领导干部把握事情本质的能力，与个人知识、阅历、修养、视野、判断力等因素相关，只有在刻苦学习和工作历练中才能不断增强。要加强马克思主义理论的学习，掌握马克思主义的立场观点方法，善于运用正确认识客观事物、做好各项工作所必须具有的辩证思维、战略思维、全局思维、创新思维、底线思维等。要勇于实践,敢于面对工作中的棘手问题,深入实际、深入基层、深入群众,放下架子、扑下身子、真抓实干,努力使自己主导的实践成为正确的而不是盲目的实践,成为有科学根据的而不是想当然的实践。要加强对实践经验的总结和对新情况、新问题的调查研究,弄清楚它们是怎么产生的、变化发展的趋势怎样、应该如何引导使之趋利避害,在不断总结和探索中提高思想水平和工作能力。

有一种担当——为民服务尽责。只有心中有民,才会真正务实。是否站在人民大众的立场,是唯物史观与唯心史观的分野,也决定了领导干部能否在工作中坚持实事求是。领导干部要坚持一切为了群众,一切依靠群众,从群众中来,到群众中去,把党的群众路线贯彻到各项工作中去。要从思想和感情深处真正把人民群众当主人、当先生,虚心向他们求教问策,把智慧的增长、本领的增强、水平的提高深深扎根于人民群众之中,从人民群众中汲取营养和力量。要遵循"政绩之本,在于为民",把群众的安危冷暖挂在心上,抓实做细事关群众切身利益的每项工作,"办实每件事,赢得万人心"。要有强烈的责任感和使命感,遇到矛盾不绕道,遇到责任不推卸,碰到问题就解决,勇于担当,敢于作为,做出实实在在的业绩。

有一种智慧——解决复杂问题和矛盾。领导干部在实事求是推进工作过程中,不是一帆风顺的,会遇到各种思想冲突、利益纠葛等,既不能止步不前,也不能蛮干硬上,需要开动脑筋,寻求解决复杂问题和矛盾的有效办法。遇到推动工作的"拦路虎",解放思想,换个角度考虑问题,思路就可能豁然开朗,柳暗花明。面对看似无法解决的矛盾,勇于开拓创新,总能找到解决矛盾的有效方法。创新工作思路,工作效果就不一样。聪明与智慧是有区别的。聪明是指一时一事,所称为小聪明;智慧是指一生一世,所称为大智慧。聪明与智慧的区别在于境界与格局。我们要做智慧之人。

有一种品格——忠诚于党的事业。领导干部坚持实事求是,要以对党忠诚、对事业忠诚的政治品格作保证。只有对党忠诚,任何时候任何情况下才能做到说老实话、办老实事、做老实人,始终表里如一、言行一致。只有对事业忠诚,才会对工作虔诚而执着,至信而深厚,始终不会被任何困难和坎坷所阻挡。

理想信念是一个人的精神内核,是支撑人坚定信心的动力源泉。只有理想信念坚定,对党和事业的忠诚才能有牢固的思想基础。现实生活中有时坚持实事求是,可能背离了权力意愿,或者触犯了既得利益,受到孤立、指责甚至压制。在这种情况下,领导干部要始终忠诚于党和组织,相信正义必胜,真理必胜,实事求是必胜。

如何做官。对不同层级的领导干部要求是不一样的。局级领导干部、处级中层干部和科级干部处于不同的执行层面,分别有可遵循的工作要求。对于局级领导干部,可以用六个字概括:“舵”,即要当好舵手,把握方向,确定目标;“度”,即把握工作推动的时度、尺度、幅度;“力”,即有驾驭全局能力,形成班子优势互补合力,善于借助各类智库外力;“公”,即对人处事都要出于公心、公平、公正;“容”,即包容人才、宽容过错、从容应对;“导”,即加强指导、跟踪督导和用力鞭导。对于处级中层干部,要做到上靠领导、下靠基层、左右求援、自我奋斗。要读懂领导意图,找准自己定位,充实内在素养,不失做人本色。对于科级层面干部来说,要加强学习历练,不断提升自己,增强持久功力。要挖掘自身潜能,培养专项技能,发挥聪明才能。

邓小平同志曾说过:“不讲多劳多得,不重视物质利益,对少数先进分子可以,对广大群众不行;一段时间可以,长期不行。革命精神是非常宝贵的,没有革命精神就没有革命行动。但是革命是在物质利益基础上产生的,如果只讲牺牲精神,不讲物质利益,那就是唯心论。”我们要正确处理公与私的关系,可以归纳为八种态度:大公无私是圣人,公而忘私是贤人,先公后私是善人,公私兼顾是常人,私字当头是小人,假公济私是痞人,以公肥私是坏人,徇私枉法是罪人。

加强政府法制建设　提高依法行政水平是解决当前信访突出问题的重要课题

信访工作是党和政府联系人民群众的桥梁和纽带，是发扬民主、体察民情、接受群众监督的重要渠道，是维护社会稳定的重要手段，也是检验各级政府是否有效落实“三个代表”重要思想的重要标志。我们对信访事项一般以事情的类别将之划分为求决类、申诉类、参政类、其他类等，对产生信访事项的原因没有十分准确的比例划分。但可以肯定地说，现在信访工作量很大，由于行政行为失当而导致的信访已占到相当大的比例。如何积极探索有效解决问题的新途径，是摆在我们各级党政领导和信访干部面前的重要课题。加强政府法制建设，提高依法行政水平，是解决行政行为信访事项的根本途径和根本出路。

一、行政行为信访事项的大量产生，已经成为一个不容忽视的社会问题

随着改革开放的不断深入和人们法制意识的不断增强，社会经济生活中潜在的一些深层次矛盾逐渐显露，信访矛盾呈现出复杂化、群体化、多元化和社会化的趋势，具有“五个增多”的特点。从量上分析，信访总量逐年增多；从表现形式看，越级上访增多；从信访频率看，重复上访增多；从信访规模看，集体上访增多；从信访内容看，热点难点问题增多，并存在两个突出特点，一是行政机关侵害公民、法人和其他组织合法权益的行为大量发生；二是反映行政行为信访事项的比重有不断增加的趋势。信访所反映的违法或者不当的行政行为大致有五方面：一是行政行为不公开；二是行政机关失职，没有履行职责；三是越权行政或滥用职权行政；四是行政行为无法定依据；五是行政行为违反法

定程序。因此,加强政府法制建设,加强依法行政工作,已成为当前必须引起高度重视、亟待解决的问题。

二、加强政府法制建设,提高依法行政水平,是解决行政行为信访事项的根本途径

解决行政行为的信访事项,必须从源头入手。只有通过法律手段,才能最大限度地减少或避免违法的和不当的行政行为发生。同时,对难以避免的行政争议问题,也只有通过法律程序加以解决,做到标本兼治。现在我们政府的工作人员,包括信访干部,法律意识和执法水平还不是很高。要依法治国和依法治市,上海要建设法治化城市,提高政府工作人员及执法机关的法治水平十分重要。

(一) 努力实践"三个代表"的重要思想,提高政府立法、制定规范性文件的质量,切实维护最广大人民群众的根本利益

我们的政府是人民的政府,我们的政府前面有两个崇高的字眼,即"人民"。韩正市长提出,我们的政府是服务政府、责任政府、法治政府,在起草法规、规章或制定规范性文件时,必须坚持全心全意为人民服务的宗旨,必须把人民的利益放在最高的位置,把维护最广大人民根本利益作为我们的根本原则,正确处理好全局与局部,长远与眼前,国家、集体和个人利益的关系。我们是责任政府,责任应体现在三个方面:一是对以往发展过程中遗留下来的问题,我们在任的负责同志有责任把积累的问题化解掉;二是对当前出现的新问题,要勇于承担责任,敢于接触矛盾,善于解决问题;三是我们现在做的工作,不要给后人留下后遗症,要对历史负责。最近,韩正市长强调,上海在城市建设中,要做到"两增两减",即要控制上海的高层建筑。上海现有 5 000 多座高层建筑,已批准建造的还有 2 000 多座,如不加以控制,上海将成为"水泥森林"。同时要控制容积率,增加绿化,增加空间。"两增两减",就是对历史负责,对人民负责。当前,旧城改造的任务依然繁重,我们要把改善人民生活水平作为我们政府工作的出发点和落脚点,真正做到"权为民所用,情为民所系,利为民所谋"。另外,我们起草法规、规章,制定规范文件,必须坚持走群众路

线，集思广益，广泛听取群众意见，特别是群众的批评意见。要形成一个深入了解民情、充分反映民意、广泛汲取民智的决策机制，建立重大的行政决策合法性论证制度，做到决策科学化、合法化，从源头上解决依法行政的问题。

（二）严格依法行政，强化执法监督，从源头上消除、减少行政行为不当引发的信访事项

各级人民政府及其工作部门要严格依照法律、法规、规章赋予的职权依法办事。上周我在某区接待了六位上访群众。其中一位曾当过市劳动模范、市人大代表。他说，他是这个基地第二个被强迁的，理由是协议不成。有关部门不能简单裁决，用强迁行为杀鸡儆猴。这样做工作，一是没有依法行政，二是群众也不服。第一，要积极探索综合执法的新路子。对执法体制要进行改革，政府有关行政管理部门存在职责交叉、分工不清的现象，市区联动、部门之间协调不够。要克服多头执法、多层执法、重复处罚，使行政处罚权能相对集中。第二，要建立健全以行政执法责任制和评议考核制为核心的各级行政执法制度。全面实行行政执法公示制，公开执法依据、执法权限、执法程序、收费标准、办事结果以及对违法行政行为举报投诉的方式，自觉接受群众的监督。对群众反映的问题认真查处，并公开处理结果。第三，要严禁乱摊派、乱收费、乱罚款。整顿和规范市场经济秩序，首先要规范政府行为。行政机关行使的职权要与部门利益脱钩，坚持罚缴分离的原则，认真执行行政事业性收费和罚没收入"收支"两条线管理制度，任何行政执法机关不得向行政执法人员下级机关下达收费与罚没的任务指标。第四，要调整和优化执法队伍结构，努力提高队伍素质。严把进人关，严格标准，公开竞争，择优录用。同时对不具有执法权力的部门和人员，不准参与执法。对行政执法人员要严肃纪律、严格管理、强化监督。对胡作非为、欺压群众的必须坚决依法处理。

（三）发挥行政复议制度在解决信访事项中的作用，提高化解各类矛盾工作力度

长期以来，受传统观念和体制影响，行政机关在处理日常信访事项中，习惯用行政的权力来协调矛盾。这种行政协调、领导批办的处理方式，虽然在处理信访事项中曾起到并还在起着举足轻重的作用，也确实化解了许多矛盾。但是，随着依法治国、依法行政进程的推进，随着社会主义民主政治的建设发展，这些做法与形势和时代的要求越来越不相适应。因为这种处理方式，会给群众造成“找的领导越大，问题就能解决得越好”这样一种错觉，形成“大闹大解决，小闹小解决，不闹不解决，一堵路马上就解决”的局面，也容易出现哪里的领导越重视信访，那里的信访量就反而越大的反常现象。修订后的《上海市信访条例》不久将施行，其对我们依法行政有十分明确的规定。因此，要建设国际化、市场化、信息化、法治化的城市，我们必须在依法行政的前提下，努力探索和把握新时期信访工作的规律和特点，逐步将信访工作引导到法制化的轨道上来。行政复议是运用法律手段解决信访疑难问题的“绿色”渠道，也是现代法制国家解决冲突和矛盾的基本方式。《行政复议法》是一部规范政府行政行为的重要法律，为人民群众维护自身合法权益提供了一条法定的行政救济渠道。《行政复议法》实施的根本宗旨，就是要防止和纠正违法的或者不当的具体行政行为，保护公民、法人和其他组织的合法权益。信访干部要学会发挥《行政复议法》在解决信访问题中的作用，提高信访事项的处理工作力度。有些行政争议通过信访途径处理难度很大，这是因为信访对象往往就是作出具体行政行为的各级行政机关，他们对人民群众要告自己或自己的下级，容易不能正确对待，草率应对，敷衍塞责，甚至还会出现官官相护的情况，造成群众越级上访和重复上访的过激行为频发，既影响了党政机关的良好形象，也给党政领导同志工作上带来很大压力，牵涉领导很多精力。而通过行政复议制度来处理行政争议信访问题，则有几个好处：第一，上级行政机关可以及时了解并纠正下级行政机关的违法或者不当行为。第二，行政复议作出的决定具有法律效力。如果行政机关作出的具体行政行为，事实清楚、证据确凿，适用依据正确，程序合法的，予以维持，申请人必须履行，申请人不履行的，可以通过法院得到强制执行，或者申请法院强制执行，减少和避免群众重复上访和无理取闹。第三，行政复议制度与行政诉讼制度相比，也有优势。为什么很多群众不愿意通过司法途径解决问题呢？我认为有三个原因，一是成本高，二是时间长，三是执行难。行政复议制度程序比较简便，一是可以书面申请，也可以口头申请。二是可以自主选择申请复议机关，也可以转送。三是既能解决合法性问题，又能解决合理性的问题。同时还赋予当事人对据以作出具体行政行为的“红头文件”监督机制的启动权。四是行政机关受理行政复议不收取任何费用。同时,行政复议制度由政府自身来解决与人民群众发生的纠纷和争议,可以避免行政诉讼对簿公堂的局面,各级行政机关和领导能接受,群众也能接受。官是两“口”,民是一“口”,群众告政府,心理有障碍,所以行政复议,适应我国的国情、文化传统和人民群众心理,有利于化解和缓解人民内部矛盾,有利于维护人民群众的合法权益,有利于维护我们人民政府的良好形象,有利于提高行政管理效率,最大限度地体现国家利益和公共利益。但是好措施尚未充分发挥作用,全年全市的行政复议受案数只有 1 600 件左右,市政府法制办只有 200 件,太少了。

要建立信访与行政复议相结合的化解信访事项的工作机制,促进信访与复议相结合,不仅是法制办和信访部门的事情,而且是政府的一项重要工作。要把这件事看作依法行政、依法加强社会管理、依法解决信访事项的重要内容,看成新时期妥善处理人民内部矛盾的新抓手,看成为改革、发展、稳定大局提供保障的措施,看成遏制群众集体上访、越级上访、重复上访势头,掌握信访工作主动权,开创信访工作新局面的有效办法。大家一要加大对《上海市信访条例》和《行政复议法》的宣传力度,增强群众依法信访的意识。要通过各种媒体加强对《上海市信访条例》的宣传,解决群众不懂告、不会告、不愿告的问题。二要建立信访与行政复议相结合的工作制度。一是建立联席会议制度,在“五办”联动机制的基础上,建立信访办与法制办联席会议制度,各级各部门信访办要把群众反映行政行为的问题挑出来,请一些不当行政行为多的部门共同参加研究化解办法;二是形成信访事项的移送制度,可以定期,也可以随时移送;三是告知制度,告知信访人,你反映的是关于政府的行政行为,符合《行政复议法》规定的,可以采取行政复议的方法来解决;四是信访事项处理的反馈制度。今后行政复议的机关要把结果反馈给信访办,有对当事人意见的反馈,也有部门处理意见的反馈。

总之,我们要探索解决集体上访、越级上访和重复上访的方法,掌握工作主动权,所有工作当中,十分重要的是要提高信访干部队伍建设,提高信访干部依法处理信访事项的能力和水平。信访工作涉及全局,信访干部要了解全局工作,市信访办主任列席市政府常务会议,建议各区县信访办主任列席区县长办公会议。信访办要开设一些讲座,使信访干部知法、懂法、会用法。信访部门要成为出干部、出人才、培养人的地方，千万不能仅把信访干部当“守门员”，当“铆钉”，使信访干部队伍真正成为党和政府联系群众桥梁的支柱。同时，通过信访干部的一言一行，体现党的形象，体现政府的形象，体现共产党人的形象。

（载《2003年政府法制研究》2003年）

拆无形之墙要搬哪些砖

——在上海交通大学的演讲

80多年前，美国记者埃德加·斯诺第一次接触中国共产党人，就发现他们身上有一种不可征服的精神和力量，并断言中国的未来就掌握在他们手中。

如今，中国共产党执政69年，拥有8 900多万党员。我们必须牢记，党的先进性和党的执政地位都不是一劳永逸、一成不变的。

过去先进不等于现在先进，现在先进不等于永远先进。过去拥有不等于现在拥有，现在拥有不等于永远拥有。党面临的执政考验、改革开放考验、市场经济考验、外部环境考验是长期的、复杂的、严峻的。精神懈怠危险、能力不足危险、脱离群众危险、消极腐败危险更加尖锐。我们党要居安思危，巩固执政地位，最有效的措施是始终保持党同人民群众的血肉联系，筑牢防止和抵御危险的屏障。

群众工作发生了变化

早在江西红都瑞金的革命和执政中，毛泽东同志就总结并提出，“真正的铜墙铁壁是千百万真心实意拥护革命的群众”。在战争年代，党和人民军队一面要打仗、一面要筹饷，在经常面临敌人优势兵力进攻的残酷形势下，仍然积极开展了争取群众的工作。充分调查研究群众经济、文化、政治等各方面利益诉求，把群众诉求作为一切工作的出发点、落脚点。宣传群众、组织群众、武装群众，军民齐心协力，共同营造革命根据地的军事实力，构筑了一道坚不可破的铜墙铁壁。

因千百万群众真心实意地拥护，革命根据地的党组织和人民军队终于战胜了武装到牙齿的敌人，并在长期的武装斗争考验、工作生活实践中与人民群众结下了"干群亲、军民爱、荣辱与共、鱼水情深"的党群关系。山东沂蒙山的"红嫂"用自己的乳汁供养我们的伤病员，刘胡兰以"我是共产党员"来保护人民群众。人民军队与人民群众相互关爱，同呼吸，共命运，心连心。党和人民军队失去了群众，就像鱼失去了赖以生存的水。

一旦革命党成为执政党，有一个变化会不可避免地发生。这就是我要讲的第一个变化：由执政前的鱼水关系，变成了执政后的领导与被领导关系。执政党手中掌握的权力是公权力，角色是社会管理者、领导者。群众有什么诉求，理所当然地要向执政党提出来。如果我们做得不好，脱离群众，那更是要遭到群众的批评。这个角色的转换，是我们作为执政党面临的巨大挑战。

第二个变化。以往，群众路线实施与否，实施的程度和效果，都取决于领导人的意愿。如今，随着权利意识的觉醒，群众已不满足于仅仅听命于各级组织和领导人的安排和布置，而是有自己的主张和意愿，成为保障其争取和维护自身权益的重要通道。面对主体意识、权利意识、参与意识、监督意识不断增强的群众，群众路线必须弥补以往"自上而下"有余而"自下而上"不足的缺陷，切实维护群众利益，增强政治参与的广度和深度。

第三个变化。以往的群众路线常常作为一种决策程序和领导方法，只涵盖政策输入和政策输出两个环节，但决策之后的贯彻执行，进一步加工和完善的环节时而被忽略。而事实上，培育和激活政治的民主协商、社会的自我协调和自我秩序维护机制，既是群众路线功能开发的重要方面，也应从根本上体现为对民意的尊重以及对社会公平正义的价值追求。群众意识的强弱，以往主要取决于领导者的自觉和自律。因此，难以避免出现主观主义、命令主义、形式主义、官僚主义等问题，导致一方面很多时候群众的一些愿望和诉求无法进入决策程序，长官的喜好和意志仍然是决策的主要依据，另一方面，政策实施也缺乏集纳群众评价和意见的有效机制和渠道。

第四个变化。群众路线应由以往具有较强的随意性和偶然性，变成必须认真贯彻的制度性和纪律性。群众路线虽然被视为党的根本政治路线，但在实际操作中，缺乏制度和程序性的保障。由于群众路线的实行水准有赖于领导者个人素质、作风和水平，因此其对形势的判断、对群众意愿的了解、对政策目标的热情、对政策不同意见者的看法等，都会影响其所作决策的质量。一旦作出错误的决策,群众路线本身也没有立即纠错的机制。一般要等到出现系统性问题时,才能得到反馈,再进行纠正,而此时苦果已经酿成。可见,在缺乏制度依托的情况下,群众路线的运作具有一定的随意性和偶然性,需要中央上层不断地警示以求得中下层领导的重视和遵行。这就是历届中央领导同志屡次三番、语重心长、反复强调群众路线重要性的道理所在。这也说明,停留在工作作风层次的群众路线是不够的,必须从制度上解决我们党和群众的联系问题。

第五个变化。群众路线的人治思维和人治方式,要变成法治思维和法治方式。中国共产党执政后一度将群众运动作为群众路线的一大创造而固定化、延伸化。以人治的手段动员群众,不仅消耗了党的组织能量,也给群众路线的法制化进程留下了负面影响。改革开放以来,法治成为新的历史条件下群众路线的强大支撑。但由于中国整个社会还没有形成崇尚法治的社会心理,某种程度上,人们在遇到各种问题时,解决问题的思路和方法仍习惯于依靠人治而不是法治。

总之,群众路线教育实践活动必须要以基层工作为基础,注意总结和吸收新形势下群众路线在民主化、制度化和法治化转换中的有益经验和做法,使之在这次教育实践活动中得到法制、体制、机制上的深化。

无形之墙是怎么来的

习近平总书记曾说,要防止出现把我们党和人民群众隔开的无形之墙。让权力与权利平等对话、政府与公众良性互动,才能拆掉这堵无形之墙。他还指出,作风问题绝对不是小事。如果不坚决纠正不良风气,任其发展下去,就会像一座无形的墙,把我们党和人民群众隔开,我们党就会失去根基、失去血脉、失去力量。

根据我的思考、分析和观察,这堵墙确实是客观中存在的,是由十二块砖头日积月累垒起来的。哪十二块砖头呢?

第一块砖头:不知来历。

我们有相当多领导干部出身贫寒,经过个人努力、组织培养走上了领导岗位。但其中有一部分人一当上官,脸就变了,不知道自己是从哪里来的。还有些领导干部，认为自己走上领导岗位都是靠自己拼搏出来的，忘记父老乡亲、忘记组织的培养。河南省内乡县一座古县衙有这么一副对联："得一官不荣，失一官不辱，勿道一官无用，地方全靠一官。穿百姓之衣，吃百姓之饭，莫以百姓可欺，自己也是百姓。"此联之所以久传不衰，大概就在于它用浅显的语言揭示了"官"与"百姓"的关系，足以令为政者警醒和铭记。

第二块砖头：不贴心肺。

胡锦涛同志在庆祝中国共产党成立 90 周年大会讲话中指出，"每一个共产党员都要把人民放在心中最高位置，尊重人民主体地位，尊重人民首创精神，拜人民为师，把政治智慧的增长、执政本领的增强深深扎根于人民的创造性实践之中。"只有你把人民放在心中，人民才把你放在心中。只有同群众同甘共苦，心心相印，才能克服一切困难。而现在有些干部同群众离心离德，嘴上讲一套，实际做一套，言行不一。群众意识、群众观念、群众路线、群众感情，在我们一些领导干部心中被逐渐淡忘、遗忘了。

第三块砖头：不够平等。

我国是工人阶级领导的，以工农联盟为基础的人民民主专政的社会主义国家，国家一切权力属于人民。我们党的宗旨是全心全意为人民服务，我们党和国家机关的公职人员都是人民的公仆。现在出现了一些公仆的地位大大高于主人的现象，不是公仆为主人服务，而是要主人为公仆服务。各级人大代表、政协委员的比例中，工农群众所占比例这两年虽有增加，但依然有限。

第四块砖头：不会说话。

有些领导干部只会讲官话、讲大话、讲套话，不会讲接地气话，群众爱听的话，就是不讲真话。即使讲真话，也分五档：在开会发言时讲的话；与领导谈话时说的话；同知己朋友聊的话；和老婆子女通的话；藏在头脑里想的话。我在国家行政学院开了一门课《政务语言沟通艺术》，深受欢迎。特别强调说话的语境和对象。

第五块砖头：不在一起。

最近，我遇到了一位正部长级干部，他跟我说，现在相当苦恼。我说，你苦恼在哪里？他说不能和群众在一起。上班有领导干部的办公区域，吃饭有领导干部的小食堂，娱乐有领导干部的指定场所，外出有领导干部的专用车辆，电梯有领导干部的专用梯。下基层调查有人打前站，做功课，看不到真实情景，听不到群众真正声音。

第六块砖头：不太重视。

有些领导干部对群众日常生活中遇到的问题和困难视而不见，更有的抱着新官不理旧账，久拖不决，民有呼，他不应。落实指示走过场；鼓动工作挺热闹，贯彻落实打水漂。群众办事门难进、脸难看、话难听、事难办，尚未根本得到解决。

第七块砖头：不交朋友。

有些领导干部喜欢和富商勾肩搭背，称兄道弟，不与普通群众交朋友。许多教训表明，领导干部栽跟头，通常不是栽在穷朋友身上，而是栽在富朋友手里。领导干部因病住院治疗，或遇家里喜丧婚庆大事，许多人会上门看望。有不少人不是看望你，而是看望你的官位。你一旦没有官位了，很可能没有人来看你了。

第八块砖头：不敢公开。

各个领域都有五花八门的潜规则。表现在许多方面：选人用人方面，一些地方任人唯亲，跑关系，讲交情，正常的组织工作机制难以运行；党内生活方面，开展批评与自我批评的时候越来越少，表扬与自我表扬的时候越来越多，你好我好大家好；权力运行方面，一些地方和部门看交情、重友情，所谓"酒杯一端，政策放宽"，平时门庭若市，逢年过节更是车水马龙；执法司法方面，有的地方有法不依，执法不严，管理不善，乃至贪赃枉法的事情时有所闻。有的已经引发了激烈的社会矛盾，造成很大的社会影响。

第九块砖头：不讲诚信。

有的领导干部每年重大事项的申报中，有虚报、瞒报、漏报的。有的地方土地招投标、国有资产的转移、机关事业单位的招聘人员，明的是按照规则和程序在做，实际上是照葫芦画瓢，做给别人看的。承诺和表态不兑现，领导干部有时候都会忘了自己当初的承诺，说过就算做过了。有的是官员学历造假，学位职称不是他的真本事，而是他官位上的光圈。

第十块砖头：不懂规律。

决策时候拍脑袋，向上表态拍胸脯，发生问题拍屁股。不按经济社会发展的客观规律办事,随心所欲。脱离我们国家国情和初级阶段,远离现实。有些领导干部不信科学信迷信,重大项目开工,会请风水先生来看看。有一座城市有五个开发区,换一任领导换一套思路,来一个规划,搞一个开发区,劳民伤财,折腾群众。

第十一块砖头:不怕反感。

现在有句话叫:"领导说你好,你就当领导;群众说你好,你只能当群众。"说的就是有些人总是眼睛向上,身子上浮,看领导眼色行事。有的人甚至认为,只要上面有人,就能提拔,何必怕群众反感,何必花那么大的劲去联系群众。这说明我们的干部选拔任用机制出了问题。现在查处法办的领导干部中,有不少都是"带病提拔"。因为上面有人,他不怕得罪群众,就怕得罪领导,对群众的批评则置若罔闻。

第十二块砖头:不动真格。

腐败行为在一些领域仍然易发多发,一把手腐败问题仍然严重。一些腐败案件涉及金额巨大,窝案串案,案中案明显增多,呈现出蚁贪与虎贪并存、个案与窝案交织、贪财与贪色共存、炫富与藏富同在的特征。前段时间中央提出来,要"老虎苍蝇一起打"。既然如此,就不能只是打"死老虎"、"飞苍蝇"。对那些"深山老林"里的老虎,躲在角落里的苍蝇,同样必须动真格。

如何才算"不走过场"

党的群众路线教育实践活动不要走过场,关键在"常"、"长"二字上下真功。

作风问题具有顽固性和反复性,抓作风"一阵风"是一些地方和单位的痼疾。以往的经验教训告诉我们,纠风之难,难在防止反复。进行一段时间后,一些地方对落实中央八条规定精神仍然不以为然;一些地方有所懈怠,出现不少坏作风重新冒头的迹象。这些都是值得警惕的。

这次群众路线教育实践活动必须以咬住青山不放松的决心,善始善终,善做善成,防止虎头蛇尾。具体而言,必须依靠领导干部带头,完善落实制度,加强监督惩处,激发内在动力。

期待我们党的干部真正赢得群众拥戴。

党要管党，就要管好作风；从严治党，就是要严在作风上。党员干部要真正做到与群众为友，拜群众为师，就必须像对待“知己”一样。读懂群众的期待，才能当好公仆。使广大人民群众烦恼的事有人听，民生的事有人办，不平的事有人管，富民的事有人做。

风气好不好，关键看领导。领导干部既是各项事业的组织者、推动者，又是党性、党风的示范者、引领者。领导干部只有自身行得端、走得正，才会有“向我看齐”的底气，才会有上行下效的效果。改进作风一定要从领导机关、领导班子、领导干部抓起，坚持高标准、严要求。要求别人做到的，自己首先做到。要求别人不做的，自己绝对不做。这样才能形成领导带头、一级带一级的示范效应。

与此同时，选人用人对作风建设具有重要的导向作用。要坚持以好的作风选人，选作风好的人。坚持教育培训有作风内容，监督管理有作风要求，考核评价、选拔任用有作风标准。把作风要求贯穿到干部工作全过程，让作风好的干部受到重用，让作风不好的干部受到警醒和惩戒。切实发挥好选人用人的指挥棒作用。要加强制度建设，从体制机制上堵住滋生不正之风的漏洞，以改革的办法固化作风建设的成果，实现作风建设的制度化、规范化、常态化。

期待正确认识和评估反腐倡廉态势。

现在，社会上对反腐败斗争形势存在这样那样的看法，特别是信息网络十分发达，披露了不少党员干部的作风和腐败问题，使人们对腐败的严重程度愈发担忧。

究竟如何正确认识当前反腐败斗争的形势？这不仅仅是一个工作评估的问题，而且是一个重大的政治问题，关系到改革、发展、稳定的全局，也是我们深入开展党风廉政建设和反腐败斗争的基础和前提。正确认识和评估当前反腐倡廉的态势，有利于我们更好地把握反腐倡廉大局，明确努力方向，提高工作的针对性和有效性。

简言之，腐败是一种社会历史现象，解决腐败问题是一个渐进的历史过程。我们必须用战略思维、辩证思维和创新思维，充分认识反腐败斗争的长期性、复杂性、艰巨性，以更加坚定的信心、更加坚决的态度、更加有力的措施，推进反腐倡廉各项工作，不断取得党风廉政建设和反腐败斗争新成效。

密切联系群众是中国共产党的优良传统，是我们党的三大优良作风之一。我们党依靠这个优良作风，建立了新中国；依靠这个优良作风，建立了社会主义基本制度；依靠这个优良作风，开创了中国特色社会主义新局面。

在新形势下，我们要深刻领悟到“人民”二字的分量，非常明白我们执政党地位的来源和本质。深入开展群众观点、群众路线、群众利益、群众工作教育，筑牢新的历史时期群众工作的思想基础，解决好各级党政领导干部服务群众的立场、观点、方法、感情问题，使党的群众工作更有动力、更具活力。

弘扬企业家精神　撸起袖子加油干

——在山东地矿集团大课堂的演讲

我们每个人和每个企业始终处在变化、选择和发现之中。当前，世情、国情、党情深刻变化，我们正处于一个变化的时代，正处在全面深化改革的关键时期，正处于全面建成小康社会的决胜阶段。山东地矿是山东省属经营性国有资产统一监管实施计划正式推进的第一批企业，由事业单位变成企业单位，由地矿局转到国资委管辖，在这个变化过程之中就有很多选择，在选择之中就会出现很多机会。如何适应变化？如何做好选择？如何重新发现？首要的就是靠理念，理念是导航系统，是前进的方向；理念是价值的取向，是选择的依据；理念是攻坚克难的勇气，是坚韧不拔的毅力；理念是共同的话语体系，是同舟共济的决心。这个新理念，就是"弘扬企业家精神，撸起袖子加油干"。

一、企业家作用无可替代

企业家是创业创新的主体，是推动经济社会发展的中坚力量，在社会主义市场经济中发挥着无可替代的关键作用。习近平总书记早就指出，市场活力来自于人，特别是来自于企业家，来自于企业家精神。在人们常说的"四大经济要素"中，劳动、资本、土地要素都需要企业家来组织，我认为，企业家才能是人力资源开发居于首位的要素。

我对企业家这三个字是这样理解的。对"企"的理解，上面是"人"，下面是个"止"字，只有人的才华处于迸发的状态，企业才是充满活力的，如果人的动力没有了或者发挥不出来，企业的生命就停止了(通常说，朋友情谊在于走动，资金增值在于流动，组织作用在于活动，身体强健在于运动，企业是一样的道理)。什么叫"业"？下面一个横，万丈高楼平地起；两条竖，一条是耕耘与毅力，另一条是收获与拥有，有多少耕耘就有多少收获，只要有毅力就会有拥有；两边的点一个点是泪水，一个点是汗水。什么叫“家”？上面宝盖代表屋顶、屋宇，为下面的“豕”遮风挡雨，“豕”代表野猪，古代是非常难得的祭品，寓意要营造具备安全感、归属感、仪式感的环境。

企业家的才华和才能是天赋与实践共同作用的结果，光有天赋没有实践成不了企业家，只有天赋没有实践也成不了企业家。企业家更多是引领者，天赋的权重更大一些，而经理人更多是管理者，实践的权重更多一些，是追随在企业家后面的职业管理人员，企业家的首要职责就是要统筹调动和激发所有员工和相关利益方的积极性，照顾员工、股东、客户和相关社会公众的关切，营造共赢的局面（任何企业要牢记一个赢字，上面是个亡，在市场经济竞争中要居安思危；中间是个口，要加强与政府、社会、企业内部的沟通；右边是个月，要持之以恒，长年累月的努力；中间是个贝，人才是宝贝；右边是个凡，要保持平凡人的心态，防止浮躁）。党的十八大以来，对于企业家及企业家精神越来越重视，发挥企业家才能，弘扬企业家精神，保护和激励企业家队伍等内容频繁出现在中央文件中，“企业家精神”一词被正式写入 2017 年的《政府工作报告》。我们全面深化改革，就要激发市场蕴藏的活力。市场活力来自于人，特别是来自于企业家。企业家是企业的灵魂，是改革创新的坚实力量，也是推动经济社会发展的生力军。

企业家怎么来推动企业发展和变革？要靠两个轮子，一个是科技，一个是管理。只有这两个轮子转得好，才能推动企业更好地发展。而要这两个轮子转得好，就要不断创新，要靠科技创新和管理创新，统领科技创新和管理创新的关键是理念创新。创新实际上就是要破除因循守旧的保守思想，就是要树立敢为人先、与时俱进的新理念。

当前，有些国有企业存在着四种病状：机构庞大，信息不畅的“肥胖症”；决策滞后，行动缓慢的“迟钝症”；各自为战，协调困难的“失控症”；安于现状，不思进取的“僵化症”。尤其是高级管理人员选人用人范围狭窄、习惯于组织内部任命、难以集聚行业顶尖人才。《中共中央国务院关于深化国有企业改革的指导意见》明确提出，要以业绩为导向，科学评价不同岗位员工的贡献，合理拉开收入分配差距，切实做到收入能增能减和奖惩分明，充分调动广大干部职工积极性。从上述分析可以得出这样的结论:国有企业要充满活力,必须放开企业领导人的头脑和手脚,发挥企业家在推动企业发展中的重要作用。

二、企业家的责任和使命

企业文化是折射企业发展的一面镜子,是衡量企业家的一把标尺。企业文化从某种意义上讲就是企业一把手的文化。文化具有四大要素:传承性、渗透性、共识性、延续性。一个企业能走多远很大程度取决于领头人,领导力的来源包括其自身的人格魅力和定力。人格魅力就是境界和格局,风骨和担当。定力就是不能为短期目标失去企业发展的大方向和长远目标,因为在市场经济大潮中各种风浪诱惑太多。定力从哪来? 一个很重要的来源就是自己内心的文化素养。因此,企业文化某种意义上讲就是企业家文化、一把手文化。一个好的企业家,一个重要职责就是营造一种积极向上、包容坚韧、具备生命力的企业文化。

衡量企业家及领导班子素质主要看"三个力",即:政治眼力、理论功力、领导能力,具体要领有六个字:"舵、度、容、力、公、导"。

要领一——"舵","舵向、舵标、舵手"。作为企业家及各级领导干部考虑工作必须有三个着力点:一是我国仍处在社会主义初级阶段,思考一切问题都要从这个实际出发。二是要把思想统一到中央对当前经济形势的判断上来,把行动统一到中央的方针政策和工作部署上来,对中央已经确定的各项工作、政策措施要逐项落到实处,跟踪实施效果,我们国企的发展、改革一定要与国家战略、大政方针相吻合。三是时刻关注人民群众最关心、最直接、最现实的利益问题,(作为企业尤其是国企)始终维护好、实现好、发展好最广大客户、职工、股东及群众的根本利益。"舵向"是企业发展愿景、发展战略和发展目标,设定可以有近期和远期,愿景要有凝聚力,要体现企业使命感和存在的价值,战略要有前瞻性,目标要有现实性,要脚踏实地、不好高骛远,能够经过奋斗努力达到,同时也要有挑战性,要跳一跳才能够达到,"舵标"是实施路径,是保证战略和目标实施的一系列制度安排、行动举措,是资源配置和企业经营的行动指南,而要实现这一切,关键是舵手,是企业当家人及其领导团队。

要领二——“度”,“时度、尺度、幅度”。度是指无过无不及,把握处理事物恰到好处,这是把握“度”的最高准则。工作、学习、干劲就像烧开水一样,达不到温度不行。针对新情况、新问题,要及时完善措施,做到见事要早、动作要快、工作要实,关键是审时度势,不失时机,时止则止,时行则行。要知先后,明轻重,晓缓急,也就是说,要在正确的时候做正确的事,时机对了,做事事半功倍——这是“时度”。在企业具体经营和决策过程中,要做到心中有数,举止有度,把握火候,拿捏得当,厘清性质,抓住主要矛盾和矛盾的主要方面,对症下药,打蛇打七寸——这是“尺度”。同时,要把握弹性,注重对政策和制度的有效运用,因地制宜、因时制宜,急则治之以猛,缓则济之以宽,软硬兼施——这是“幅度”。检验“度”的水平的关键是争取大多数,立足大多数,着眼大多数,有利于大多数。

要领三——“容”,“包容、宽容、从容”。古人说:“唯宽可以容人,唯厚可以载物。”在一个领导集体中,不可能每个人的性格、风格都完全相同,也不可能每个人的想法、意见都完全一致,但作为班子中的领头人,必须有宽阔的胸襟、谦和的容度、闻过则喜的修养(我一直认为,很多时候,班子不是强强联合的好,而是优势互补的好,要互相“包容”)。宽容待人是人生的一种美德,是处理和改善人际关系的润滑剂。面对错综复杂的问题,突如其来的事件和危机,急剧恶化的社会矛盾,企业家务必积极冷静地分析,沉着慎重地决策,从容有效地应对,面对它、接受它、处置它、放下它。

要领四——“力”,“能力、合力、借力”。能力体现在行政执行力,创造性贯彻落实好各项工作措施。作为一名出色的企业家,既要能够果断地作出符合实际的决策,又要能够正确地传达执行上级的指示、政策和法令。合力是班子的生命,是事业成功的保证。人心齐泰山移,人心散事业瘫。人非生而知之,那么一定是学而知之,思而知之,行而知之,实践出真知。企业家要时常问计于基层,问计于员工,问计于专家。要学会靠天借地,造势发力,善于借用社会力量。归纳起来四句话:“上靠领导,下靠基层,左右求援,自我奋斗。”

要领五——“公”,“公正、公平、公开”。优秀企业家必须言行一致,并且一以贯之,坚持做到“三公”。同时,要从下级和员工的角度来想问题,使人感到“三公”。公正关键在制度。要改变权力过分集中的现象,建立权力的制约机制，自觉接受群众的批评和监督，让权力在阳光下运行。只有公正才有公平，权力公平，机会公平，规则公平，分配公平，公正才是可信、可依的普遍公平。公平释放出来的效益和成果是巨大的，公平能激发人的创造力，调动人的积极性。要真正做到公正公平，极为重要的是公开，公开的前提是透明。凡涉及职工、客户等内外部群众利益的政策和工作都要公开，完善各项公开的企业制度，提高企业经营透明度和办事公信力。

要领六——“导”，“指导、督导、鞭导”。对所有的工作都要实行责任制，实现“三个明确”，即明确责任人，明确时间节点，明确工作目标。同时，要做到有部署、有检查、有考核，增强工作和措施的执行力和有效性。尤其要注意不能原则性指导，要强化分类指导、操作指导、精准指导。要了解实际情况，分析存在问题，研究工作规律，不断提高工作的主动性、预见性和针对性、实效性。指导要重视应用现代信息技术和方法。重大工作和事项企业家要亲临现场，靠前指挥，亲自过问，认真指导。加强督导，不能只听汇报，要求真务实。督导要“严”字当头，在督导中敢于抓，敢于管。对那些不思进取的干部要鞭导。对庸庸碌碌者要痛加斥责，对敷衍塞责者要严加鞭挞，对不负责任的干部和人员该撤换的要坚决撤换，对触犯法律的，坚决绳之以法。

三、企业家撸起袖子加油干

领导力产生的根本原因是让所有人明白企业家在带领大家完成一项意义非凡的使命。企业就像一个生命体，企业发育、成长是由它的使命、愿景、定位（类似“人的三观”）和管理者（主要是一把手）的信念、境界和格局赋予的。所有大企业在上升期，其领导层都具有强大的使命感和信念。这种使命感可以令经营班子最大程度获得企业内部和外部的鼎力支持。

企业家要具有四种精神：勤劳务实的开拓精神、敢为人先的思变精神、永无止境的创新精神和精诚合作的团队精神。企业家精神是企业组织健康长寿的核心基因和重要源头，关于企业家精神要素的关键词众多，创新、冒险、规则、法治、合作、共赢、执着、专注、公益、责任等。当前，企业家精神成为中国特色社会主义市场经济的核心资源，企业家精神的根本特点是企业家的创造力，而创造力可以进一步分解为三种创造性，创造性精神、创造性能力和创造性思维，不仅创造要知行合一，还要掌握创造的有效客体——创新本领，避免“创新恐慌”。

此外，企业家需要解决“三信问题”——信仰、信任、信用。

关于信仰，不单指信仰马列主义、共产主义和中国特色社会主义理想信念，这里的信仰是指认定中国共产党，只有中国共产党才能救中国，富中国，强中国，坚定不移跟党走。

第二个是信任。很多地方、很多时候企业家与政府打交道存在四扇门，“玻璃门”、“弹簧门”、“旋转门”、“卷帘门”，这个现象一时半会儿还不能得到有效解决。国有企业要搞好搞活，我认为，关键是国资委定位要厘清。国资委的官员和干部不完全是从企业出来的，有些人对企业经营困难、困惑和困境不能感同身受，所以要搞好国企，国资委首先要自我革命。习近平总书记在浙江、福建省担任过党政主要领导，他对于浙江、福建的非公有制企业、民营企业一直以来非常关心，今天依旧关心。早在三十多年前，福建 55 位企业负责人就发出了给企业“松绑”放权的呼吁。2014 年，以“福建 55 位厂长经理呼吁为企业‘松绑’放权 30 周年”为契机，福建省 30 位企业家致信习近平总书记，建言加快企业改革发展，企业家们及时收到了习近平总书记的回信。未来一个很重要的事情，就是要建立政府(国资委及其他职能部门、行业主管部门)和企业之间的双向信任通道，政府放权于企、还权于企、取信于企，企业以经营成果接受市场检验和政府监督。

第三个是信用，我们在社会上要讲诚信，人无信不立，企无信不强。

把企业搞活的关键是“有情”。首先是恩情，没有改革开放和党的政策，我们今天经济社会发展就不会取得巨大成就，就不会有企业蒸蒸日上的发展和人民的幸福生活。对我们的员工和客户要有感情，是他们养活、养壮了企业家。其次是对工作要有激情，充满着旺盛的精力。第三是对朋友和同事要有热情。“事情、事情”，只有“有情”，才能成事。

未来一个企业的竞争力，或者说核心优势，取决于如何看待新事物、新技术，取决于能不能尽快实现线上与线下、技术和实业、传统和创新、过去和未来的融合，更为重要的是能不能尽快建立面向未来的新经济、新技术、新模式。另一个是国际视野，不同的视角得出不同的结论，国际性的思维意味着企业家需要放眼于世界,不仅要在前期对国际市场有所了解,拥有国际化的产品,还要争取拥有国际化的品牌和影响力。拥有国际化的视野意味着很多企业家除了需要关注自己的行业以外,还要对全球经济、政治和文化有深入了解和把脉,要有接轨国际、经营全球的企业家思维。不应只关注自己的产业,或者与之相关联的产业的发展。在"三去一降一补"、产业转型升级和创新驱动发展的时代要求下,作为供给侧实体的企业及产业界,应当在世界范围配置资源、竞争合作、抢占产业制高点。我们山东地矿未来谋篇布局,应当立足山东、辐射全国、面向全球,成为国家一带一路倡议的重要践行者,成为中国企业走出去的一面旗帜。

企业发展离不开政府的有效支持,要学会同政府打交道,要学会同政府对话。如何同政府打交道?关键是做好"三个三":三句话吸引领导同志的注意力,三分钟能把问题讲清楚,三页纸把报告写完。同政府打交道,关键是让政府官员觉得同你打交道放心,要出以公心,共同打造成就事业的大平台。习近平总书记指出:要切实建立"亲、清"的新型政商关系,企业家要理解把握"亲、清"新型政商关系的深刻内涵,积极构建制度化、常态化的政企沟通机制。

要发挥企业家作用,还要落实好五个政策。与中央政策一一对应地看,宏观政策要稳,就是要坚持积极的财政政策和稳健的货币政策,为经济结构性改革营造稳定的宏观经济环境——企业要因势利导,在投融资、产业拓展方面顺势而为,稳中有进。产业政策要准,就是要准确定位经济结构性改革方向,发展实体经济,坚持创新驱动发展,激活存量增长动力,着力补齐短板,加快绿色发展,积极利用外资,积极稳妥扩大对外投资——企业要正确处理增量和存量的关系,加快创新,拓展新领域。微观政策要活,就是要坚持和完善基本经济制度,完善市场环境、激发企业活力和消费潜能,在制度上政策上营造宽松的市场经营和投资环境,营造商品自由流动、平等交换的市场环境——企业要加强内部管理和变革,加快机制创新。改革政策要实,就是要加大力度推动重点领域改革落地,加快推进对经济增长有重大牵引作用的国有企业、财税体制、金融体制等改革——企业要利用此次体制转换机会,加快改革顶层设计,积极推进市场化、国际化、产融一体化。社会政策要托底,就是要守住民生底线,做好就业和社会保障工作,切实保障群众基本生活——企业要确保改革、转制过程中的职工稳定、生产平稳过渡。

时代呼唤企业家。我们需要一大批具有国际视野、站位高远、立足当下、推进现代管理、勇于承担社会责任的企业家，要下大力气加强企业家队伍建设，让企业家有更高的学习能力、更强的法治意识、更多的创新机会、更广阔的发展空间。企业家最大的“靠山”是什么？是法律！企业的发展越来越规范，企业家要靠法律保护自己。我们必须看到，政府也越来越注重保护企业家及企业家精神。最高人民检察院检察长曹建明同志曾指出：“要依法平等保护企业产权和合法权益，优化企业发展环境，激发企业活力。”不久前，中共中央、国务院发布了《关于完善产权保护制度依法保护产权的意见》，是党的十八大以来完善产权保护制度，推进产权保护法治化精神和要求的具体落实，是党中央、国务院依法保护各种经济组织和公民财产权利的庄严承诺，它的颁布和执行引起社会各界的极大关注和支持。相信假以时日，一个公平、公正、透明、稳定的法治环境，一个保护各种所有制、各种经济主体各得其所的政策环境，一个公平公正的司法环境，一个保护企业家精神、支持企业家专心创业创新的社会环境会逐步形成，企业家的春天真正来临，我们的企业家真正能够、自发、乐意“撸起袖子加油干”。

最后，无论是企业家还是普通人，做人要记住四句话。反求诸己，遇到挫折时切莫责怪他人，而应先反过来从自己身上找出问题的症结，并努力加以改正。先利其大，做任何事情都有利弊，先做利益最大最重要的事情。知必行之，知道之后抓紧落实，不要今天等明天、明天等后天，不仅要掌握理论还要善于贯彻执行。无愧于心，做人的关键是无愧于心，要做出无愧于党，无愧于人民，无愧于家庭的事业来。

同时做事也要记住四句话：能想大事，愿做小事，能干实事，不做亏心事。山东地矿不能局限在山东范围内，要站在全国、全球的角度谋事、做事、成事、不出事。当然，做人做好了，做事做好了，也不一定成功，成功还离不开“六个人”：个人努力、高人指点、贵人相助、众人给力、家人支持、友人监督。作为企业家，你一定要有梦想，有梦想就会有追求，有追求就会有攀登，有攀登就会有高度，有高度就会有视野，有视野就会有思路，有思路就会有出路。

我的演讲到此，谢谢大家！

·城市安全篇·

美好生活与城市安全

——在国家行政学院的演讲

党的十九大报告提出“中国特色社会主义进入新时代”。这是党中央对党和国家当前所处历史方位作出的重大战略判断，这个新时代的起点，就是党的十八大以来的这五年。新时代之“新”主要体现在：过去的五年党和国家事业发展取得了历史性的变革，我国发展站到了新的历史起点上，我们党与时俱进进行重大理论创新，形成了新时代中国特色社会主义思想这一马克思主义中国化最新理论成果；我国社会主要矛盾发生了深刻变化，转变为人民日益增长的美好生活需要与不平衡不充分的发展之间的矛盾。这一判断为新时代中国特色社会主义的改革和发展奠定了坚实的理论基础、价值遵循、政策导向和实践指南，是社会主义理论发展史上的重大理论和实践创新。

实现人民群众的美好生活成为全党奋斗的新目标，而美好生活这个概念要比过去所说的“人民群众日益增长的物质文化需要”涵盖更广泛、层级更高。习近平总书记曾指出：“平安是老百姓解决温饱后的第一需求，是最重要的民生”。城市化是21世纪人类最大的变革趋势之一，城市是人类文明进步的重要载体，是广大市民、群众的共同家园，随着人口大量聚集，城市面临的风险正在迭代、衍生和爆发，城市公共安全面临前所未有的挑战。

城市发展伴随着风险，而风险也带来新的机遇。全国城镇化率已经达到57.35%。我们用30多年的时间，完成了西方一两百年的城市化进程。这类跃进式的高速发展是一种打破资源均衡、突破自然法则的过程，所叠加的风险具有密集、流动、圈域等特点。因此，围绕公共安全为核心的城市风险管理体系建设，社会需求急迫，中国特色明显。

第一，在理念确立上，要从以事件为中心转变为以风险为中心。事件是具有偶然性的，然后风险是可以辨识的，且风险管理的概念是建立在管理的对象不仅仅是事件本身的基础上的，以风险分析作为管理的依据，能规避围绕事件制定管理措施的局限性。

第二，在原则坚持上，要从亡羊补牢转变为未雨绸缪。我们进行城市风险管理，就是要从原则上进行转变。所谓“人无远虑必有近忧”，尤其在当下的复杂环境下，我们不能存有侥幸心理，而应该未雨绸缪，重视潜在的问题，预估可能的后果。否则，亡羊补牢，对我们的城市而言，很多时候已经是“迟也迟也”，后悔莫及。

第三，在重点把握上，要从事后应急转变为事前、事后防控。城市进入风险管理阶段，安全管理工作要做，应急管理工作也要做，但我们需要将重点放到事前和事中。基于风险识别，我们做到事前“防”，基于风险分析和应对，我们做到事中“控”，那么一方面可以减轻事后“救”的压力，另一方面在事前、事中的投入及所产生的效果相比较事后监管升级、加大资金投入而言往往是事半功倍。

第四，在落实推进上，要从习惯行政推动转变为更多发挥市场作用。现阶段，城市管理创新需要改变以政府为单一中心的传统模式。通过政府、市场和社会的多主体联合，改变政府以行政命令作为单一手段管理城市的局面。城市风险管理需要政府部门来统一规划、引导支持，但所有的工作并不仅仅是政府部门的事情，要充分发挥市场在资源配置中的决定性作用。业内专家学者和监管部门已开始探索在工程建设、市政设备运维、交通运输领域运用保险机制进行风险管理，城市其他行业也都一样，管理方、保险机构、企业及个人共同参与城市的管理，这就是机制的创新。

第五，在社会参与上，要从被动危机公关转变为主动引导公众。城市活动的主体是公众，城市管理的对象归根结底也还是人。随着互联网、移动终端及各种社交媒体的发展，人人都成了自媒体人，一个事件的发生及信息的扩散，已不仅仅源于新闻媒体，很有可能就通过微博、微信、朋友圈迅速扩散开来，不单纯是文字，还“有图有真相”甚至有直播。这是一把双刃剑，我们在城市风险管理的创新中需要运用好这把剑，不要让公众仅仅作为城市管理的对象评论政府的行为，而是要让公众能感知到城市风险管理的意义、在个体行为中减少不利于风险管理的行为，成为城市管理的参与者，这是对城市风险管理最好的支持。

一、城市公共安全的现状与挑战

1. 城市公共安全面临的风险。城市风险主要有四大方面：经济风险、环境风险、社会风险和技术风险。这四个方面的风险大致可以分为18种类型：恐怖袭击活动；公共疫情暴发；大客流骤增；安全生产事故；交通安全事故；食药品安全问题；突发设备事故；重特大治安事件；群体性突发事件；人为肇事肇祸；政治抵制事件；文化习俗冲突；宗教矛盾激化；灾害气候持续；社会丑恶现象；经济异常波动；信息网络遭袭；媒体新闻误导。城市遇到风险是正常的，但能不能化解风险、快速应对风险是十分重要的。

2. 城市公共安全存在的短板。不论是自然灾害，还是责任事故，其中都不同程度存在主体责任不落实、隐患排查治理不彻底、法规标准不健全、安全监管执法不严格、监管体制机制不完善、安全基础薄弱、应急救援能力不强等问题。从现象上来看，行路起居要提心吊胆，头上会遭遇抛物、脚下井会没有盖，各种车辆横冲直撞；近年来，“楼倒倒”、“楼歪歪”、“楼裂裂”等与楼相关的网络新词，折射出老百姓对房屋质量安全的关注，也体现了一种无奈。根据住建部的统计数据，2016年全国共发生房屋市政工程安全事故634起、死亡735人。我国653个城市中有300多个属于“严重缺水”和“缺水”城市。早在2014年3月的中央财经领导小组第五次会议上，习近平总书记就提出：“原油可以进口，世界石油资源用光后还有替代能源顶上，但水没有了，到哪儿去进口？”2015年，股市异常波动，使数万亿元市值“蒸发”，股民情绪不稳。有的P2P金融公司陷入兑付危机，涉及全国各地人数成千上万，资金规模千百亿，导致许多金融机构和投资者恐慌，引发个别地区流血事件，并产生一系列社会不稳定因素。

3. 城市公共安全国情的特征。一是超大规模体量。我国的人口数量比整个欧洲还多，不能简单借用欧洲和美国的经验。2017年春运从1月13日开始至2月21日结束，共计40天。春运全国旅客发送量达到3.57亿人次。二是显著的地域差异，因此政策不能一刀切。三是特殊的制度环境。我国的体制机制与其他国家是不同的。四是悠久的文明传统。中国拥有几千年的农耕文明史，城镇化是在这样一个基础上完成的。五是压缩了发展进程，我们是追赶式的发展。很多城市的公共安全管理能力建设明显跟不上城市发展速度。各地普遍存在着四个特征。一是"高风险的城市，低设防的农村"。农村公共安全问题需要引起高度重视，而高度依赖技术设施，水、电、气、交通、通信等网络的现代城市，也存在着多发多样的安全隐患。城市活力是人流、物流、资金流、信息流形成多要素组合的有机体，任何一个要素发生变化，都会影响整个城市系统的安全运行。二是"严格不起来，落实不下去"。一些部门对安全事故可能导致的危害认识不足，心存侥幸，在安全问题上嫌麻烦、图省事。比如，许多城市里都有被戏称为"扒路军"的施工队伍，不严格遵守安全规章和操作规程，一不小心把水电油气管道挖断，轻则造成居民停电停水，重则造成居民区爆炸。三是"不愿花钱买笑声，宁可赔钱听哭声"。一些领导干部对单位内部或地区存在的公共安全问题隐患和薄弱环节不予重视，一旦发生事故，又不惜一切代价应急救援。对事故善后处理、对相关责任人查处公布很积极，却容易"好了伤疤忘了痛"。要吸取灾难事故教训，就要不断查找城市公共安全的短板、隐患，加强公共安全的硬件和软件保障。四是"经常性的工作突击做，突击性的工作经常做"。许多地方，公共安全的日常监管往往流于形式，满足于听汇报、看材料。一旦发生重大安全事故，监管部门又会迅速行动，对相关领域突击检查。结果类似事故总是此起彼伏，重复发生。发生安全事故，一定要履行"谁检查、谁连带"的原则，使监管检查真正成为倒逼安全的机制。

4. 城市公共安全沉痛的教训。2015年每季度都发生一件大事。第一季度，上海市黄浦区外滩陈毅广场东南角发生拥挤踩踏事件；第二季度，重庆东方轮船公司所属"东方之星"号客轮发生翻沉事件；第三季度，天津港瑞海公司危险品仓库发生特别重大火灾爆炸事故；第四季度，深圳发生山体滑坡事故。

外滩踩踏事件的教训是：领导思想麻痹，严重缺乏公共安全风险防范意识，对重点公共场所可能存在的大量人员聚集风险未作评估、预防，应对准备严重缺失，事发当晚预警不力，应对措施不当。

"东方之星"翻沉事故的教训是:重庆东方轮船公司违规擅自对"东方之星"轮的压载舱、调载舱进行变更,未向万州区船舶检验机构申请检验,安全培训考核工作弄虚作假,对客船船员在恶劣天气情况下应对操作培训缺失;对船舶机舱门等相关设施未按规定设置风雨密关闭装置、床铺未固定等问题排查治理不到位;未建立船舶监控管理制度并配备专职监控人员。

天津港瑞海公司特别重大火灾爆炸事故的教训是:瑞海公司危险品仓库运抵区南侧集装箱内硝化棉由于湿润剂散失出现局部干燥,在高温(天气)等因素的作用下加速分解放热,积热自燃;引起相邻集装箱内的硝化棉和其他危险化学品长时间大面积燃烧,导致堆放于运抵区的硝酸铵等危险化学品发生爆炸。同时,暴露出地方政府和部门存在有法不依、执法不严、监管不力等问题。

深圳山体滑坡事件的教训是:建设者和经营者没有对渣土收纳场修建倒排系统,收纳场积水尚未排除就往里面加填垃圾和泥土,加上天气原因,使收纳场泥土含水量饱和,形成滑动。同时,还发现了很多管理方面的问题。

5. **城市公共安全发展的机遇**。党的十九大报告中指出,"树立安全发展观念,弘扬生命至上、安全第一的思想,健全公共安全体系,完善安全生产责任制,坚决遏制重特大安全事故,提升防灾减灾救灾能力"。习近平总书记多次指出,当前,公共安全事件易发多发,维护公共安全任务繁重。要主动适应新形势,增强风险意识,坚持多方参与、合作共享、风险共担,坚持科技引领、法治保障、文化支撑,创新理念思路、体制机制、方法手段,推进公共安全工作精细化、信息化、法治化,不断提高维护公共安全能力水平,有效防范、化解、管控各类风险,努力建设平安中国。党中央、国务院把维护公共安全摆在更加突出的位置,要求牢固树立安全发展理念,把公共安全作为最基本的民生,为人民安居乐业、社会安定有序、国家长治久安编织全方位、立体化的公共安全网。全面建成小康社会,将为解决制约应急能力提升的薄弱环节和共性问题、全面提升应急管理水平创造有利条件和难得机遇。

二、城市公共安全是最大的民生

"人,诗意地栖居在大地上。"德国诗人荷尔格林的一句诗,让多少人向往那和谐美好的生活。这,也正是我们对城市生活的期待。城市让生活更美好的最基本要素是安全。现代城市高度依赖技术设施,水、电、气、交通、通信等网络,造就了现代生活的方式,同时也造成了安全问题的多元性和多发性,城市公共安全显得更加脆弱。城市化进程既是积聚财富的过程,也是积聚风险的过程,城市规模越大,功能地位越重要,也越显得脆弱。城市公共安全管理是一个世界难题。公共安全是指广大社会成员所享有的生命、健康和公私财产的安全,是社会成员从事正常的生活、工作、学习、娱乐和社交所必须的安全环境。尤其是指预防和减少各类突发事件及其造成的伤亡和损失,保障人民群众生命和健康。城市公共安全问题不能被繁华所淹没,必须重视城市的良性发展,切实解决好城市公共安全问题。

《习近平谈治国理政》第一篇文章是《人民对美好生活的向往就是我们的奋斗目标》。这是习近平总书记率领十八届中央政治局常委同中外记者见面时的讲话,以朴实的话语、坚定的立场宣示了新一届中央领导集体执政为民的决心,是我们党价值思维的最佳表达,深深地打动和温暖了亿万中国人民的心。安居乐业是人民对美好生活最重要的向往,没有安全一切都是零。因此,民以食为天,民以安为地,顶天立地,国泰民安。

习近平同志在视察清华大学公共安全研究院时作出重要指示:“现在我们国家处于工业化、城镇化、信息化的转型、转轨、转变时期,快速发展期和矛盾凸显期,这个时候突发事件很多,怎么把它管控好,把这些突发安全的问题对我们的冲击和损害降到最低的限度,这是我们要积极应对的。过去的哪一年没有一些突发事件?自然的、社会的、政治的、经济的。所以,公共安全建设对于构建和谐社会、推动全面小康建设,乃至于中华民族伟大复兴都具有非常重要的现实和深远意义。”

2013年,习近平同志发出最强音,人命关天,发展绝不能以牺牲人的生命为代价,这必须作为一条不可逾越的红线。始终把人民群众生命安全放在首位,牢牢守住发展不能以牺牲人民的生命这条红线。2015年5月29日下午,习近平总书记在主持中共中央第二十三次集体学习时强调,公共安全一头连着千家万户,一头连着经济社会发展,是社会安定有序的风向标。能否确保公共安全,事关人民群众生命财产安全,事关改革发展稳定全局。特别是天津港

“8·12”瑞海公司危险品仓库特别重大火灾爆炸事故,造成重大人员伤亡和财产损失。习近平同志再次作出重要指示,确保安全生产,维护社会安定,保障人民群众安居乐业是各级党委、政府必须承担好的重要责任。所以,强化坚守红线意识和能力是健全公共安全体系最根本最重要的任务,人的生命高于一切、先于一切、重于一切。坚持以人为本,首要的是以人的生命健康为本。广大人民群众既是公共安全保护的主体,也是搞好公共安全依靠的主体。在人命关天的安全生产问题上,单位和个人、领导和员工都应从责任重于泰山,操作从细微处抓起。古人讲:“天下大事,必作以细;天下难事,必成于易。”好高骛远,大而化之,眼高手低,不注重细节,是不可取的。“祸患常积于忽微”;“无知造成无畏”十分惊人可怕。全国每年各类人为事故使直接受到伤害和影响的人群数以百万计,造成了巨大的生命和财产损失。

上海是已经超过 2 400 万人口的超大型城市,地铁运营总里程已达 617 公里,拥有 367 座车站,全线列车规模达 4 000 多辆,地铁日均客流 1 100 万人次。上海拥有 30 层以上的高层建筑 1 500 多幢,电梯 22 万台;水、电、气、油等地下管网设施长度达 12 万多公里,此外,随着轨道交通、新城建设、旧区改造、路桥隧道等工程大规模建设开发,以及“生命线”工程设施的逐步老化,城市运行安全风险逐年趋向提高,各类突发事件发生的概率也随之上升。当前,有三个方面的突出问题和薄弱环节必须引起高度重视:一是发现安全问题之后,整改不严不实,解决问题打折扣;二是企业的责任不落实,尤其是企业的法人责任制不落实,存在开过罚单、告知整改就了事的现象;三是有些地区违法建筑的违规违章作业现象突出,又不在监管视野的范围之内。因此,加强公共安全建设,落实公共安全管理时刻不能放松,要深刻吸取公共安全管理工作中的教训,切实防止类似重大公共安全事故重复发生。要不断查找城市公共安全的短板、隐患和薄弱环节,及时解决问题,消除隐患,改进管理。要加强公共安全管理的硬件和软件保障,提高公共安全工作标准。

城市发展是系统工程,是国家治理能力和治理体系现代化的重要体现。公共安全风险对城市发展的挑战性日趋紧迫,对科学合理、高效的公共安全风险模式的应对摸索已经成为世界各国提高城市治理水平,提升公共安全管理质量的重要课题。面对公共安全风险带来的种种挑战,我国城市公共安全管理能力建设明显跟不上城市发展速度，城市公共安全事件频发，城市公共安全管理的形势异常严峻。城市发展协调平衡不当就会造成经济失调、管理失控、社会失序、心理失衡，危及城市公共安全和社会和谐安定。党的十八届三中全会围绕健全公共安全体系提出食品药品安全、安全生产、防灾减灾救灾、社会治安防控等方面体制机制改革任务。党的十八届四中全会提出加强公共安全立法，推动公共安全法治化的要求。这就要求我们把城市公共安全提高到国家安全的战略高度来认识和应对，自觉以科学发展观和习近平总书记系列重要讲话精神作为规划城市发展与公共安全的指导方针，采取相应对策措施加以解决。因此，必须进一步认识我国城市公共安全管理面临的现状和问题，进而有针对性地研究解决策略，健全和完善我国城市公共安全保障体系。

公共安全是人民群众安居乐业的基本保障，是各级政府的神圣职责。身居城市的现代人为生存而忙碌，为发展而寻觅。然而，在追求物质优裕富足和多彩的精神生活的同时，我们必须以法治思维方式，培养成熟、理性的公共安全意识。既重视自身安全，又关心和参与维护城市的公共安全。

城市的公共安全管理由于存在一些历史的、现实的问题，相对来讲还比较滞后。比如，统一的危机防范与救助系统尚未完全形成，危机的应对缺乏必要的人力与物力支持、综合性风险评估机制薄弱，危机应对决策水平不高，危机处置的社会参与度不足，各方信息共享缺乏，各种预案、法律法规制度有待完善，危机管理中还存在某些死角，等等。尤其需要看到的是，在城市发展的固有矛盾与传统安全问题没有得到很好解决情况下，发展中出现的新矛盾和非传统安全问题接踵而至，两者交织在一起，自然灾害、事故灾难、公共卫生、资源耗费、交通拥挤、环境污染和公平正义、社会保障、社会安定等方面存在的矛盾日趋凸显，随之而来的公共安全问题也难以回避。

三、守住城市公共安全底线在于创新

中共中央关于制定国民经济和社会发展第十三个五年规划建议中对加强和创新社会治理提出了明确要求。党中央、国务院历来高度重视公共安全与应急管理工作，在深刻总结抗击非典的经验教训，科学分析我国公共安全形势的基础上，审时度势，作出了全面加强应急管理工作的重大决策，重点是加强“一案三制”建设（制定应急预案，建立健全应急体制、机制、法制）不断提高应对危机和风险的能力，健全公共安全体系。2005 年以来，面对自然灾害等各种突发事件，我们有序有力，坚持以人为本、依法依规、科学应对，既进行有效处置，又探索建立新机制，以提高社会治理水平。鉴于我国经济、社会等各方面都发生了前所未有的变化，我国的应急管理机制需要与时俱进，亟须创新。

创新是公共安全工作永恒的动力，要顺应互联网时代的要求，确立合作、互通、共享理念，引导社会成员确立共同防控风险的理念，倡导“数据文化”理念，推进公共安全工作精细化，要创新多方参与、风险预警、协调联动机制，组织动员各类社会主体参与公共安全体系建设，引导社会成员参与风险防控实践，打造公共安全人人有责、人人尽责的命运共同体。要创造性地运用现代科技最新成果破解公共安全难题，提升维护公共安全信息化、现代化水平。

城市公共安全要坚持“十个创新”：

（一）思想观念创新，牢固确立以人为本安全发展理念

2015 年 5 月 29 日下午，中共中央政治局就“健全公共安全体系”进行第二十三次集中学习。中共中央总书记习近平在主持学习时强调，公共安全连着千家万户，确保公共安全事关人民群众生命财产安全，事关改革发展稳定大局。对公共安全，我们必须增强忧患意识和责任意识，始终保持高度警觉，任何时候都不能麻痹大意。各级党委和政府要充分认识维护公共安全的重要意义，牢记公共安全是最基本的民生的道理，要牢固树立安全发展理念，自觉把维护公共安全放在维护最广大人民根本利益中来认识，放在贯彻落实国家总体安全观中来思考，放在推进国家治理体系和治理能力现代化中来把握，扎实做好公共安全工作，努力为人民安居乐业、社会安定有序、国家长治久安编制全方位、立体化的公共安全网。

这是一个十分重要的指导思想，我们以往都讲“发展是硬道理”，但是发展是为了什么？其实就是为了人民生活得更加美好。随着改革开放发展以后，人民的生活水平不断提高，温饱问题解决了，现在最关注的就是安居乐业，安全是第一位的。所以说，要牢固树立安全发展的理念，再次表明安全是坚持以人为本，把保护人民群众的生命财产安全放在我们党追求目标的第一位。

过去我们都提“生产安全”，而如今应该叫“安全生产”，安全不是保障，安全是前提，没有安全一切都等于零。我们要有危机意识，要居安思危，要有强烈的责任感和事业心，确保维护好城市的公共安全，城市的公共安全是最大的民生。

城市的建设与发展，根本目的是为人服务。我们要从思路理念、体制机制、方法手段等层面不断开拓创新，提升城市公共安全管理的能力与水平，让人民群众在大安全的前提下，共享改革发展的成果，感受城市生活的美好。

（二）制度建设创新，建立一套可操作、易推广、能复制的规范

我们国家自2003年发生“非典”之后，开始关注公共安全相关领域的立法，制定了《突发事件应对法》，各省市也相应制定了实施细则。但我国城市公共安全立法中仍存在很多空白，缺少一部《城市公共安全法》，这是城市公共安全体系的重大基础性缺失，失去法律的规范和约束，很多事情就带有了人为的随意性，一些给城市公共安全带来重大威胁的行为得不到严格约束。如果有了法律规定则完全可以依法追究相关决策、监管等部门的责任，进而更有效地从源头予以治理。今后，城市的公共安全立法可以考虑将城市规划的公共安全设计标准要求、培育鼓励社会力量参与、政府在公共安全管理中的行为规范等纳入其中。

现在城市的人口量达到了全国总人口的55%，随着城镇化建设的不断推进，以后城市人口要达到全国总人口的70%。城市公共安全突发事件处在一个常态化的状况，务必高度重视应急管理法规体系的建设，应急管理的能力也是国家治理能力的重要体现。

长期以来，我们对城市公共安全管理并没有给予应有重视，尤其对城市大人流集聚安全风险缺乏理性专业的认知。虽然2014年“12·31”上海外滩拥挤踩踏事件是偶发的，但却暴露出现代化特大型城市公共安全风险管理形势的严峻性，揭示出强化城市公共安全风险管理和城市安全治理的迫切性。我国城市化建设迫切需要将城市大人流风险管理提升到一个更高的水平，才能适应当前人口不断向大中城市集聚的态势，才能适应城市在安全秩序和良好规则下有序运行的需求。城市大人流风险管理，是创新社会治理的需要，是保障和实现人民福祉的需要，是全面建成小康社会的需要。

中国是世界上人口最多的国家，理应在城市大人流风险管理方面为全世界提供经验和借鉴。2015年3月全国“两会”期间，习近平总书记在参加上海代表团审议时强调，上海要继续当好全国改革开放排头兵和创新发展先行者，坚持以制度创新为核心，努力走出一条符合特大城市特点和规律的社会治理新路子，为全国改革发展稳定大局作出更大贡献。习近平强调，加强和创新社会治理，关键在体制创新，核心是人，只有人与人和谐相处，社会才会安定有序。要加强人口服务管理，更多运用市场化、法治化手段，促进人口有序流动，控制人口总量。作为我国的经济中心和特大型城市的上海在公共安全管理方面有基础、有条件、有经验也有教训，理应在城市大人流风险管理方面先行先试，努力探索、创设出具体管用的对策和可行的规则。

所以在“12·31”外滩拥挤踩踏事件发生后，上海市社联设立了课题“城市大人流风险管理导则”。课题研究自2015年3月开始启动，正式成立专题课题组，确定了课题研究重点和工作方案。在系统搜集、分析国内外相关文献资料的基础上，课题组通过在北京、上海等地专程访谈相关党政领导和资深专家学者、集中召开系列专题座谈会等，开展了历时半年的研究工作。尤其值得一提的是，时任公安部副部长黄明给予大力支持，指示公安部治安局认真接待，介绍情况，尽力配合。国家安监局原副局长、国务院应急管理专家组组长闪淳昌对课题予以具体指导，既在百忙之中接受了课题组的访谈，又对“导则”一字一句地把关、修改，并高度肯定了课题研究的重要价值，指出本课题的设立和研究不但对上海的城市公共安全管理有益，而且对全国公共安全建设也具有先行先试的重要意义。

“城市大人流风险管理导则”课题研究紧紧围绕主题展开：一是城市大人流，二是拥挤踩踏风险，三是管理导则，研究的重点和核心就是管理导则的制定。导则的来源主要包括四个方面：一是从我们国家现行相关法律法规中搜集整理；二是从反思、走访、座谈中归纳提炼；三是从国内外经验教训分析中比较借鉴；四是立足国情，面对现实，从实际调研中进行创制。“管理导则”较好地反映了时代特征、中国特色、上海特点，力图实现可操作、易推广、能复制，为切实加强城市公共场所大人流风险管理，进一步落实和完善相关法律法规和制度性规定，提供有价值、有意义的参考和借鉴。

（三）工作体制创新，建立纵向到底、横向到边的应急管理机构

首先，我们的应急管理部门是一个临时机构，同时突发事件中的自然灾害、事故灾难、公共卫生事件、社会安全事件等都是由不同条线的职能部门和副省长（或副市长）分管的。由于条线不同，没有形成一个整体的合力。

其次，我们国家和各省市包括区县都建立了安全生产监管局，建立这个部门的意图是由于当时煤炭事故比较多，因此它和煤炭的安全管理局是两块牌子一套班子，而且当时的企业大多是国有企业，需要有一个专门的部门来管安全生产。现在企业所有制已经发生很大的变化，有国有企业、民营企业、混合所有制企业和外资企业，其中民营企业已占50%以上，在这样的情况下专门设一个安全生产的管理部门意义不是很大，应当有一个“应急管理指导委员会”，作为政府的组成部门，建立完善的城市公共安全体系，强化应急管理机制和应急救援体系。将当前与未来风险一体化考量，兼顾“平战结合、平灾结合”，从“被动抗灾”变为“主动防灾”。同时，着手社区应急平安屋的建设。建立社区应急平安屋的目的主要是在日常向居民宣传防灾减灾和急救知识，推广家用防灾、减灾应急物品，当灾害发生时，可转为社区应急救援的临时指挥部，这样可以充分动用各种资源来加强应急管理。

（四）响应机制创新，切实提高基层第一时间应对和处置事故的能力

严格落实区县、乡镇属地管理责任，依法强化企业安全生产责任主体责任，加强目标考核，严肃问责制度，切实做到守土有责、守土负责、守土尽责。强化重点区域和人员密集场所的安全防范，完善大人流安全管理机制，加强各类大型活动安全风险的科学评估和应急准备，强力推进轨道交通、机场车站、旅游景点、大型商场等人员密集场所的应急管理单元建设。强化重点行业和重要设施的安全管理，认真落实消防安全责任制，深入开展道路交通安全专项整治，严厉打击食品药品安全违法行为，加强建筑施工重大风险源的安全管控，严格实施危险化学品的全过程监管，切实做好市政管线、特种设备、高层建筑、隧道高架桥梁、地下空间等设施设备的安全防范。强化源头管理，开展全方位的安全生产和人员密集场所大检查，从严从快整治安全隐患，加大对违法违规行为的依法查处力度。强化应急管理，细化完善各项突发事件应急预案，加强预案实战演练，加强对灾害性天气、大人流集聚、大流量交通等的预测预警预报，严格执行各项应急值守制度。强化安全基础，加快完善安全管理规章规范，全面提高安全工作标准，加强安全队伍建设和安全科技创新。广泛开展安全宣传教育活动，加大公共安全知识的普及力度，增强市民安全防范意识和自救互救能力。

我们应当着力加强应急管理单元建设。要把基层一线作为公共安全主战场，坚持重心下移、力量下沉、保障下倾，实现城乡安全监管执法和综合治理网格化、一体化。首先，基层应急管理单元是检验公共安全方针、政策、办法和预案是否可行的最重要场所，也是发现问题、消除隐患最有效的环节。第一时间、第一反应者是非常重要的，第一反应者的素质和自救互救能力往往成为决定他们在灾难来临时是否生存的关键，第一时间则是将后果影响降至最小的“黄金时间”。同时，基层应急管理单元也是公共安全出经验、出办法、出成果的沃土。

（五）督查机制创新，使监管检查真正起到务实有效的作用

从以往情况看，一旦发生重大安全事故，监管部门也会迅速行动，对相关领域进行突击检查，以避免类似事故再次发生。但很多时候，如此突击检查却难以避免类似事故的重复发生，甚至因为反复发作而情况更为严重。之所以如此，原因在于用突击检查代替了常规检查、日常监管，经常性的工作突击做，突击性的工作经常做，使本来应无缝衔接的公共安全变成了有缝对接，从而为公共安全事故的发生埋下了隐患、留下了漏洞。安全检查绝不能仅仅满足于听汇报、看资料或应付检查，更不能以生命为代价来检验所谓的“突击检查”。安全检查要常态化，要留下痕迹，发生安全事故，一定要按照“谁检查、谁连带”的责任原则，使监管真正成为倒逼安全的机制。

我们必须以最严的标准查找问题、堵塞漏洞，严格遵守各项安全标准，严格执行各项管理制度；必须以最严的措施落实整改、加强管理，把各项检查、巡查、执法中发现的问题和隐患，不折不扣整改到位。要公开接受公众和媒体监督，全社会形成合力，切实做好城市运行安全和生产安全各项工作。

（六）培训演练创新，培育专业管用的应急管理队伍

听十次课不如自己实践干一次。战争年代，人生精彩是打仗，在战争中学习战争；和平年代，人生精彩是应急管理，在实践中积累经验。书面预案做得再好，也是“预而不备”，重要的是要把纸片上的东西转化为大家的安全意识和实际行动。许多应急预案普遍存在六大问题，即：内容制定上存在照抄照搬现象，不切实际；没有考虑到最坏最困难的应急情况；缺乏综合协调和相互衔接；缺乏连贯性和标准化，有些要素不全；没有及时修订更新；缺乏演练和实战。因此要用“三严三实”要求加强培训演练，尤其是“应知应会、必知必会”的技能，培训结束不是发张证明，而是签订承诺书、责任书。我们应当有的放矢，重在落实。演练要切实纠正目前“演戏”状况，演练重点在“练”上，不是“演”上，没有一起重大灾难事故是相同的。

（七）公众教育创新，着力提升公民安全防范意识和自救互救能力

提高全民的忧患意识和风险意识，普及自救互救常识，是减少突发事件发生概率及其造成损失的最有效、最经济、最安全的办法。我国民众对公共安全知识普遍缺乏了解，安全防范意识极其薄弱，同时由于缺乏自我保护的技能，当面对危险时，难以采取正确的措施保护自己和他人。这需要全社会共同努力来开展普及教育，要把公共安全教育纳入国民教育和精神文明建设体系。首先从学校教育做起，各级各类学校都应开设安全教育课程。其次，应严格开展各类安全演练，在实战演练中普及安全知识，强化安全意识。同时，还必须更广泛地开展各类生动、有效的教育宣传活动，健全公共安全社会心理干预体系，积极引导社会舆论和公众情绪，切实提升全社会的安全素养与防范能力。

（八）信息共享创新，以大数据提升危机预警管理水平

公共危机有多个发展阶段，其性质和量级虽然主要体现在集中爆发期，但大多取决于孕育潜伏期，利用大数据的挖掘、分析、预测和流程整合功能，对危机全流程进行动态管理，可有效解决“重治轻防”问题，增强前期预警能力，有效控制危机扩散，减少人民生命财产损失。具体来说，就是利用已有数据进行合理预测，并及时更新数据，对决策进行实施评估、修正和补充；建立预警系统、评估系统、问题处理和问责系统，完善全流程动态管理模式，充分发挥动态管理的优势和效能。

面对容易引起突发情况的敏感点，预判要早、预告要广、预案要实。预判要早，就是所有信息要联通、联动、互动，特别是交通、交警、水务、气象等主管部门要互联互通，进一步作出准确的预判。预告要广，要给予市民明确的心理预期和心理疏导，将心比心。政府部门应该主动发声，我们做的是社会工作、群众工作、事关市民切身利益的工作，看到政府出来说话，群众心里踏实。因此要尽最大努力,采取各种有效方法,广而告之,使广大市民及时获取权威信息。预案要实,就是各项工作预案必须针对短板、抓住重点。

与城市公共安全相关的各个部门必须打破部门资源界限,利用“互联网+”思维充分实现应急管理的资源共享。“互联网+”是互联网思维的进一步实践成果,在城市治理中发挥着越来越重要的作用。新媒体具有传播快、影响大、互动性强等特点。互联网技术的发展与普及,极大地影响着人们的行为方式,也改变着社会治理形态。在城市公共安全管理中,我们除了运用电视、报纸、广播等传统媒体发布信息以外,更应充分运用新媒体及时获取信息、传递信息,运用互联网、大数据有效地整合信息、分析信息,为城市公共安全提供更及时、更有效的指导与帮助,并将其纳入“智慧城市”建设方案统筹实施。

同时,我们应敢于并善于通过各类媒介与公众进行沟通和交流,及时回应社会关切,听取公众的意见和建议,不断完善各项安全管理举措。

此外,我们还应该推动社会力量主体的有效参与城市公共安全管理,从国外城市发展经验来看,社会力量参与城市公共安全体系建设已成为一种非常普遍的现象,其不仅能够提高应急反应的效果,还可以节约大量的政府投入,政府将节约的资源转投向经济、文化等其他建设,能取得更好的社会效益。政府应当有计划地培育一大批可以发挥作用的社会力量、社会组织,并将其纳入城市公共安全的决策体系,从而调动最广大社会力量的积极性和主动性,使其发展成为推动城市公共安全的又一重要主体。

(九)现场指挥创新,不断增强党政领导应急处置的本领

提高党政领导应急处置本领,特别是要敢于负责,勇于担当的精神,提高应对突发事件的研判力、决策力、掌控力、协调力和舆论引导力。

坚持早发现、早报告、早研判、早处置、早解决的原则,对突发事件要准确研判、科学决策、快速处置;做到对上有报告,对下有行动,对有关地区和单位有通报,对社会有声音。做好突发事件的新闻发布和舆论引导工作。

始终坚持预防为本。隐患积累到一定程度必然导致事故,预防是根本,关键是落实各项措施、消除各类隐患;始终坚持法治思维。每一个领导岗位都有依法履职的要求,每一位领导干部都要做尊法、学法、守法、用法的模范,用法处置方式处理问题;始终坚持科学方法。各类事故事件发生的背后有其规律,预防、处置工作也有其规律，要主动把握规律、切实尊重规律，运用科学的方法；始终坚持群众观念。把人民群众的生命安全放在第一位，敬畏生命、尊重生命，时时刻刻维护好人民群众生命财产安全和城市运行安全；始终坚持信息公开透明。在突发事件处置过程中，进一步完善信息公开透明的方式、方法和渠道，充分尊重群众对信息公开方式、方法和渠道的需求，注重群众的认可度。

（十）教训反思创新，做到举一反三杜绝类似事故再次发生

以什么样的思想认识作为立足点去反思和吸取教训，至关重要。深刻认识工作中的不足、认真从主观上寻找原因，对于我们真正吸取教训、进一步完善各项工作，是真正的帮助。只有清醒地看到问题，才有解决问题的动力，才会有解决问题的钥匙。教训反思和做人一样，要记住四个要点：一是反求诸己，二是先利其大，三是知必行之，四是无愧于心。我们通常说做事情、做成事关键在于情，对党有忠情、对群众有感情、对工作有激情，有情才能做成事。

党和人民把这么重要的一座城市托付给我们，我们应当竭尽全力，用我们的心和所有的精力，去保护这座城市每一位市民的生命安全和财产安全，切实维护好整座城市的安全运行。

深刻吸取教训落实到行动上，就必须对现在工作中的薄弱环节和短板有更加深刻清醒的认识。要针对薄弱环节和短板，一个一个认真梳理、一件一件细致解决。加强城市公共安全工作，要按照党中央、国务院的要求和市委、市政府的部署，全面提高工作标准，果断采取更加严格的措施。

明朝有一位诗人写道："造福于无形，消祸于未然，无智名、无勇功，而天下阴受其赐"。应急管理也应造福于无形，通过基层管理工作，做好防范准备；消祸于未然，把一些事故苗头都消除掉；没有留下我们的名字，也没有看到我们在前方冲锋陷阵，可是，我们整个城市是平安有序的。

我国正处在公共安全事件易发、频发、多发期，维护公共安全任务重要而艰巨，我们要认真贯彻习近平总书记关于公共安全讲话的重要精神，"安而不忘危，存而不忘亡，治而不忘乱"，只要我们不断增强忧患意识，居安思危，防患于未然，始终关注当前城市发展所面临的各种风险与挑战，更加主动地从维护最广大人民群众根本利益的高度来认识和维护城市公共安全管理问题，不断加强自身的风险管理能力建设，就能切实地为推动城市的安全发展，为人民安居乐业、社会安定有序作出我们的一份贡献。

我国城市管理中存在的主要问题及对策

一

改革开放以来，我国城市发生了巨大变化，令世界瞩目。但作为发展中国家，我国城市管理中还存在不少问题，具体表现为：

城市管理体制不科学。随着社会主义市场经济体制的逐步建立，城市各项事业不断发展，我国城市管理及其体制方面的滞后和不适应日益显现出来。城市管理工作尚未成为各级政府的主要职责，摆上重要议事日程，实行综合管理，仍是条块分割，限于部门、行业范围的管理，因而受到部门和行业内部利益、权限的牵制。有利的，好管的，争着管；无利的，难办的，相互推诿；职能交叉，政出多门。这种分散管理体制耗费了大量的人力、物力、财力，成效甚微。

城市功能转换不合理。随着社会生产力的发展，第三产业迅速崛起，城市作为多种功能载体的负担骤然加剧，由于管理措施跟不上，造成“脏、乱、差”，发展缺乏宏观调控。城市中心的转移、扩大，使城市功能的发挥很不均衡，新老市区相差悬殊，城乡接合部地区问题突出，交通不畅，行路难等问题司空见惯。根源是缺乏科学规范，眼光短浅，功能不完善，管理不配套。

管理压力加大不适应。由于发展的高速度和流动人口的激增，以及大批下岗待业人员，给城市管理带来新的压力。加之经济利益驱动，互相竞争，高档购货中心、娱乐消费场所过多过滥，使政府的宏观调控与企业（业主）的经济目标存在矛盾，一些开发项目的盲目性、投机性不能及时得到遏制和调整，造成经济、社会发展不平衡。社会管理方面最突出的是治安问题。

管理科学研究不深入。城市管理面临新情况、新问题的不断出现，而城市管理的理论研究却几乎是一片空白。城市管理的对象、范畴、规律，包括产权、职能等许多理论概念和实际操作问题都需要重新界定。在管理体制和运作机制方面,政府对企业管理仍不同程度地存在着计划经济体制下过多干预的痕迹,市政管理仍处于被动应付的状态。

管理法制建设不配套。近年来,国家有关城市管理的规划法、土地法、房地产法等相继出台,各地城市也制定了相应的管理规定,但有些急需操作的法规和规定尚不配套,使相应的执法体系建设与管理存在死角,具体执行中有时甚至找不到行政司法的依据。这种状况难免挫伤城市管理工作者的积极性,有时甚至助长了违章、违法,出现了法不治众的现象。

当前城市管理中存在的问题,有两个明显的特点:其一,在计划经济时期,中央对省、市采取对口管理,因而传统的城市管理模式几乎近于单纯的城建行业管理,局限在市容市政管理上。改革开放后,随着市场经济的发展,经济领域、生产领域、流通领域非常活跃,第三产业日趋兴旺发达,城市交通、人口、市场、娱乐、环境、治安等一系列问题的日益突出,已远远超出单纯的行业性城市管理的覆盖范围。其二,不少城市发展出现了现代化的趋势。据不完全统计,自1990年以来,先后有40多个城市提出建设现代化国际性城市,预计至2010年,我国城市现代化水平将有较大的提高,并将达到中等发达国家城市水平。目前,许多城市功能正日趋完备,不断向多种功能互补的综合性方向发展,社会结构也日趋复杂。这些对城市管理的科学性、有效性、开放性及服务性都提出了越来越高的要求。显然,围绕城市现代化展开的城市管理,是城市建设与发展的基础,城市经济的快速发展,使得城市管理的对象、内容、范围、任务都空前繁重和扩大,必须建立适应城市现代化需要的城市管理新体制。

二

迎接社会主义市场经济条件下现代化建设发展对城市管理的挑战,是摆在我们面前的严峻任务,也是争取我国城市持续、规范、健康发展的一个难得机遇。随着经济增长和城市化进程加快,会出现人口在地理空间分布上的大变化和城市地区环境与生态环境的大变化,甚至会出现人口过密,工业污染,生态失衡,犯罪增多等严重社会问题。因此,世界各国都十分重视全球性环境与可持续发展问题,积极探讨加强现代化城市管理的规律。

我国城市管理的发展趋势应是:政府管理职能应以市场管理与市政管理并重;管理体制采取以块为主,条块结合;管理方式从单一行政管理向依法综合性管理转变;管理手段应重视现代科学技术在城市管理中的普遍应用。

同时,要充分认识到克服城市管理面临问题的紧迫性,明确城市加强现代化管理的战略目标:(1)保持改革开放、经济发展良好势头,把经济发展真正转移到依靠科技进步和提高劳动者素质的轨道上来。(2)提高人民的生活质量,提高市民素质和城市文明程度。(3)促进经济、社会和城市生态环境的协调发展。(4)确保社会长治久安,城市窗口、城乡接合部地区及大众娱乐活动场所的治安秩序良好。(5)遵循国际惯例和规则进行城市建设与管理。

要实现上述战略目标,加强城市现代化管理,以下几方面尤为重要:

*城市现代化管理必须预测、规划好城市未来发展。*关键是城市定位和发展道路的选择要正确。城市定位和发展方向的选择,要根据经济、政治、文化等多重因素以及历史、地理条件全面考虑。要拓展思路,在兼顾当前和长远、局部和全局前提下做好经济发展规划,结合实际做好城市建设管理规划,超前规定并完成城市功能区域,以及制定相应的基础设施框架。这些重大的前瞻性管理科学正确,可以免去许多后期补偿性的投入,成倍地提高城市管理工作的效益。

*城市现代化管理必须探索科学的行政方法,不断提高办事效率。*要转变政府职能,建立依法行政机制,实现由传统型向科学型、单一型向综合型、突击型向制度型、随机性向规范性转变。这个转变过程,实质上是促进政府部门职能转化的过程。要加强各级人大、政协、社会舆论的检查督促,杜绝城市管理时紧时松,治而复乱的现象,促进城市管理上一个新的台阶。

*城市现代化管理必须以人为中心,提高市民生活质量。*在城市各项管理中,要十分重视、保护和发挥人民群众的积极性,体现人民城市人民建,人民城市为人民的根本原则。每一重大决策,都要认真倾听人民群众的呼声和意见,让人民群众“知情、理解、支持、参与”。要把群众生活中矛盾最突出,要求最迫切的问题,列为市政府重要议事日程,制定计划,集中财力、人力,责任落实到人。

*城市现代化管理必须依法从严实施。*要加强思想道德教育和社会文化管

理，大力加强精神文明建设，把社会治安综合治理作为城市管理的一项长期的战略重点，抓出成效，创造一个良好的社会环境。为提高城市管理水平，有效扭转城镇脏、乱、差的状况，使城市面貌和环境有大的改进，可考虑实行“一警多能”的综合执法，即由警察统一管理城市的交通、市容、卫生、治安等方面。在国际上，许多经济发达国家和地区（如日本、新加坡、香港等）均实行这种执法形式。一警多能的特点是实行集中统一指挥，发挥地区综合管理监督职责；避免政出多门，交叉管理；精简人员、财物；消除管理“死角”，执法权威性强。

*城市现代化管理必须塑造精干、权威、高效的政府管理系统。*科学地管理现代化城市，要求政府一定要成为精干、权威、高效的管理系统和组织。从企业结构调整到人口流动，从信息传递反馈到商品物资流通的市场，从能源供应（包括水、电、气等）到防治污染和绿化美化环境，从各项建设的规划到综合整治。总之，对城市内各种现象进行宏观控制与微观管理，对城市发展过程中出现的各种问题采取有效方法加以解决，使城市在生活、工作、娱乐、交通、安全等方面不断满足人民的要求，不断提高人民的生活质量，从而体现社会主义制度的优越性。

（载《内部文稿》1997 年第 4 期）

城市大客流风险管理要素与对策分析

范　军[*]　柴俊勇

上海，总是如此令人瞩目。继2010年上海世博会之后，2016年6月16日上海又迎来了迪士尼乐园的开园。这个集休闲、娱乐、购物、餐饮、住宿、公共交通于一体的旅游度假区吸引了大量海内外游客的到来，在这一区域大客流的出现是一种必然，也是一种常态。在国定假日、暑期旅游高峰期间，这一区域都经历着极端大客流的考验。

在当下的中国，不只是迪士尼，不只是上海，城市大客流的产生与城市的快速发展、人民生活的日益富足如影相随。城市的运行始终处于动态，看似平静的现场，随时都可能发生各种突发事件，瞬间造成巨大损失。因此，城市公共安全务必居安思危，时刻做好预防和应对的准备。

一

诺贝尔经济学奖获得者、世界银行前副行长约瑟夫·斯蒂格利茨在21世纪初曾断言：21世纪人类社会发展进程有两件大事，一是以美国为首的新技术革命，二是中国的城镇化发展。确如其言，世界历史上规模最大、速度最快的城镇化进程就发生在我们身边。城市发展带动了整个经济社会发展，城市建设成为现代化建设的重要引擎。2015年12月召开的中央城市工作会议为我们指明了未来城市发展的方向，中央提出了"一个尊重、五个统筹"的城市发展要求，同时强调"要把安全放在第一位"，"要把安全工作落实到城市工作和城市发展各个环节各个领域"。

---

* 范军系上海开放大学公共管理学院院长。

大城市对人们的吸引力不言而喻。向城市流动的人口、向城市集聚的客流,不仅构成了大城市发展的主要动因之一,也倒逼着城市的管理与服务必须迈向更高的水准。经验告诉我们,城市大客流在一定条件下也是城市管理的“风险”。风险,代表的是一种不确定性,风险管理研究表明,只有树立安全第一的意识,才能在一个肯定有风险的环境里把风险降至最低。当城市的大客流越来越成为常态时,我们就需要通过风险管理来把控风险。以下就城市大客流风险管理的要素与对策作简要分析。

二

要素之一:控制人群密度。首先,我们需要对人群密度有所了解。人群密度是指单位面积内人的数量,反映的是一定空间内的拥挤度。通常情况下,人均面积大于 2 平方米时,人是可以任意移动的,也是比较安全的;当每平方米超过 1.5 人时,人群移动速度明显下降;当每平方米超过 6 人时,人几乎无法行进,人流基本处于停滞状态。2015 年 1 月国家旅游局发布了《景区最大承载量核定导则》,要求全国各大景区核算出游客最大承载量,并制定相关游客流量控制预案。目的就是控制景区内游客的合理密度,确保景区游客游览安全,确保景区环境资源的可持续发展。以八达岭长城核心景区为例,国家旅游局示例显示,人均空间承载指标为 1—1.1 m^2/人;而故宫博物院核心景区为 0.8—3 m^2/人。这是根据人的正常行进速度测算出的核心景区可容纳的最大游客密度。目前,上海迪士尼乐园核心景区的最大承载量及游客密度上限也已经确定。再以人的静止站立状态看,通常每平方米 2—3 人时,空间是较为适宜的,超过 5—6 人时,人与人之间就会有身体接触;当每平方米超过 7 人时,人的肩部和肘部就会感到明显的压力;超过 9 人时,手已经不能上下动作;当每平方米超过 10 人时,人的全身不能动弹并感到周身压,此时已经是灾难降临的临界点了。单位空间内人群的容量和密度对于我们判断风险程度关系重大。

要素之二:确保人群有序。人多并不一定意味着绝对的风险。只要人群始终保持稳定有序的状态,其风险仍是可控的。以上海轨道交通为例,上海地铁日均客流量已超过 1 000 万人次，上下班高峰时车厢、站台人群密度非常高，但是在地铁运营方的精心组织与管理下，在乘客的积极配合下，地铁运营依然平稳有序，靠的就是人群的“有序”。那么，哪些因素会破坏人群的有序状态呢？按照类别，通常可以分为场所因素、环境因素、管理因素以及活动内在特质因素等四个方面。常见的有如下具体情形：(1)建筑设施垮塌。因搭建质量或人群过度密集导致建筑物摇晃倒坠、看台坍塌、砖墙倾倒等引发人群的混乱。(2)火灾和爆炸事故。突发的灾情导致现场大量人员因逃生而秩序大乱。(3)天气骤变。室外大型活动期间，突如其来的狂风、冰雹、暴雨等恶劣天气会引发人群慌不择路地躲避。(4)人群内部的混乱。人群内部因发生争执、斗殴或是有人突然晕倒、跌跤等而引起人群失序、人流对冲。(5)谣言散播。密集人群中有人散布恐怖谣言也常常导致人群惊慌失措，发生混乱。(6)电力中断。电力中断或照明昏暗不会引起直接的危害结果，但是因照明的缺失或不足所导致的黑暗环境则会激化人的紧张情绪。黑暗环境中人群个体之间相互竞争、彼此推挤的行为将明显增加，由此引发的人群中的次生伤害事件将急速上升。(7)疏散通道关闭或过于狭窄。突发事故发生后，人群会急速涌向疏散通道或出口逃生，如果遭遇疏散通道关闭或过于狭窄，大量人群会在出口处受阻、积压、踩踏，引发次生灾害。上述风险因子之间的相互关系、作用方式、作用过程，决定了人群失序所导致的事故的发生、强度及破坏程度。

要素之三：突出风险重点。尽管存在着文化、环境、宗教、习俗方面的差异，但纵观国内外大客流引发的事故，其发生的场所、部位和时段通常具有以下共性：(1)在场所方面，体育场、城市的广场道路、轨道交通车站、大型会场、宗教活动场所、热门旅游景点、大型商业活动现场、学校等都属于高风险场所，应当重点防范。(2)在具体的部位方面，公共场所的楼梯台阶、出入口、疏散门、疏散通道、自动扶梯上下口、地铁车站站台、地铁换乘通道，以及客流密集的道路的交汇处、坡道、滑湿的路面等，都是要重点排查和随时管控的。(3)在具体的时段方面，上下班高峰是地铁站的高危时段；体育赛事的散场阶段是最易发生事故的时段；节庆狂欢是城市广场道路最应提高警惕的时刻；跨年促销则是大型商场必须严阵以待的时段。此外，宗教活动场所、热门旅游景点、城市周边的墓区、知名的三甲医院、未成年人集中的中小学校都有按其固有活动规律而存在的重点防范时段。因此，凡举办大型活动的场所都应当根据活动场所的特征、环境，参与人群的规模、年龄，活动的内容、安排等，进行全面的风险评估，制定完善的应急预案。

三

规避和控制风险、降低风险发生的概率、缩小其可能造成的损失，是风险管理的目的。针对城市大客流可能出现的安全隐患，需要建立风险控制机制。常见的策略包括：(1)降低风险发生概率。通过技术或管理等手段将危险发生的不确定性降到最低。(2)降低风险危害程度。对于难以预测、无法抗拒的自然灾害等情形，必须准备好相应的应急预案，尽量减少其可能造成的影响和损害。(3)取消活动。一旦确定面临的风险过高，应当果断取消活动以规避风险。(4)分散或转移风险，将某一高危风险通过不同方式、不同手段进行分解，将全局性的风险分散为局部性的风险，那么即使发生了意外，造成的影响也是局部的、可控的；同时，可以将风险转移给予活动相关的其他机构，例如商业保险机构等，形成利益共享、风险共担的格局。

在具体措施方面，应当从场地设施与安全管理两个方面着手。场地设施方面涉及建筑物、装置、地面设计、场地布局、行进路线设计以及保证活动安全运营的电力、通信、监控等辅助支持设施。安全管理方面包括票务系统的控制、安全管理机构的组建、规章制度的制定、应急响应系统的建立、管理人员的培训等。同时，要拓展教育渠道，注重宣传效果。可以采取灵活多样的方式开展安全教育和宣传活动，制定并向社会公众发放安全教育手册，在大客流安全出入口张贴场地平面示意图，人群密集场所设立人流引导标识等。简言之，通过广泛的宣传和教育来提升人群的自我保护能力和自我防范意识。

历经 30 年的城镇化建设，我们的城市已经积累起强大的“硬实力”，超大型、超豪华的各类场所随处可见，各类先进的设施也早已广泛运用，我们的“硬实力”不可谓不强。现在，到了该大力提升城市“软实力”的时候了，我们需要更科学的管理理念、更有效的管理手段、更守序的文明游客。唯有如此，我们的城市才能真正成为和谐宜居、富有活力和特色的现代化城市。

让上海人民有更多的安全感

——中共上海市政法委副秘书长柴俊勇访谈录

记者　秦沈乐

改革促进了社会的发展,改革也促使社会利益的重新调整,而利益的调整必然会产生各种社会矛盾和社会问题,影响社会的稳定发展。一个时期来,人们对社会治安的议论逐渐增多,本刊也不时有读者来电、来信,提出了社会治安问题的种种看法,并希望让上海人民有更多的安全。为此记者专程就这一问题访了中共上海市政法委员会副秘书长、上海市社会治安综合治理委员会办公室主任柴俊勇先生。

上海社会治安形势总体良好,
但也出现了令人忧虑的新情况、新问题

秦:近年来,我国社会整体上朝着既定的目标良好、有序地发展,但也出现了一些令人忧虑的情况,您是否能就我国特别是上海的社会治安的总体情况向本刊读者作一介绍?

柴:在加快改革开放,发展经济建设,增强经济实力的过程中,中共上海市委和上海市人民政府十分重视社会治安工作,真抓实管,坚持打防并举,标本兼治,狠抓社会治安综合治理各项措施的落实。因而,这几年上海地区呈现了经济发展、社会稳定的良好发展局面,但另一方面由于人们的道德观念、价值取向和行为标准等方面的变化,社会治安也面临着严峻的挑战,过去适应静态管理的社会治安管理机制,在动态变化的市场经济中已显得很不适应;过去没有发生或很少发生的问题,在社会运行机转换过程中开始出现,可以坦率地说,当前的社会治安也出现了一些新情况和新问题。

秦:介绍和讨论改革开放过程中出现的新情况、新问题正是本刊追求的,您能否重点介绍一下这方面的内容?

柴:可以,当前上海社会治安主要出现了六个方面的新问题、新情况。

一是重大刑案升幅较大。1992 年上海刑事案件总量较前几年有所下降,重大刑案却有上升趋势,1991 年比 1990 年上升 6.4%, 1992 年比 1991 年上升 7.9%,而 1993 年重大刑案升幅较大,具有严重化的趋势,仅 1—6 月,本市共立刑案 8536 起,同比增加 13.5%,其中重大刑案 4 303 起,同比增加 38.4%,在 10 年以前,重大刑案一般只占 15%—20%,而现在占整个刑案的比例已超过 40%。特别是这两年杀人、抢劫、强奸、诈骗、盗窃、贩毒等案件都有不同程度上升。碎尸、毁容、绑票等案件也时有发生,对人民生命财产安全和经济建设构成极大威胁,严重影响了社会的稳定。

二是外来流窜犯罪更趋严重。近年来,大量外省市劳动力流入上海。这对上海城市繁荣、经济建设是有很大促进作用的,但外来流动人口中也夹杂着不良分子和刑事犯罪分子,给上海的社会治安带来了问题。据统计,1983 年外来人员作案只占全部刑事犯罪人员的 6.8%, 1992 年则达 48%,大案达 44.1%, 1993 年 1—6 月,比例为 52.1%和 52%。从外来人员作案的情况看,主要有五个方面:盗窃犯罪、抢劫犯罪、斗殴打架、结成具有黑社会性质的团伙作案和破坏城市基础设施。因此,加强对外来人口的管理,预防、减少他们的违法犯罪活动,是当前上海社会治安管理亟待解决的新问题。

三是社会利益矛盾和纠纷明显增多。在人民内部经济关系和经济利益调整变动过程中,有些社会矛盾和社会问题表现得较为突出,影响了社会的稳定。近年来,这些矛盾主要集中在三个方面:(1)企业转换经营机制,职工下岗待岗引发的矛盾。(2)土地批租、居民动拆迁引发的矛盾。(3)历史遗留问题带来的不安定因素。

四是经济领域中违法犯罪出现新情况。具体表现是:(1)商业性诈骗案件增多。1992 年全市批捕刑案罪犯中属商业性诈骗批捕的有 604 人,占7.34%。(2)经济债务纠纷案件日趋上升。据市法院民庭统计,1992 年受理债务纠纷案 4 092 件,比 1991 年上升 5.7%,占民事受理案的第 2 位。有的为债务而大打出手、非法拘禁当事人或家属、私闯住宅砸坏物品等,直接影响了社会治安的稳定。(3)股票证券交易中出现的犯罪案件。(4)因股市纠纷引发的治安问题。据公安机关不完全统计,1990 年 8 月到 1992 年 5 月共受理与股票有关的刑事案件 70 起(大案 6 起),股票交易场所周围发生各类案件 28 起。(5)假冒商标案成倍增加。1993 年 1—5 月已立案 26 件,占立案总数的 10.9%,是前年同期的 3.7 倍。1993 年春季广交会上有 106 家外省市企业侵犯上海 34 个出口商品专用权。

五是消极腐败现象引发不稳定因素较为突出。当前群众反映比较多的:(1)以权谋私、权钱交易在新的形势下又有反复。某些执法监督管理部门"没有好处不办事,有了好处乱办事"的现象仍严重存在,"批文"谋私、以权经商的现象屡禁不止。(2)用公款请客送礼,公费旅游,挥霍浪费。(3)国家工作人员贪污、受贿、挪用公款等经济违法案件不断发生。1993 年 1—5 月,检察机关审理的贪污受贿、挪用公款等大案有 168 件,占立案总数的 71%,比 1992 年同期提高了 30 个百分点;贪污最大的案值达 500 多万元,挪用最大的案值达 307 万元;单位或部门的"一把手"占立案总数的 33%;党员犯罪比例占犯罪人数的 20%。(4)形式主义、官僚主义、弄虚作假等问题引起群众强烈反映,但处理较少。如对企业没有实效的检查评比泛滥,涉及群众切身利益的问题久拖不决而引起集体上访,经营承包中弄虚作假以骗取名利等。

六是卖淫嫖娼等社会丑恶现象屡禁不止。这几年,随着产业结构的调整,上海的第三产业得到蓬勃发展,1992 年已占国民生产总值的 33.1%,其中文化娱乐市场和餐饮业的发展势头尤为迅猛。这些场所的兴起,为繁荣上海,确立上海这东方文明之都的形象起到了积极的作用,但另一方面由于我们的管理、法规没有及时跟上,加上经营者思想上的问题,使一些场所成为滋生社会丑恶现象的温床,给上海的社会治安带来了新的问题。如社会上一些人为攫取钱财,不择手段,将低级、庸俗、黄色、淫秽的"精神产品"流入社会,腐蚀人们的灵魂。再如卖淫嫖娼活动仍较突出。据统计,1992 年收容教育卖淫妇女 3 000 多名,嫖客 800 多名,1993 年 1—6 月,全市共查处卖淫嫖娼案件 792 起,1 585 人。卖淫嫖娼活动的形式、手段等也出现了一些新的情况:(1)卖淫妇女勾搭的对象主要是外国人,港、澳、台人员,以及从国外打工回来的暴发户和个体户。(2)卖淫要价高。卖淫一次,要价最高达 1 万元人民币。(3)利用现代化通信工具联络。不少皮条客、卖淫女配用“大哥大”、BP机随叫随到，为嫖客提供“服务”。还有文化娱乐场所及宾馆饭店的管理上也存在不少问题，色情服务屡禁不绝。

以上这六个方面的问题，如任其蔓延、发展，确实会增加社会不安定的因素，让人民群众产生不安全感。

当前社会治安出现的问题是由计划经济向市场经济转轨过程中难以避免的

秦：您介绍的当前社会治安出现的六个方面的新情况触目惊心、令人忧虑。这些问题的出现是否是由于在社会主义市场经济体制转换过程中，社会治安管理工作跟不上新形势的发展而造成的？

柴：可以这么说。这实际上也可以说是当前社会治安管理面临的第七个方面的问题，即社会治安管理工作不适应新形势要求的矛盾比较突出，其主要表现有三个方面：

(1) 现有的管理模式与发展市场经济的要求不适应。一是企业行政主管单位应运而生。原先那种管理办法已不再生效，社会治安措施很难真正落到实处。二是一些老的规定被突破，而新的规定又没有或不健全，治安管理难度大，这在对娱乐餐饮业等特种行业的管理上表现尤为突出。三是治安管理缺少新办法。如“三资”企业、宾馆、饭店日益增多，治安管理工作却跟不上；又如有些企业保卫部门撤并，可治安工作组织机构、人员、职能又没落实，造成防范薄弱。四是市政、住宅建设过量上马、机动车辆大幅度增加，给交通和消防带来了管理上的难度。五是静态管理已不适应，动态管理的横向模式尚未健全，造成治安管理上的被动态势。

(2) 政策法规滞后与保障市场经济和改革开放不相适应。完备的法制是市场经济正常运行的基本条件，社会经济活动中的一切行为必须依法进行调整。市场经济条件下不可预见的各类新的犯罪又日益增多，但在现有的政策法规中无法找到惩处的依据。如制作刊登虚假广告、推销假冒伪劣商品等，理应受到刑事处罚，但立法上却未作具体规定。

(3) 政法部门的编制、体制、素质、待遇与市场经济条件下担负的任务不相适应。一是体制不顺。新中国成立初期沿袭至今的工作机制,包括领导管理体制、警种分工、机构设置以及警力都与形势、任务不相适应。二是经费紧缺。人财物大流动,犯罪跨地区、跨省市,侦察破案也必须跨省市跨地区,办案经费急骤增加。三是装备落后。刑事犯罪活动猖獗,集团犯罪、职业犯罪、团伙犯罪、流窜犯罪、暴力犯罪等不断增多,而且手段狡诈,使用的犯罪工具先进,相对来说,公安政法部门装备较差。四是政法队伍待遇低,长年累月超负荷工作,且危险性大,影响干警安心工作。这些问题和矛盾产生的主要原因,归根到底从客观上讲,是计划经济转轨过程中,随着市场体系的培育、企业转换机制、多种经济并存、分配制度重新调整、与国际接轨中存在差距以及市场经济发展中自身存在的弱点和消极面等综合性因素作用的结果。从主观上讲,主要是治安管理工作不适应形势要求,防范控制机制薄弱,可资犯罪的条件和漏洞较多;体制、编制与任务、法律法规滞后,依法管理、依法执政等不完善的问题没有得到根本解决而进一步加剧。

社会的稳定发展需要全社会的共同努力

秦:既然这些问题的出现是由计划经济向市场经济转轨过程中难以避免的,那么是否可以这样说,当前社会治安的这种状况将持续一个时期?

柴:是的。由于这些问题在发展社会主义市场经济过程中还不可能一下子完全解决,而且在当前和今后相当一段时间内,这样的社会治安格局还将持续甚至有可能表现得更为突出。因此,我们要保持清醒头脑,对社会治安形势严峻的一面有足够估计,决不能掉以轻心。

秦:进一步做好社会治安综合治理工作,我们应从哪几个方面入手呢?

柴:说来话长,今天只能简单谈一下。首先,我们要站在建设有中国特色社会主义的战略高度,强化认识,加强领导,真正从思想上、组织上、措施上到位,实行领导责任制,层层抓落实,把广大党员、干部、职工和群众进一步动员和组织起来,积极参与综合治理,维护社会稳定。其次,我们要适应建立社会主义市场经济体制新形式,进一步改进综合治理工作。我们必须继续坚持社会治安综合治理方针和属地管理、群防群治、治安责任制、一票否决权等一系列基本原则。第三，我们要坚决打击各种刑事犯罪活动，继续抓好重点地区治理。要采取有效措施，坚持压住重大恶性案件上升的势头。对犯罪团伙，特别是对带有黑社会性质的犯罪团伙要坚持露头就打，决不能让他们在上海立足、发展。从上海来说，治理重点是：刑案高发、治安问题较多、群众反应比较强烈的地区、单位；查禁贩毒吸毒、卖淫嫖娼、聚众赌博等社会丑恶现象。我们将致力于打击、防范、管理、整治四管齐下带动综合治理各项措施的全面落实。第四，我们要强化治安防范机制，在城乡创建一批治安秩序稳定、群众有安全感的生活小区，构筑起具有上海特点的治安防范网络。第五，我们要切实抓好外来流动人口管理，严防外来人员流窜犯罪。第六，我们要依靠全社会力量，在加强育人治本工作上下功夫。要扎扎实实地开展"二五"普法教育，广泛开展创建文明活动，增强公民的法制观念和社会公德水准；进一步做好大墙内外的接茬帮教工作，对有轻微违法犯罪的青少年，各有关部门要密切配合，满腔热情地关心教育他们；企业特别是经济效益差的单位在转换内部经营机制时，对容易造成治安问题的矛盾和纠纷，要做好疏导、调解和转化工作，严防矛盾激化、事态扩大，酿成治安事件或重大刑事案件。

目前，社会治安综合治理工作的指导思想、方针原则和目标要求虽然都已经明确，但关键还要狠抓落实，真抓实干。综合治理是各部门积极参与的共同事业，更需在落实上下功夫，在综合上做文章，要在宏大的系统工作中，对准自己的位置，实实在在地做好工作。搞好上海社会治安综合治理工作，每个单位、每个人都要有自己的责任心。我们也希望通过全社会的共同努力，使上海人民生活在一个更安全、更舒适的社会环境中。我们愿上海人民有更多的安全感。

（载《探索与争鸣》1994年第9期）

城市管理应当像绣花一样精细

习近平总书记提出,“上海这种超大城市,管理应当像绣花一样精细”。我对“绣花”相对比较熟悉。绣花有五个要素,一是图。图很重要,城市管理要一张蓝图干到底。中华人民共和国刚建立,毛泽东同志曾提出,我们国家“一穷二白”,“看起来是坏事,其实是好事。穷则思变,要干,要革命。一张白纸,没有负担,好写最新最美的文字,好画最新最美的图画”。二是架。苏州话说“绷架”,城市管理,一定要进一步优化市、区、街道乡镇、居村民委员会的组织架构。我们上海的城市管理在全国是做得最好的之一,我们的居村委会起到很大作用。江泽民同志在上海市当市长的时候,说“上海里弄阿姨很管用”,务必重视加强社区基层建设,基础不牢,地动山摇。三是线。要有各种颜色的线,多种颜色的线才能绣出万紫千红的图画。城市管理,就是要做到纵向到底、横向到边,纵横交错,互相支撑,才能强化网格化管理的体系。四是针。城市管理,上面千条线,下面一根针,工作都要落实到基层。基层这根针相当重要,它上下贯通,穿梭自如,还不能露出“针脚”,绣花时针要十分精准,不能毛手毛脚。绣不同的花,要用不同的针,有时要用粗针,有时要用细针,要因花制宜。五是人。人是最关键的,绣花工要具有工匠精神,精益求精,一定要有细心、耐心、卓越心。用心做和不用心做效果是不一样的。

“管理应当像绣花一样精细”,还告诫我们城市管理要注重双面绣,不仅是地上绣,还要地下绣,不仅是城区绣,还要乡村绣。因此,上海要解决好超大城市精细化城市管理的世界性难题,必须深入贯彻落实习近平总书记的指示精神,提高城市科学化、精细化、智能化、法治化管理水平,增强城市吸引力、竞争力、创新力。市委、市政府出台了《关于加强本市城市管理精细化工作的实施意见》和《三年行动计划(2018—2020 年)》。2018 年 1 月 31 日,市委、市政府召开加强城市管理精细化工作推进大会,市委书记李强强调,当前上海发展已经进入新的阶段，要面向全球、面向未来建设“五个中心”、卓越的全球城市和具有世界影响力的社会主义现代化国际大都市，必须认真贯彻习近平总书记关于城市工作的重要指示精神，把提高城市管理精细化水平作为推动高质量发展的重要举措、创造高品质生活的必然要求，以绣花般的细心、耐心和卓越心，使上海这座城市更有温度、更富魅力、更具吸引力。

上海城市的综合管理水平仍有待提高，城市整体运行离“有序、安全、干净”的目标仍存在较为明显的短板，离卓越全球城市的要求还有巨大的差距。比如，城市环境存在明显短板（城乡结合部、城中村、部分农村地区脏乱差问题仍然严重，水环境质量差）。城市局部无序状态仍然存在（局部地区、时段交通存在无序问题，非机动车停放缺乏长效管理，存在乱张贴、乱占道、乱设广告等现象）。城市公共安全隐患不容忽视（防灾减灾能力还不足，尤其是超高层建筑未形成系统的防灾减灾措施，房屋的安全管理还很薄弱等）。要努力破解这些问题瓶颈，用习近平总书记的话说，就应当像“绣花”一样精准、精细。

城市管理应当像绣花一样精细，就要做到“五个转”：一是要把口号转化为行动，把建设卓越的全球城市变成全市人民的共同行动。百年大计，绝对不是一句口号，眼界决定标准，标准决定水平。城市精细化管理，要坚持问题导向，何为问题呢？问题是补缺的所在、是工作的重点、是提升的方向、是人民的期待。城市管理，要充分利用大数据。加强数据的分析研究，做到联动、跨界应用，及时、有效应用。同时，城市精细化管理，核心是人，要牢固树立以人为本的理念。城市精细化管理要做到法治与德治有效结合。必须坚持人民城市人民建、人民城市人民管，充分走群众路线，主动接受群众监督，使广大市民树立法治意识，让法治意识融入到干部民众的日常生活工作之中。

二是要把概念转化为标准。中国文字抽象性很强，总结经验都用“下”：领导下、支持下、配合下、努力下、作用下；部署任务都用“上”：思想上、工作上、作风上、措施上；查找问题都用“不”：不够努力、不够刻苦、不够扎实；提出希望都用“进一步”，至于进到哪一步，并不知道。以此为鉴，与城市管理有关的美丽乡村、美丽家园、美丽街区等，都应有具体标准，一定要把概念转化为标准，不能笼统。

三是要把原则转化为程序。城市规划要科学，建设要有序，管理要精准，运行要正常，维护要及时，更新要超前都是原则性问题，要执行好必须要经过哪些程序，一环扣一环，环环相扣，程序就是规则。法规是城市管理精细化的根本保障，要强调规则意识，倡导契约精神，弘扬公序良俗，树立法治思想。

四是要把认知转化为能力。这两年城市管理的面貌改善和推进智能化管理、网络化管理是分不开的。我们现在的网络化有市、区、街镇、居村四级体系。这两年的问题发现率快速增长，2015 年只有 300 多万件，2017 年达到 1 407 万件，智能化是城市管理精细化的关键。现在有一个现象值得注意，居委会的主任、街道办事处主任、区长，换得太快，七八年换五六个区长，换得公民搞不清楚，城市管理也因不具有政策和行动上的连续性而被搁浅。管理城市需要精细化，没有积累就没有精细化，管理不好这座城市。

五是要把愿景转化为现实。上海城市规划建设管理的目标愿景已经确定，要建设卓越的全球城市，令人向往的创新之城、人文之城、生态之城。同时，要建设具有世界影响力的社会主义现代化国际大都市。有三个节点目标：2020 年在更高水平上全面建成小康社会，全国是 2020 年实现全面建成小康社会，上海应该要有更高水准，所以说我们要展示、要展现；2035 年基本建成卓越的全球城市和具有世界影响力的社会主义现代化国际大都市；2050 年则是全面建成。也就是两个百年的目标都在城市规划的愿景中，实现愿景要靠全市人民共同奋斗，要靠各级领导干部一茬接着一茬勤奋工作，不管遇到任何艰难险阻，不忘初心，继续前行，一定能够到达理想的彼岸。

“大众麦克风”时代的危机管理

——在暨南大学的演讲

当今中国正在经历广泛而深刻的变革。在这样一个发展关键期、改革攻坚期、社会转型期、矛盾凸显期,公共安全面临日益严峻的挑战,也存在着种种难以预测甚至难以抵御、却要处处设防的风险和隐患。比如,自然灾害侵袭有日益加剧趋势,所造成的损失严重;各类事故灾害隐患四伏,重大事故时有发生,公共卫生事件“红灯”频闪,使人感到不安;公共安全事件风险增大,等等。

众所周知,我国的基本国情是现在处于并将长期处于社会主义初级阶段,这表现在突发事件应急管理中,就有三个鲜明特征:一是“高风险的城市,低设防的农村”,因而各类事故、灾害事件不断发生;二是“严格不起来,落实不下去”,虽然各项规章制度似乎都有,但贯彻执行不到位;三是“集中决策,领导批示”,一旦突发事件信息发布后,强大的号召力和动员力迅速显现。这种强大的号召力和动员力可能是世界上任何国家都不能比拟的,但这也意味着,我们需要更深一步思考如何改进未来的危机应对,而不是被动应付,甚至止步不前、满足现状。

新媒体的快速发展和运用,从根本上改变了既有的信息传播格局、社会舆论生态和公众参与方式。在“大众麦克风”时代和全媒体格局的舆论环境下,突发事件的媒体应对比以往任何时候都需要讲究艺术和水平。

互联网强化了哪些传播规律

在当下的互联网环境下，随着微博等自媒体的广泛应用，各种言论传播速度呈几何级增长，政府各项工作面临前所未有的新环境和新挑战，想不想、会不会利用媒体与社会公众进行沟通，已经成为新形势下衡量政府执政能力和治理水平的一个重要标准。

在空前开放、高度透明、全时监督的新媒体时代下，对于一些突发事件，你不说，网民会说；报纸不说，网络会说。话语权决定引导权，先发声才能赢得先机。上海市政府新闻办公室官方微博“上海发布”于 2011 年 11 月 28 日正式在新浪网、腾讯网、东方网、新民网四个平台同时上线，目前合计已经拥有超过 958 万粉丝。从粉丝数量来看，政务微博已经成为政务沟通一个不可或缺的重要组成部分。随着网络平台拥有日益增强的舆论影响力，深刻把握传播规律、全面提升新媒体时代的政务沟通能力，是社会进步对于政府工作的必然要求。政府及各部门必须更多地直面问题、解决问题，形成一种“倒逼机制”。

互联网是信息时代的主要标志。互联网改变了人们的生活，也深刻改变了政治生态环境，为民主政治的发展提供了新的方式和渠道。对此，各级党政领导同志要不惧怕、不排斥、不逃避、不打压、不作秀，学会与网民平等对话。然后在此基础上，以信息发布和传播为手段，以人民群众关心关注的内容为内核，以群众乐于接受的语言和形式，切实有效地加强政务沟通。政务沟通要在必须和可能之间、在长远利益和眼前利益之间、在大多数人利益和少数人利益之间找到一个平衡点和结合点。具体到表达方式上，就是要心中有度、收放自如、谨言慎行、举止得当。

除了以一种更开放的心态真诚、理性地与媒体沟通，政府还应主动接受采访、答疑解惑，这才能让人们对政府产生信任。

当然，高质量的实际具体工作，是政务沟通最重要的支撑。尽力办实事让老百姓得到实惠、解决老百姓的实际问题，是建立政府公众互信最重要的基石。这才是在“大众麦克风”时代和全媒体格局的舆论环境下，政府和社会沟通、应对问题时须采取的态度。

尤其在出现负面事件时，任何推诿或硬做官样文章，都可能成为阻碍信息分享的“痛”。君子坦荡荡，有话当面讲。如果有道理，就要合法、合情、合理地解释清楚；如果有过错，也要敞开来讲明白，自己接受深刻教训，公众也会宽容谅解。怕就怕与公众“躲猫猫”，甚至硬着头皮顶住。政务沟通有责任满足社会的知情权、实现公共信息的有效分享、拉近政府与老百姓之间的距离。对于语言沟通来讲，“准确”是第一位的，后面才有表达流畅、形态优雅、语言幽默等。有了“准确”这个1，紧跟其后的“风采”、“风度”、“幽默”这些0才有意义，才能加分。

信息社会更需品牌信息源

凡是到过美国华盛顿的人，在华盛顿广场都会看到一座塑像。一个穿着平民服装的市民，在房间一角侧着脑袋，全神贯注地聆听着什么。如果你问起这座塑像的含义，一定会有人给你解释：他正在聆听美国前总统罗斯福的“炉边谈话”。

20世纪30年代，美国陷入了一场严重的经济危机。政治形势随之发生巨变，就在罗斯福宣布就职的那一天，美国证券交易所正式关闭。为了争取国人的理解和支持，罗斯福在他就职后的第八天，也就是银行将重新开业的前夜，在白宫外宾接待室的壁炉前接受了美国广播公司、哥伦比亚广播公司和共同广播公司的录音采访。罗斯福希望这次讲话可以亲切些，免去官场那一套排场，就像坐在自己家里那样随意交谈。就这样，罗斯福以亲切诚挚的声调和平易质朴的语句，对人们就银行暂停营业的问题进行了耐心的解释、劝告和引导。所谈内容还包括过去几天政府干了什么、为什么要这么干、下一步的打算是什么。

当晚，听众达6 000多万。“炉边谈话”所传递的亲和、坦诚和负责的态度，使美国政府得到了其国内民众前所未有的信任、理解和支持。第二天，部分银行开业。人们携带着装有黄金和货币的大箱小包在银行门口排起长龙，把不久前还是这样排着长队挤兑出来的通货重新存入银行。只过了短短3天，美国有574家银行开业。几天里，银行回收了3亿美元黄金和黄金兑换券。不出一周，就有1.3万家银行(占其全国总数的3/4)恢复营业，交易所又响起了锣声。

罗斯福的“炉边谈话”为何会成为危机沟通的典型案例,并在互联网时代仍能对我们有所启示?因为,这个案例生动地表明,在突发公共事件中,往往有一种潜在的、看不见的和比事件本身更可怕的新危机在积蓄。那就是,由于政府与百姓之间缺乏双向互动和沟通所产生的谣言、恐慌和信任危机。它对社会的危害和杀伤力是不可低估的。除此之外,通过“炉边谈话”,我们还可以得出如下启示:

其一,政务信息是可以公开的,国家秘密的范围是有限的。即便是战争状态这样的政府行为,也同样可以适度公开和透明。在政务沟通中,公开应是常态,保密则是例外。

其二,“主权在民”是一种无声的信仰和有形的制度。它事关公共利益和公权力能否在阳光下运作,是对公民知情权、参与权、表达权、监督权的尊重。政府依法保障公民的知情权,是赢得人心、战胜危机的前提条件。

其三,让空话套话远离政府言论。即便是最高领导人发表谈话,也要打动人心、取信于民,更要免去官场那一套繁文缛节,以一种平等、坦诚、富有人情味的姿态面对公众。就像坐在家里“拉家常”那样,向公众完全敞开心扉、实话实说、真诚沟通。从心开始,才能化解人们对危机的恐惧、疑惑和不满。

其四,一个聪明的民族,从灾难和错误中学到的东西会比平时多得多。任何一次巨大的历史灾难,除了带来伤痛和教训,还有推动社会进步的新的可能。尤其在危机中,信心比黄金更重要。政府不仅要主动向民众解释、劝告和引导,更要及时通过励精图治和变革创新的举措,传递信心、凝聚力量、化险为夷,以信心之“炉火”点燃公众的希望之光。

有效沟通不仅能减轻危机,还有可能给相关的组织机构带来比危机前更为正面的声誉。而拙劣的危机处理,则会损害该组织机构多年来建立起来的信誉和美誉。

如今信息日益多元化,其中失真的甚至错误的信息也很泛滥。但是,政府必须了解百姓的需求,发布信息必须可信。现代政府治理就是一个信息传输、交流、反馈的沟通过程。信息如果能在政府与公众之间顺畅流动,就意味着双方在心理层面上建立起了“信任契约”。如果党政干部坚守信约,就能够培育干群信任，形成强大合力，抗御各种风险；如果党政干部故意掩盖事实、隐瞒真相、过滤信息，就等于是撕毁契约，必然造成干群信任危机，并引发社会与政治风险。所以，政府有责任打造信息源的品牌。

突发公共事件的媒体应对

从国内外突发公共事件中的沟通实践来看，24 小时是“黄金律”。如果 24 小时之内不能有效沟通、引导舆论，就会失去沟通的主导权，不受掌控的舆论就会出现指数式社会扩散效应。这种现象来源于两个方面。一个是社会学里的“社会濡染”或言“阀门效应”。就是说，一旦信息传递的节点超过了某个数值，其进一步扩散的速度就有一种爆炸性的特点，很可能一发而不可收。另一个是传播学中的“舆论绑架效应”。说的是突发公共事件后，往往会很快形成舆论热点。若不当言论和负面舆论“先入为主”，正面的声音就会淹没在负面的“口水”中。

为此，我总结了突发公共事件下媒体应对要掌握的几条原则：

突发公共事件发生后，要立即启动新闻发布应急机制，成立新闻发布领导小组，全面负责新闻发布和舆论引导工作。各级政府要在第一时间安排新闻发言人统一向媒体发布信息、接受采访、接待记者，争取舆论引导的主动权。突发公共事件关注度高，相关舆情错综复杂、瞬息万变，这就要求我们除了在新闻发布之外，也要建立健全舆情信息监测与交流机制。

在突发公共事件的新闻发布会上，既要讲究时效，更要讲究时机。要提出时间方案，考虑什么时候发最合适；要提出发布层次方案，考虑由哪个层次的新闻发言人来发布；要提出媒体方案，考虑对哪些媒体发布；要提出发布形式方案，考虑召开新闻发布会还是发新闻统发稿等。要善于透过现象看本质，防止因过多技术化处理而失去对事物本质的把握，因过于追求微观层面的精确而失去对宏观层面的把握，特别要注重介绍政府的积极作为、已经采取的应对措施。

举其要而言之，首先，突发公共事件的媒体应对要选好新闻发言人。好的新闻发言人要从事新闻工作出身，懂得新闻传播规律；要了解党和政府的日常运作规则；要语言表达能力强、有智慧；不仅要语言美，形象也要美。

其次，一个事物是客观的，但“横看成岭侧成峰，远近高低各不同”。从不同的角度去看，会得出不同的结论。主动、友善地给新闻媒体提供可靠信源和关注角度十分重要，不能让他们“乱寻食”。与此同时，新闻发布现场的协调工作也十分重要，要为新闻发布提供全方位、可靠的工作环境和后勤保障。

第三，记者在采访中可能会了解到新闻背后的真相以及政府有关职能部门在工作中可能存在的问题。当获知那些存在或者可能存在的问题后，有关人员或职能机构要及时地向主要负责同志报告，以便及时纠正，掌握信息发布、解决问题的主动权。

此外，不同媒体的功能和传播方式各有特点和侧重，要依据其特点，充分发挥新闻媒体在权威信息发布和舆论引导上的作用。广播电视要经常播放国内外突发公共事件的典型案例，如相关的纪录片和公益广告；平面媒体要定期开辟专栏，刊载各类突发公共事件及其应对经验的新闻和专栏文章，以增强全社会的危机意识，培育公共安全文化，增强社会各界对公共安全的知情度，营造有利于防灾减灾救灾的社会氛围。对此，领导干部要克服只重眼前发展、轻视未来风险的倾向，扎扎实实地做好应对突发事件的基础性工作。

在信息源品牌的塑造过程中，除了要尊重政务沟通、新闻传播的基本规律，公众形象的塑造也是一个重要方面。这里所说的“形象”，不仅包括新闻发言人的外貌、语态、专业能力、服务水平，也包括信息发布机构本身的形象、知名度在公众心目中形成的投射。政务沟通的关键，是百姓关心、但暂时还不知道的重要信息，而不是“我认为应该告诉大家的”信息。注意到这一点，才能为一种互相信任、双向互动的趋势奠定良好的基础。

上海社会治安综合治理的实践与思考

维护社会稳定，搞好社会治安是邓小平理论中一个极为重要的思想。对社会治安实行综合治理，正是党中央从我国国情出发，在总结建国以来治理社会治安基本经验的基础上，提出的解决新时期社会治安问题的根本途径，是中国共产党人的一大创举。中共上海市委、市政府在邓小平建设有中国特色社会主义理论指引下，从坚持党的基本路线高度，始终坚持“两手抓、两手都要硬”的方针，正确处理“改革、发展、稳定”三者的关系，认真贯彻中共中央、国务院和全国人大常委会关于加强社会治安综合治理的两个《决定》，从上海实际出发，紧紧围绕经济建设这一中心，切实加强社会治安综合治理工作，狠抓各项措施的落实，为上海改革开放、经济发展和人民群众的安居乐业创造了良好的社会治安环境。实践证明，社会治安综合治理的方针是非常正确的，是行之有效的。

一、迎接挑战、积极探索、形成特色

党的十一届三中全会以后，我国进入了一个新的历史发展时期，如何保持良好的社会治安秩序，维护社会稳定，保障我国改革开放、经济建设的顺利进行，是对我们共产党人一大考验。邓小平曾说：“不仅经济要上去，社会秩序、社会风气也要搞好，两个文明建设都要超过他们，这才是有中国特色的社会主义。”上海的社会治安综合治理工作，按照党中央的统一部署，在市委、市政府的正确领导下，从上海实际出发，积极探索，大胆实践，不断深化。目前，已初步建立与上海城市地位、功能、作用相适应，具有时代特征、中国特色、上海特点的社会治安综合治理工作框架，社会治安综合治理各项措施得到全面落实，有力维护了社会治安秩序良好，确保了人民群众安居乐业，保障了经济建设和改革开放的顺利进行。其主要特点：

（一）从坚持党的基本路线的高度，切实加强对社会治安综合治理工作领导

改革开放以来，历届上海市委始终坚持“两手抓、两手都要硬”的方针，正确处理改革、发展、稳定三者关系，在抓经济建设的同时，扎扎实实地开展社会主义精神文明建设。从上海城市所处的地位出发，把社会治安综合治理工作提到坚持党的基本路线的高度，作为维护社会稳定，保障改革开放、经济建设的重要环节和措施，予以高度重视。明确提出社会治安综合治理工作要由党委统一领导，党政共抓，各方参与，齐抓共管，要求各级党政部门把这项工作放到重要议事和工作日程，一级抓一级，层层抓落实。在工作实践中，各级党政领导抓社会治安综合治理的工作思路不断深化，充分认识到社会治安综合治理在社会主义初级阶段的特殊重要性，牢牢树立了自觉、主动地服务、服从于经济建设中心工作的思想，在参与中增强了以维护社会治安稳定为已任的责任感。

（二）建立健全社会治安综合治理日常运作机制，营造各方参与齐抓共管工作局面

社会治安是社会诸多矛盾的综合反映，社会治安实行综合治理是一项全社会系统工程。为了加强统一领导动员组织各有关部门和全社会力量深入、持久、有效地开展，市委于 1985 年 8 月决定建立由市委、市政府分管领导主持，宣传、经济、文教、科技、政法等部门，工青妇、警备区负责人参加的市社会治安综合治理联席会议，初步形成了条块结合的社会治安综合治理工作体系。1989 年下半年对各级联席会议（领导小组）成员进行调整充实，使原来比较松散的联席会议制度开始向工作实体转变。为了进一步加强对社会治安综合治理工作的组织领导，1991 年 7 月，市委决定成立上海市社会治安综合治理委员会，全市 20 个区县、344 个乡镇街道相继建立了社会治安综合治理委员会或领导小组，市各大口和 170 多个局（公司）也建立了社会治安综合治理领导机构。在建立健全三级工作体系的同时，按照全党动员、全社会发动、齐抓共管的要求和“谁主管谁负责”的原则，一级抓一级，全面实行社会治安领导责任制和目标管理责任制，落实了以一方平安保全市稳定的政治责任，真正做到了社会治安综合治理齐抓共管，密切配合，充分发挥了综合优势。

(三) 着力加强法制宣传教育，预防减少违法犯罪

一是广泛开展法制教育，增强市民的法制意识。充分利用广播、电视、报刊杂志，以及法制宣传专栏、专版、节目等形式对广大市民进行有针对性、有吸引力的普法教育。同时，针对各个时期违法犯罪活动的特点以及群众在法制观念上存在的问题，运用典型案例进行生动、形象的宣传教育，增强广大市民知法、懂法、守法、依法办事的自觉性。二是大力加强青少年法制道德教育，建立健全学校、家庭、社会、政法部门"四位一体"的失足青少年帮教体系，优化青少年成长环境，教育青少年做有理想、有道德、有文化、有纪律的"四有"新人。在诱发犯罪因素增多，刑案持续上升的情况下，青少年学生违法犯罪现象得到有效遏制。三是积极探索对刑释解教人员的社会接茬帮教新路。市监狱管理局和劳教局联合市总工会、市妇联、团市委和市委老干部局等单位，组织了由300多人参加的社会帮教志愿者队伍，把帮教工作延伸到监所，与重点帮教对象签订"一帮一"的帮教协议。对回归社会的刑释解教人员，由户口所在地的街道、乡镇综治委和公安派出所根据具体情况分层次落实帮教措施，加强管理教育，降低重新犯罪率。

(四) 注重法律法规建设，社会治安综合治理工作逐步纳入依法治理轨道

为了使社会治安综合治理工作充满生机、活力，深入持久地开展，工作中，不断研究新情况、解决新问题、总结新经验，按照规范化、制度化、法制化的要求，根据急需、有效、管用的原则，组织、协调有关部门，在市委、市人大常委会、市政府的高度重视和大力支持下，及时制定加强社会治安综合治理的条例、规定、办法、意见，使社会治安综合治理工作有法可依、有章可循。一是提炼工作经验，上升为规范性文件。如《关于加强社会治安综合治理基层基础工作意见》、《关于进一步深入开展创建安全小区的意见》等指导性文件。二是明确职责任务，建立起必要的工作制度。先后制定了《综治委成员单位参与社会治安综合治理的职责任务》、《关于将社会治安综合治理纳入党政领导干部政绩考核的实施办法》等。三是针对上海治安实际，加快立法步伐。依据全国人大常委会《关于加强社会治安综合治理决定》，从上海发展的需要和社会治安实际出发，市人大常委会先后颁布了《关于加强社会治安综合治理决定》、《上海市社会治安防范责任条例》、《上海市收容遣送管理条例》、《上海外来流动人员管理条例》等。

（五）确保全市社会治安的基本稳定、基本正常，人民安居乐业，使上海成为全国治安比较好的地区之一

一是确保“大事不出，小事及时化解”，未发生影响全局的重大事件。二是刑案发案势头基本得到控制，严重暴力性犯罪案件较少发生。三是公共场所治安秩序正常有序，重大社会活动组织严密，秩序良好。四是人民群众安全感增强，积极参与社会治安的意识日益提高。据近几年公共安全感抽样问卷调查，社会各界对上海社会治安状况的感受和评价良好，群众对社会治安的满意率或较满意率在70%以上，居住在市级和区级安全小区的居民群众对社会治安的满意率或较满意率达94.2%。群众自觉参与社区治安防范的积极性不断提高。全市每天约有15万名工纠、治安联防队员和党员干部、在职职工及离退休人员参加各种形式的治安防范工作。群众见义勇为，与违法犯罪作斗争的事例不断涌现，自1990年以来，全市已表彰社会治安见义勇为先进个人1 800多名。

二、扎实工作、大胆实践、勇于创新

社会治安综合治理工作范围较广，要使工作切实取得成效，必须认真分析治安形势，从本地实际出发，找准突破口，确定工作重点，扎实工作，大胆实践，勇于创新，以改革为动力，不断探索新时期社会治安综合治理工作的新思路、新方法。

（一）要维护良好社会治安秩序，必须坚持依法从严管理

面对新时期社会治安形势比较严峻的态势，各级政法部门始终贯彻中央提出的依法从重从快打击严重刑事犯罪活动的方针，按照市委提出的工作要求，坚持“严打、严治、严管、严防”四管齐下，有机结合，综合运作，扎实工作，做到严打不松，整治不断，从严管理，严加防范，有力地遏制了重大刑案上升势头，维护了治安秩序的基本稳定。

严打——突出重点，因地制宜，主动出击，保持严打声威。上海市委领导对上海社会治安工作历来十分重视，及时提出开展严打的指导性意见。政法部门根据中央的统一部署和市委的工作要求，针对不同时期上海社会治安的突出问题，因地制宜，有节奏、有重点地开展“严打”斗争。工作中，始终保持严打的高压态势，把严重暴力犯罪、严重经济犯罪、重大盗窃、带有黑社会性质的团伙犯罪和流窜犯罪作为严打的重点，特别是对那些社会危害严重、影响恶劣的严重刑事犯罪活动，做到露头就打，决不手软。公检法等政法部门密切配合，协同作战，形成合力，从侦察、起诉、审判等各个环节上做到快侦、快破、快诉、快判，依法从重从快打击严重刑事犯罪活动，组织力量进行攻坚，相继破获了一批重、特大案件。在具体部署中，做到从实际出发，因地制宜地开展区域性专项斗争，确保严打斗争的针对性和有效性。在严打形式上向多样化发展。以集中统一行动为主，组织区域性专项斗争。如 1900 年，在全市范围开展了打击现行、深挖团伙的斗争。1991 年至 1993 年的 5 月，根据中央综治委的部署，全市开展了为期三年的反盗窃斗争。从 1993 年起又逐步形成了一年打三仗的基本格局，既形式多样，又保持了严打的强节奏、针对性、主动性和连续性，狠狠打击了刑事犯罪分子的嚣张气焰，遏制了重大刑案的上升幅度。

严治——结合实际，有针对性、不间断地开展区域性的重点治理。在坚持一年打几仗的“严打”格局基本不变的基础上，各区县将清查整治作为打击、管理的一种手段，根据社会治安形势的发展和变化、刑事犯罪的规律和特点，主动地、有节奏、有重点地开展区域性集中整治活动。针对人民群众反映强烈的问题，什么问题突出，就解决什么问题，做到哪个时期哪类案件增多，就及时组织专项斗争，严厉打击；哪个地区案件多发，治安问题突出，就在那个地区组织针对性的重点治理。一是把扫除卖淫嫖娼和黄赌毒等社会丑恶现象作为精神文明建设的一项重要工作常抓不懈。坚持“严禁、严管、严查”三严并举，把集中整治和经常性管理有机结合起来；坚持反复抓、抓反复，努力防止社会丑恶现象的蔓延。二是针对近年来毒品问题日趋严重的态势，采取有力措施，坚决铲除毒品地下市场，深挖贩毒团伙分子，对吸毒者进行强制戒毒，有力地遏制了制、贩、吸毒违法犯罪活动。三是对治安情况复杂的地区及行业场所，特别是“三无”流动人员聚居地，集中开展重点整治，消除治安顽症。不断加大市郊结合部、铁路沿线收购等特种行业的整治，改变了一些地区和行业治安不好的状况。在严打整治中，把发案数占全市发案总量60%以上的市郊结合部作为重点地区，把发案多的夜间作为控制发案的重点时间，把作案成员中60%左右的外来流窜犯作为重点对象，在时间、空间上抓住工作难点和薄弱环节，突出“严打”整治的重点，对市郊结合部败坏社会风气，色情服务活动突出的发廊、路边店、公共娱乐场所，组织全市性和区域性的集中整治。在取得阶段性成果之后，巩固措施及时跟上，使市郊结合部的治安状况得到明显改观。

严管——建立和健全快速反应机制，全面提高对社会面的管理、控制能力，积极探索特大型城市社会治安管理的新路子。市委高度重视加强控制社会面的工作，强调要形成维护社会治安秩序的快速反应机制，建立起覆盖全市的社会治安动态控制网络，以适应上海特大型城市管理工作的需要。1993年，市公安局在新客站和浦东新区，先后试行警察署体制，实行24小时全天候执勤；1993年5月1日开通“110”公安报警服务台，使公安机关能及时受理群众报案，打击处理犯罪分子，大大增强了群众的安全感；1994年市公安局成立巡警总队，推行综合执法，及时处理各类违法案件，有效加强了社会面控制，1995年组建配备有卫星定位系统的车巡支队，建成覆盖全市的800兆、350兆移动通讯网，在中心城区7.5平方公里内建立了自适应信号灯控制系统和道路交通监控系统。为强化夜间社会控制面，公安部门投入重兵，加强重点地区的治安巡逻。全市每天夜间投入治安巡逻力量11 000多人，全市用于治安巡逻的警车达550辆。基层警署(派出所)建成人口信息微机系统，将全市1 261万常住人口信息输入计算机管理，使各种预警信息网络逐步健全，从而构筑了以“110”报警服务台为核心，交警管点、巡警管面、特警武警机动巡逻和社区民警管面的社会治安动态控制体系。同时，坚持各级党政领导值班制度和重要情况上报制度，制定和完善群体性突发性事件的处置预案，对人民内部矛盾及时疏导化解，避免激化，把问题解决在萌芽状态，从而有效地加强了对社会面的控制，增强了对突发事件的处置能力。

针对外来流动人口带来社会治安问题增多的特点，在深入调查研究、认真分析的基础上，成立了由市政府牵头的管理协调小组，确立了政府牵头、公安和劳动部门为主、各方参与、综合运作的管理原则，实行了以户口管理为基础、治安管理为重点、劳务管理为抓手、其他管理相配套的工作机制，落实“谁主管谁负责,谁聘用谁负责,谁带队谁负责,谁留宿谁负责”的责任制,将管理与教育、服务相结合,关心外来流动人口的思想和生活,维护他们的正当权益,逐步使外来流动人口管理纳入有序规范的轨道。

严防——紧紧依靠人民群众,着力构筑“人防、物防、技防”有机结合的防范体系。根据“打防并举、标本兼治、重在治本”的工作方针,在坚持不间断开展“严打”斗争的同时,努力提高预防和控制犯罪的能力,积极探索新形势下加强治安防范的新路子。为了进一步理顺防范工作体制,经市委、市政府批准,市公安局1997年初正式成立社会治安防范局,率先在全国成立了市、区(县)两级社会治安防范机构,负责市和区县社会治安防范的组织、协调、指导。工作中,牢固树立依靠广大人民群众维护社会治安的思想,大力推广厂区联防、城乡联防、军警民联防等各种行之有效的治安防范形式,及时宣传、表彰、奖励社会治安见义勇为者,充分调动和保护人民群众同违法犯罪行为作斗争的积极性。通过广泛动员和组织广大在职党员干部参与居住地的社会治安综合治理,强化群防群治队伍,进一步加强了治保、调解等基层自治组织和工纠队、联防队、看家护楼队等群防群治队伍的建设。经过多年实践,上海已拥有42万人的多层次、多形式、全天候、遍及城乡的群防群治队伍,协助公安机关维护社会治安。在加强人防的同时,还着力加强技防和物防,对大型工商企业、重要物资仓库、金融证券市场、公共娱乐场所、重点科研院所、高档商住楼等大力推行技术防范、设施防范,把安全防范措施逐步纳入城市建设总体规划,做到与建设项目同设计、同施工、同验收,实现“110”报警系统与全市联网。从有利于社区建设和管理出发,抓好与人民群众生活密切相关的防范工程——“六小工程”,即灯光工程、车棚工程、铁门工程、围墙工程、保险箱加固工程和治安岗亭工程等防范设施建设,逐步建立和完善了规模不等的区域性技术防范报警系统,全市初步形成了人防、技防、物防三位一体的治安防范体系,有效地控制了社会治安面。

(二)要维护良好社会治安秩序,必须夯实社会治安综合治理基层基础

1. 加强基层基础工作是上海的传统和优势

针对新形势下基层基础工作遇到的新情况、新问题,1995年底,由市委书记黄菊主持,组织了对社区基层基础工作情况的调查研究。在1996年3月召开的上海市城区工作会议上，市委、市政府明确提出“两级政府、三级管理”的社区管理新思路，要求将城市管理重心下移，加强社区建设和管理。根据市委提出的工作要求，市综治委坚持把加强基层基础工作作为社会治安综合治理的重中之重来抓，在调查研究的基础上，先后召开了街道、乡镇、企事业单位和政法系统基层基础工作会议，下发了加强社会治安综合治理基层基础工作的文件，提出要以创建安全小区为载体，大力加强以基层党支部为核心，以基层政法实战单位为骨干，以群防群治队伍为依靠，以群众自治组织为基础的社会治安综合治理网络建设。

2. 在全市范围开展文明小区创建活动

根据市委、市政府的要求，把创建安全小区与加强社区管理、建设文明小区紧密结合，并在创建中坚持高标准、严要求，不搞形式主义，各区县精心组织，认真实施，在全市范围内扎实有效地开展了创建活动。在巩固原有安全小区的基础上，1997 年全市又有 1 128 个居、村委申报创建 1996—1997 年度市级“安全小区”，占全市居、村委总数的 18.5％。全市已有 50％以上的居、村委分别达到市、区(县)、街道(乡镇)三级安全小区标准，其中 29％的地区已保持多年无刑事案件、无灾害性事故、无人民内部矛盾激化。如今创建活动正逐步向创建安全单位、安全街区、安全城区拓展。

3. 充分发挥基层组织在社会治安综合治理中的作用

一是大力加强街道、乡镇和居村委建设，及时总结推广依法治街的经验，把社会治安综合治理列为街道四项重点工作的首位。在农村，通过村级组织建设，全面调整村级党支部和村民委员会，使郊区农村基层组织的战斗力大为提高。二是狠抓政法基层组织建设。全市 317 个街道、乡镇都建立了社会治安综合治理委员会，设立了社会治安综合治理办公室。全市有 47 个街道建立司法所(科)，210 个乡镇建立法律服务所，有人民法庭 76 个。公安系统把加强公安派出所的基层基础建设列为工作重点之一，专门作出《关于改进和加强派出所基础工作的决定》，对搞好派出所工作的意义、任务、要求等作出具体规定，并每年从市局机关抽调 200 多名干部到派出所轮流工作。各区县政法部门领导成员经常深入基层，实行分片包干，以点带面，具体指导基层工作，大大提高了干警的业务水平和工作能力，树立了良好的窗口形象。三是调整、充实群众自治组织。群众自治组织是群众自我教育、自我管理、自我约束和自防自治的组织,是维护社会稳定的第一道防线。针对近年来市政建设步伐加快,治安管理出现了一些空白点的新情况,及时在新建住宅区建立基层组织,以严密社会面的控制。并通过采取招聘居委干部的办法充实优化居委干部队伍,逐步改变居委干部基本上是“3860”部队的状况。上海在已招聘1 400多名居委干部的基础上,又从企事业单位招聘3 000名具有高中以上文化程度,年龄在48岁以下的职工,较好地加强了治保会、调解会工作,工纠、联防队员也采取选派和招聘相结合的办法,人员素质比原来有所提高。

三、着眼长远、继续进取、全面深化

21世纪将是世界经济大变动的时代,上海要建成国际经济、金融、贸易中心,将遇到千载难逢的发展机遇。能否维护上海社会治安的持续稳定,对于保障上海的改革开放、经济建设顺利进行至关重要。“九五”期间至2010年,上海社会治安秩序可望保持基本正常、基本稳定、基本上适应特大城市建设和管理的需要,社会治安局面能得到有效控制,不会出现大的反复和波动,并将进一步朝良性循环的方面发展。其依据是,党的十五大提出“高举邓小平理论伟大旗帜,把建设有中国特色社会主义事业全面推向二十一世纪”。全党、全国人民已经形成共识:坚定不移地坚持邓小平理论;坚定不移地坚持党的基本路线、基本方针;坚定不移地维护以江泽民同志为核心的党中央权威。这是搞好社会治安综合治理,确保社会长治久安的政治保证。“九五”期间,上海将率先建立社会主义市场经济运行机制,保持经济持续、快速、健康增长,基本形成国际大都市的经济规模和综合实力,这是确保上海长治久安的物质保证。党中央提出的“依法治国”的基本方针必将推动和促进各级领导对社会事务的严格管理,包括加大社会治安综合治理的力度。上海的金融、投资、经济增长和城市环境等不断看好,精神文明建设不断加强,良好的社会道德风尚正逐步形成。上海在“八五”期间已经形成的一整套打击、防范、教育、管理和法制建设的优势正在逐渐释放出积极的效应,所有这些都为搞好今后社会治安综合治理工作提供了良好的契机。

但是,必须看到,在社会主义初级阶段,特别是在社会主义市场经济初创时期,治安问题增多作为一个阶段性的社会现象出现,有其必然性。国际上敌对势力乘我改革开放之机,正加紧进行渗透、颠覆、破坏活动;西方国家的政治法律思想、价值观念、道德标准、行为模式等,通过各种媒介、渠道进入我国影响意识形态;受国际刑事犯罪活动的影响,吸毒贩毒、持枪作案等犯罪现象也在我国蔓延;改革开放以来经济发展迅速,城市流动人口大量增加,一些流窜犯混迹其中、致使外来流动人口违法犯罪率居高不下;在市场经济竞争中,不少国有企业不景气,下岗待业人员增多,由此引发的社会不安定因素增多等。这种状况在市场经济转型时期,甚至在整个社会主义初级阶段内很难得到根本扭转。因此,社会治安综合治理决不是权宜之计,不可能毕其功于一役,必须有长期作战的思想准备和工作准备。

党的十五大提出的"加强社会治安综合治理,打防结合,预防为主,加强教育和管理,落实责任制,创造良好的社会治安环境"的要求,为我们今后的社会治安综合治理工作指出了明确的方向。根据党的十五大提出的要求,1998 年至 2000 年上海社会治安综合治理工作的指导思想是:高举邓小平理论的伟大旗帜,坚持党的基本路线和十五大制定的路线、方针、政策,坚定不移地维护以江泽民同志为核心的党中央的权威,以经济建设为中心,服从服务于"抓住机遇、深化改革、扩大开放、促进发展、保持稳定"的工作大局,解放思想,实事求是,锐意进取,积极探索发展社会主义市场经济条件下保持社会持续稳定的新路子,积极推动和促进特大型城市的综合管理能力,使上海社会治安综合治理工作再上一个新台阶。工作目标是:在总结和巩固过去社会治安综合治理工作成果的基础上,坚持以人为本、以防为主、以法治理的基本要求;坚持打防结合,全面深化,提高效益的管理思路;坚持专群结合,条块结合,管理和服务结合的工作方法;重视趋向性预测,加强前瞻性管理,建立科学合理的科学评估、决策体系,使上海社会治安综合治理工作逐步规范化、制度化。努力在重点突破、全面深化上做文章,在提高质量、讲求效益上下功夫。及时发现和有效处置影响社会稳定的突发性事件,尽力减缓重大刑事案件的上升势头,重点控制外来流动人口的犯罪比例,有效遏制社会丑恶现象蔓延发展,切实加强刑释解教人员和青少年的教育管理,大力提高广大市民法制观念和法律意识,努力做到发案少、秩序好、群众满意。

改革开放是推动和促进社会治安综合治理工作的动力，但改革开放也是一个需要探索、实践、总结和统一认识的过程，只要有利于确保社会稳定，有利于社会治安综合治理措施的落实，有利于人民群众安全感的增强和保障经济建设、社会发展的顺利进行，就必须坚持改革开放和探索实践。在邓小平理论的指导下，通过改革、探索、实践，逐步形成社会治安综合治理工作高效管理体系，从而使打防结合、预防为主有新突破；使教育管理、夯实基础出新成效；使落实责任、完善机制有新措施；使改革探索、大胆实践有新发展。

（载《上海党史研究》1998 年第 S1 期）

对建立健全社会稳定机制的几点想法

维护社会政治稳定是党中央、国务院高度重视，各级党委、政府十分关心，人民群众普遍关注的大问题。党中央反复强调，要把保持社会和政治环境的稳定作为全党工作大局的首要着眼点和基本要求，一切可能导致不稳定的因素都要坚决排除。当前，影响社会和政治环境稳定的不安定因素集中表现在：一是境内外敌对势力、敌对分子的捣乱破坏；二是民族分裂活动、宗教中的非法活动和各类邪教组织的发展蔓延；三是社会治安态势仍然严峻，大案要案数量在增长，恶性程度在增加；四是贪污贿赂等经济犯罪案件处在多发、高发阶段；五是因各种人民内部矛盾激化引发的突发性事件。这几类不安定因素如果不能及时、有效处理，很可能酿成大问题。特别是在一定条件下，这几类问题相互交织，相互影响，会形成更加复杂的局面。对此，各级党政领导务必保持政治上的清醒，做到居安思危。维护社会稳定，确保长治久安，迫切需要建立起一套具有中国特色的社会稳定机制。社会稳定机制是社会运行机制中一种十分重要的机制。它包括社会控制机制、社会监督机制、社会保障机制、社会宣泄机制、社会预警机制。

（一）社会控制机制

社会控制机制具有及时、有效防范和控制由个体和社会系统自身内在矛盾而引起的偏常行为功能，包括硬控制系统和软控制系统。体现国家权力的军队、警察、法庭、监狱、法律、法规，以及各单位、组织、团体制定并要求其成员遵守的行政纪律、规章制度等等，属硬控制系统；道德、习俗、舆论等等，属软控制系统。硬控制系统和软控制系统在对社会的作用过程中相互渗透、相辅相成。

社会硬控制系统就其本质而言，是以法律为基础的一整套管理、控制社会的制度。硬控制系统的构成是：行政管理、法律控制、纪律控制、国家机器的强力控制。软控制系统则以科学文化知识的教育为基础手段，用社会所确认的理想信念和道德原则来制约和匡正社会成员的行为。软控制系统包括思想政治工作、民俗、道德、社会舆论、宗教等等；在现代社会，大众传媒是一种具有强大社会控制力的软控制工具。

我国社会控制机制建设的总体要求是：坚持以邓小平建设中国特色社会主义理论为指导，认真贯彻党的“一个中心、两个基本点”的基本路线和“抓住机遇，深化改革，扩大开放，促进发展，保持稳定”的基本方针，以维护社会稳定为重点，及时挫败国内外敌对势力的破坏活动，有力打击刑事犯罪和各种经济犯罪。大力加强精神文明建设，推进社会治安综合治理，积极开展法律服务和法制宣传教育，保障社会主义现代化建设的顺利进行。

（二）社会监督机制

社会监督机制具有发挥社会成员的政治和社会参与能力，体现民众真正成为国家主人和社会主人翁的功能。改革开放以来，我国初步建立了全社会的监督体系，主要包括七种监督形式：党内监督、国家权力机关的监督、行政监督、司法监督、各民主党派监督、新闻舆论监督和群众监督。

目前我国在监督方面存在的问题主要是：已经建立起来的监督制度，有的尚不能正常运转，效果不理想，权力凌驾于法律之上的现象还时有发生；专职监督机关的权限和领导体制，与现实需要不相适应，纪检、监察部门缺乏威慑力，大众传媒等舆论工具对某些人或事的曝光，常因种种原因而受到指责；群众监督缺乏必要的法律保障，举报、投诉渠道单一，手段陈旧。对党政干部的监督还没有形成一个完整的、整体协调的、独立的运作机制。

我国社会监督机制的建设方向是：逐步建立和健全一整套对党政干部进行有效监督，形成一个上下左右相结合的监督网络。

（三）社会保障机制

社会保障机制具有保证社会公平原则贯彻，使全体社会成员有良好的安全感和稳定感的功能。社会保障机制的运行，能使个人的消费能力从工作年龄向退休后转移，从就业阶段向待业、失业阶段转移，能使社会消费能力从高收入群向低收入群适当转移，从健康者向患病者转移。这是一种特殊的国民收入再分配，对社会成员的基本生活需求提供保障的社会安全制度。社会保障机制在调和社会矛盾、缓解社会问题中具有巨大作用。

我国社会保障包括社会保险、社会救助、社会福利和社会优抚四个方面。随着市场经济的发展，我国社会保障体系将逐步做到基本保障社会化、补充保险市场化、社会救助制度化。社会保障制度的改革原则是：保障范围、保障水平与经济发展水平相适应，公平与效率相统一，权利与义务相一致。此外，还应当注意瞻前顾后，立足当前和面向未来相结合，实行社会保障管理与服务的社会化。

（四）社会宣泄机制

社会宣泄机制具有调节社会情绪与社会心态，使不利于社会安定的情绪性力量得以舒缓和释放的功能。社会矛盾和冲突经过经常性的“微震”释放能量，可以避免发生由于矛盾集中在某一断裂点上而出现的“共振”。如果说，社会控制机制、社会监督机制和社会保障机制是对社会不稳定因素的消源，那么，社会宣泄机制就是对社会不稳定因素的泄流。

社会宣泄的方式有言语宣泄和行为宣泄。言语宣泄的具体形式有：怪语、牢骚、民谣、顺口溜等。行为宣泄可以是个体行为，也可以是群体行为。行为宣泄的形式有请愿、上访、街头静坐、游行、示威、罢工、罢课、罢市等。

社会宣泄是社会成员排放各种不满、怨恨和愤慨情绪的一种重要方式，是社会成员反映意见和要求的一种间接方式，也是社会成员对政府和企事业单位的领导工作的一种非规范化的监督形式。但是，社会宣泄还具有明显的负效应。牢骚、民谣、顺口溜等等，是一种变了味的批评方式，使批评变得片面和非理性化。行为宣泄的负面影响是很大的。行为宣泄的频繁发生，会导致广大社会成员对党和政府权威的怀疑，对党和政府信任感的下降，对维护社会稳定极为不利。

党的十一届三中全会以后，我国的社会生活发生了明显的变化。思想日益活跃，言路日趋畅通，社会宣泄渠道越来越多样化。我国的社会宣泄渠道除了原有的来信来访、大众传媒的读者来信以外，在新闻媒体上又先后增添了投诉电话、市民热线、热点追踪以及多种多样的谈话节目，在政治体制方面逐步建立起各种民主监督制度和协商对话制度。《中华人民共和国集会游行示威法》颁布后，使游行示威这种宣泄方式纳入法制轨道，从而使这种过去带有明显的集体行为特征的社会行为，转变为更多地具有组织的人群活动方式。

建立和完善社会宣泄机制的着力点是：对国家公务员和企事业单位领导人进行建立和完善社会宣泄机制的重要性和必要性的教育，加强对信访工作的领导和督促，开辟多种形式的社会协商对话渠道，努力使非规范的社会宣泄方式纳入法制化、规范化的轨道。

（五）社会预警机制

社会预警机制具有对社会运行中出现的失调、失序、失范、失误等问题能够及早发出警报，以便及时采取有力措施的功能。对社会运行状况进行科学化、信息化、定量化和经常化研究，可显示社会已经或即将发生无序现象的临界状态，以期引起社会管理者和社会公众的注意，力求把不安定因素解决在基层，解决在内部，解决在萌芽状态。

社会预警机制由社会预警指标体系和社会心态研究两个部分组成。社会预警指标体系由一系列反映社会系统中比较敏感的社会热点和关节点的数量指标所构成，每个指标显示社会运行中某一方面的状况是否正常，是否出现了可能发生危险的信号。社会心态研究可以及时了解社会心态的稳定程度。

社会预警指标的研究是社会指标研究的一个重要组成部分。在我国，社会指标的研究起步较晚，无论在理论方面还是在实践方面，都有一些空白和不足之处。理论不够严密，指标体系不够科学，功能发挥比较单一，在预警功能的开发、研究和运用上显得薄弱，数据收集方面还有较多的限制因素。但是，社会发展与社会稳定需要社会预警指标，社会预警指标体系的建立和完善，是社会稳定和社会发展的需要。在完整的社会预警指标体系尚未建立起来以前，可以先把一些较为敏感的社会现象的量化指标作为核心指标，进行先期研究。

社会的稳定有赖于社会心态的稳定。社会心态是指人们在社会生活中由经济关系、政治制度以及整个社会环境的发展变化而引起的直接的、在社会群体中普遍存在的、具有一定共同性的社会心理或社会心理态势。由官方或民间机制使用科学的方法，对若干社会热点问题进行快速、准确的民心民意调查，可以及时反映社会各阶层对政治、经济现象和社会风气状况的看法。社会管理者综合社会预警指标和社会心态研究所提供的两方面的信息，就可以及时判断社会稳定状况及其发展趋势，在不稳定因素快速积聚以前，及时采取措施，使某些社会指标远离警戒线，确保社会长治久安。

（载《内部文稿》1997 年第 17 期）

高校安全管理工作面临的新挑战与对策

习近平总书记在全国高校思想政治工作会议讲话中指出，教育强则国家强。高等教育发展水平是一个国家发展水平和发展潜力的重要标志。实现中华民族伟大复兴，教育的地位和作用不可忽视。我们对高等教育的需要比以往任何时候都更加迫切，对科学知识和卓越人才的渴求比以往任何时候都更加强烈。高等教育学校是衡量国家综合竞争力的重要指标，高校安全工作是一个国家、一座城市社会稳定的晴雨表，上海高校的安全管理工作与上海城市所处的地位和性质一样，在全国乃至世界具有举足轻重的影响力。上海共有67所高校（2017届毕业生18万人），70多万在校生。

一、在新的历史方位上看高校安全

时代特征：我们处在中华民族伟大复兴的关键时刻，当今高校的学生关系着祖国和民族的未来，当代大学生是实现两个“一百年”奋斗目标的中坚力量，可以说是肩负起中华民族伟大复兴、实现中国梦的一代人。因此，要站在这样一个历史方位上来看高校的安全管理工作。

安全理念：高校安全工作是高校育人的最基础的工作，关系到每一个家庭、关系到未来，务必确立以学生为中心的高校安全观。高校是人才聚集的场所，是培养和造就社会主义事业接班人的重要基地，其安全与否直接关系到全社会的安全与发展。

责任重大：虽然多数大学生已年满18周岁，是法律上的成年人，但不得不指出大多数大学生没有足够的社会经验，也没有足够的收入来源。每一个学生都是一个家庭的希望和未来，都是祖国的花朵和树苗。家长把孩子送进学校，就是把希望和未来托付给我们，我们完全有责任让他们在良好的环境中健康成长。

二、当前高校安全风险的突出表现

1. 宿舍火灾、大型活动的安全隐患

大学校园是人员聚集场所，也是消防安全重点单位。大学担负着为国家培养造就现代化建设人才和进行科学研究的任务，一旦发生校园火灾，会导致无辜的学子伤亡或者科研资料毁于一旦，这不仅仅是社会财富的巨大损失，也会严重影响教学秩序、社会稳定和科技进步。因此，认真排查校园火灾隐患、明患的原因，制定相应的防灾灭火措施，有效地遏制高校火灾频发的势头，为莘莘学子和科研人员提供良好的安全环境，不仅是各大学和教育行政主管部门的共同责任，更是保卫部门要解决的重要问题。

安全是学校一切工作的“底线”，在学校安全问题上，要不厌其烦，不存侥幸，不敢懈怠。针对大型活动，学校必须制定应急预案。特别是在元旦、圣诞节、春节等各种重大节日活动中，师生必须注意饮食安全、交通安全、人身财产安全，严禁学校组织学生到歌舞厅等娱乐场所参加娱乐活动。同时，要进一步加强学校领导节假日值班和重大事件报告制度，有计划地组织应急演练。

2. 集体食品中毒事件

一日三餐是每个学生每天都必不可少的，但是如果不注意饮食卫生，误食了过期变质的食品就会引起食物中毒，引发食品安全事件。食物中毒是指吃入食物中的有毒物质引起身体的不良反应，其中也包括化学药物中毒，有单发的也有群体的，轻者影响身体健康，重者甚至会危及生命。高校的食堂卫生标准要高于社会标准。

3. 传染病的交叉感染

虽然艾滋病说起来不可怕，也可防可治，积极治疗可以有效地控制病情的发展，延长寿命，甚至可以与正常人同寿，而且国内多地已将艾滋病列为医保规定的病种范围。但是，艾滋病离我们真的不远，还是希望所有的人珍惜生命，远离艾滋。

2017 年 4 月 21 日上午，长沙市岳麓区疾控中心举行的“高校疫情通报和骨干成员培训”会议上透露，高校云集的岳麓区已发现艾滋病报告为学生的感染者106人。截至2017年4月6日，报告现居地为岳麓区的艾滋病病毒感染者已达到603人。岳麓区辖区内云集了湖南大学、湖南师大、中南大学等众多高校，青年学生人口密集。

4. 学生自杀及心理疾病问题

很多人认为学生正是一群花季少男少女，本应属于最无忧无虑，最开心的阶段，但为什么仍然有这么多学生出现心理健康问题？造成学生出现心理健康问题的原因是多方面的，主要包括社会环境、家庭环境、个人因素等。学生易出现心理健康问题与青少年发育阶段的生理、心理特点有关，由于身体的快速发育及性的成熟，青少年希望能得到社会成人式的信任和尊重，但他们的心理发育相对缓慢，其思维方式、认知能力、心理控制能力、社会经验尚不成熟，这种心理上的成人感及幼稚性是产生心理冲突和矛盾，导致心理健康问题的重要原因。

另外，与个体自身的性格特点也存在一定关系。例如，自身性格比较内向、孤僻，或者对外界事物过度敏感、多疑，凡事追求完美，嫉妒心强等，这类性格的学生往往不能恰当地处理人际关系，容易产生心理问题。个体感情的纠葛和性方面的困扰也是导致学生产生心理问题的部分原因。

除了个人因素外，环境因素同样对青少年造成一定影响。对于学生而言，学习是他们的首要任务，提高成绩是他们的长期目标。老师的期许、父母的希望、同学私下的竞争，这些都会给学生带来沉重的心理压力。当学生无法将这些压力转化为动力时，就很容易产生一系列心理问题。人际关系不和谐也是一大因素。在学校被同学孤立、欺负，在家中被父母指责、批评、忽视，缺少融洽的家庭环境等，都会导致学生出现各类心理方面的问题。

5. 实验室爆炸及危险品管理漏洞

实验室是大学开展实验教学、科学研究和社会服务的重要场所，也是培养学生探索精神、创新能力和实践能力的基地。随着国家对高等教育的持续投入，实验室的配置越来越先进，开发的实验种类越来越多，一些新材料和新实验手段在实验室得到了广泛应用，给实验室的科学、安全管理提出了更高的要求。高校实验室在教学科研过程中用到的危险品主要有危险化学品、易燃易爆物品、辐射物品、微生物细菌病毒等。这些危险品在使用保存过程中处理不当极易引发安全事故,如有毒化学品随意摆放导致遗失而造成恶性事故,辐射物品管理不规范造成人体伤害等。高校实验室危险品管理不科学,不仅影响到学校教学科研活动的顺利开展,而且会危及学校乃至全社会的人身财产安全。

复旦大学校园投毒事件和南京理工大学实验室爆炸事件再次敲响了高校实验室安全警钟。加强实验室危险品的安全管理是实验室安全管理的重中之重。

6. 校园暴力及性侵

高校暴力之殇,伤了教育,伤了社会。回顾高校校园暴力事件,骇人听闻的马加爵案件、药家鑫事件、梁荣彩事件,震惊全国的复旦投毒案等的发生,引起人们对高校生命教育的反思。

7. 网络诈骗及学生借贷

在互联网时代,机遇与风险一直是人们关注的核心议题。源于对网络信息科技的追求与向往,我们还较多聚焦于它的机会方面,缺少对其风险的关注。由此而带来的问题是,互联网技术异化为牟利的工具,个人信息安全与保护面临诸多挑战。

随着互联金融网时代的到来,网络借贷打破了传统的借贷模式,由于其低门槛、审核快、操作捷的优势,近年来达到了爆炸式的扩张速度。但是由于缺乏完善的监管立法和明确的监管主体,让很多不法分子有了可乘之机,利用网络借贷平台诈骗集资的事情已经屡见不鲜。在校大学生无疑是未来的消费主力军,尚未自食其力,有的通过校园贷满足其现有的消费需求。一些网络借贷平台利用大学生的认知能力较差、防范心理弱的特点,违法违规开展变相高利贷,甚至出现“裸条借贷”等影响恶劣的事件。

8. 海外势力的渗透、邪教的传播

互联网已成为思想文化信息的集散地、社会舆论的放大器和国家软实力竞争的制高点。当前,境外敌对势力将互联网作为对大学生实施西化、分化战略图谋的主要途径,各种思想理论领域的杂音噪音将网络作为传播的主要渠道,网络加剧了不同思想文化的相互激荡,意识形态领域多元、多样、多变的特点进一步凸显。

邪教组织也通过网络在大学生群体中扩大影响力。据统计,目前全世界有 3 300 多个邪教组织,信徒数以千万计,遍布 100 多个国家和地区。我国公安部认定的邪教有 22 种,有害气功 14 种,信徒百万以上,遍布全国大部分地区。

9. 外国籍大学生的管理风险

当前外国籍大学生教育工作取得一定成绩,但高等院校外国籍大学生管理仍存在诸多现实而棘手的问题。随着外国籍大学生规模的不断扩大,外国籍大学生管理难度和复杂程度不断增大,管理范围和内容不断扩大。外国籍大学生是一个特殊的群体,外国籍大学生管理是一项重要的外事工作,与国家的政治安全、外交、维护安定、反宗教渗透等多方面关系密切。新时期外国籍大学生教育已从单纯的学籍、生活管理延伸到心理指导、环境适应、安全教育、法律法规等方面。如今社会服务体系尚不完善、社会环境复杂,来华外国籍大学生规模快速增长的形势对接收外国籍大学生的院校提出了管理上的很大挑战。虽然各高校相继制定了学籍管理规定、住宿管理规定、生活管理规定等,但出于多种因素考虑,实施力度不够。总体而言,外国籍大学生管理日趋完善和规范,但仍存在诸多现实问题。

三、高校安全管理工作面临的难点

1. 校园的开放性

随着我国教育改革的深入,学校由过去的封闭式办学变成开放式办学,管理方式社会化,办学形式多样化。

2. 网络的复杂性

现在每一个学生都有一到两部手机,都有微信朋友圈,每天都接受大量正能量或者负能量的信息。学生还处在认知阶段,判断是非的能力有待加强。

3. 生源的差异性

上海的高校是向全国招生的,学生的经济差异、文化属性、成长环境、教学水准差异都很大。

4. 学生的个体性

长期以来,不同的社会、学校、家庭背景对学生产生潜移默化的影响,塑造了他们千姿百态的个性特征。

5. 管理的滞后性

有些高校管理规章制度和管理方法陈旧,与时代和社会进步不相适应,和现实状况相脱节。

四、有效应对高校安全风险的举措

1. 源头管理

(1) 建立校园安全防控预警机制

目前,在校学生之间的信息具有分散性和隐蔽性的特点。一方面,在校学生的犯罪动机在没有外化为行为之前根本就不容易觉察;另一方面,高校各部门和机构之间缺少经常性的沟通和联系,信息处理不明确,收集的渠道和体系也有待扩展和完善。而高校校园安全问题是关系青年学生的健康成长和社会稳定的大事。因此,加强对高校校园安全问题的研究是十分重要和紧迫的。为了防患于未然,高等院校有必要建立相应的安全管理预警机制。建立合理、高效的校园安全管理预警机制,一是做好组织管理、创建科学的工作模式;二是重视保卫部门队伍建设;三是建立校园警务室和报警服务系统。

(2) 建立各类安全隐患定期排查机制

学校保卫部门应有针对性地定期开展细致的排查工作,发现问题,及时督促整改,真正做到未雨绸缪,防患于未然。坚持安全第一,预防为主,实施综合治理。防范事故的有效办法,就是主动排查、综合治理各类隐患,把工作做在事故发生之前,把事故消灭在萌芽状态。结合各高校实际,主动出击,重点抓好危房、食品卫生、消防、集体活动、楼道、地质和自然灾害、治安事件、疾病防控等方面隐患的排查整治,切实加强各项管理工作。各高校要转变观念和思维方式,积极研究新的方式。要把学校安全的政策要求交给师生和家长,动员社会各方面力量,变少数人监督为多数人监督。

(3) 建立完善的校园突发事件应急机制

高校领导要快速、准确及时地掌握信息来源，各级职能部门要有较强的处理突发事件意识和能力，在不断完善校园安全防范应急机制的基础上加强快速反应机制。

(4) 加强在校大学生思想政治教育工作

大学生思想教育是一项长期的工作，也是各个高校开展工作的出发点与落脚点。由于高校扩招带来了大学生就业形势的严峻，以及政治、经济、文化发展的变化而引起的价值多元化等影响，新时期下高校大学生较之以往，更多地体现出对社会、学业、工作的焦虑感，这就要求我们安全管理工作者与思政老师必须高度重视学生思想教育工作，摒弃传统思政工作的管理模式，认真分析本校学生人员组成与思想分类，因人而异开展思想教育工作，将学生归为主体，认真听取他们的意见，增强他们的集体主义精神，让他们树立自尊、自立、自信、自强的人生理念，以人为本，充分贯彻大学生能够管理自己、能够管住自己、能够管好自己的工作思路。同时应将安全教育和法制教育与大学生“第二课堂”有机结合起来，突破应试教育模式，推出形式多样、与当下时代紧密结合的校园安全精品活动，倡导大学生以主人翁的姿态投身到高校安全管理工作中来，营造安定和谐的校园氛围。

2. 专业管理

(1) 加强安保人员队伍建设

建设一支团结上进、勇于创新的保卫队伍，是做好保卫工作的重要前提。高校应将保卫队伍建设纳入学校人才、师资队伍建设的总体规划，通过在职培训、人才引进等多种途径加强保卫队伍建设。学校保卫工作创新，需要一支高素质的保卫工作队伍，并加强高校保卫干部在新形势下的安全管理的培训和教育工作。第一，明确高校各职能部门安全管理的职责与处置程序，使各类矛盾和纠纷在尽可能短的时间内得到先期预防和控制。第二，加大投入，增添设备，提高管理能力，着重研究知识经济时代下安全科学技术对高校安全管理有着重要保障作用的应用问题，比如高校技防设施的建设标准，真正做到“科技强安”、“科技佑安”。

(2) 加强“复合型专家化”的队伍建设

专业化、专家型是高校安全管理队伍建设未来发展方向，建设一支思想素质高、业务能力精、综合素质强的专业队伍是做好高校安全管理工作的必然要求。一是要强化复合型能力培养。高校安全管理工作范畴随着社会发展，逐步集打击、防范、教育、管理等工作于一体，管理队伍不仅要有过硬业务能力，更要有分析、研判、综合、总结的思维和能力。二是要着力提升队伍自身修养。自身修养可以提升工作水平，安全管理干部在开展安全教育时，不仅在语言上要能引经据典，用历史的名言警醒同学，在案例上也要东西合璧，善用校园内外、国内国外的案例教育学生。三是要培养少数专家型安全管理干部。可以通过攻读学位、进修培养等方式，在高校内部培养少数专家型安全管理干部，成为学校安全管理的“领头羊”和“智力库”。

3. 自我管理

鼓励学生参与校园安全管理，使他们由安全管理的局外人变成参与者，由被管理者变成管理者，这将对学校的安全保卫工作是很好的补充和完善。首先，他们能够起到桥梁和纽带作用，及时将学校安全保卫工作的意图向学生宣传和贯彻，同时也会适时地把学生对安全保卫工作的意见和看法反馈给学校，这样既便于领导掌握情况，指导和协调保卫工作，也便于校园安全管理部门决策和改进自己的工作。其次，他们年轻有为，有朝气，有正气，有勇气，敢于坚持真理，勇于同不良现象和危害学校安全的行为作斗争。第三，他们长期生活在校园内，对校园及周边的环境比较熟悉，对自己身边的人和事很了解，易于发现问题和隐患。因此，要针对学生的特点，鼓励学生自发地组织各种形式的安全教育宣传活动，不断提高广大学生的安全意识，让学生自觉维护校园安全。

4. 协同管理

高校应从思想上高度重视校园网络监控体系建设，根据本校特点，制定专门的网络安全准则，保障网络监控硬件设备配备齐全，并建立一支专职的队伍监管学校网络信息，一旦发现外界不良信息立即清除，特别是邪教组织信息、反党反国家信息、挑起社会争端的信息，条件允许的话应适当进行追踪调查，同时在网络上发布积极的、健康向上的信息，引导大学生正确认识社会热点问题与国内外敏感事件。在校园网络中实行大学生实名制上网，对学校内部流传的不良信息第一时间找到源头，问清情况，合理疏导，能够解决的立刻解决，不能够解决的应及时联系其他部门,防止矛盾激化,做到校园内部矛盾消化于无形。

5. 系统管理

高校的每个校区都不是孤立存在的,校内及其周边环境共同构成一个完整的体系。2000 年据美国学校犯罪与安全研究(SSOCS)发现,学校周围混乱与校园伤害发生具有紧密联系,90％处于混乱地区的学校都发生过不安定事件。为此,各高校应主动加强同地方政府的沟通,突破自身职能所限,在政府相关部门的统筹协调下,建立跨部门合作机制,扫清潜伏在校园周边环境内的不安定因素。同时,各高校还应主动总结不同校区的安全管理经验,汲取各种校园伤害的教训,借鉴校内外各种成功做法,与相关政府部门联合颁布一些针对不同校区的周边环境整治文件与规定,从根本上净化校园周边环境,为学校教学科研正常运行打下坚实的基础。

6. 应急管理

高校不发生状况是不可能的,发生状况不可怕,关键是快速处置。应急处置是安全保卫工作的最后一道防线,随着我国经济社会快速发展,各种不稳定因素明显增多,影响高校安全稳定的问题和矛盾不断显现。如何有效预防、准备应对和化解各类突发事件,防止事态由小扩大、由个体到群体;如何保障师生员工生命财产安全,确保学习秩序正常运行,切实需要提高预防和处置突发事件的能力。

(1) 进一步抓好应急预案体系建设。各高校要认真做好各项应急预案的修订和完善,不断提高应急预案的覆盖性、操作性和适用性。要积极探索高校突发事件应急管理和处置的新模式,要将积累的好经验好做法转化为固定的工作机制,推进应急处置工作的标准化建设。进一步明确突发事件的规范处置标准和程序,做到无论谁来处理这个突发事件都能按照简明易操作的规程一步步执行。

(2) 建立健全突发事件的预测、预警和预报机制。各高校要加强重大危险源、重大危险区域的动态跟踪监控,要采取定期集中跟踪等方式排查各类风险隐患,定期对监察情况进行会商和评估,并分类制定风险隐患的整改措施,真正把重大隐患当作事故来对待,确保不留盲点和死角,确保隐患整改落实到位，要健全突发事件信息报告机制，明确报告责任主体和责任人，强化信息报告责任。

(3) 强化应急处置和区域协同联动，应急处置工作要有充分的人员、物资等准备。目前本市高校在处置一些突发事件过程中，或多或少出现一些人员不足、资源不够的情况，降低了应急处置的时效性。为进一步提高应急处置的能力，一方面要全方位加强与各地方政府专门部门的协调，最大限度地争取各方面支持；另一方面要尽快建立就近校际间的应急处置工作联盟，在人员、物资、设施、装备等方面形成更专业化的储备，做到"备得有、找得到、送得快、用得好"，使资源节约共享、人员协同联动，尤其在上海松江大学城、临港大学园区等高校集中的地方，先行先试。

《上海市青少年保护条例》的特点

在改革开放的新形势下，用法律手段来保障青少年合法权益不受侵犯，防止腐朽思想对青少年的引诱和腐蚀，把青少年塑造成有理想、有道德、有文化、有纪律的一代新人，是党心之意，民心所想，父母之所盼。一部受到社会瞩目的地方法规——《上海市青少年保护条例》的起草工作，被提上了立法机关的议事日程。

上海现有六周岁至十七周岁的青少年 1 659 816 人，其中男性 848 802 人，女性 811 014 人。教育、保护他们健康成长是一项宏大的社会系统工程。市人大法律委员会委托共青团上海市委牵头，由市委宣传部、市政府教卫办、市劳动局、市总工会、市妇联、上海社会科学院法学所、青少年所、华东政法学院、复旦大学法律系以及市政法各部门等 16 个单位共同起草，并抽调干部组成"上海市青少年保护法规起草办公室"。起草办公室自 1986 年 2 月中旬成立后，采取立法科研与宣传教育相结合，专门班子与社会力量相结合的工作方针，做了大量调查研究工作，先后召开了新闻单位会议，通过新闻媒介征集立法建议，发布了 60 个调查题目，动员社会力量共同进行调查研究，有 54 个单位承担了调查课题，撰写了 77 篇专题调研报告；与市妇联一起对一万个家庭的结构、教育方式作了剖析；走访了市委、市政府领导和法学界知名人士，召开了家长、教师、团干部、街道干部以及政法、宣传部门等各种类型的专题座谈会 20 多次。办公人员除按照分工进行专题调查外，还集中力量到妇女教养所、少年管教所，分别调查了 600 多名对象，分析研究他们走上犯罪道路的原因。通过这些调查、座谈、专题讨论，基本上摸清了上海市青少年的情况，并归纳整理出社会各界要求在制订保护条例时加以考虑、解决的 7 个方面 103 个问题。在起草过程中，我们广泛发扬民主，听取了社会各界的意见。首先拟订了保护条例的基本构想，然后根据构想，针对 103 个问题，草拟条文，先后六易其稿。

《上海市青少年保护条例(草案)》凝聚着全市人民的智慧和心血,是民主立法与科学立法相统一的结晶。

《上海市青少年保护条例》(以下简称《条例》)有如下特点:

一是法规性。青少年法作为独立的部门法,已被世界各国普遍采用。目前,我国尚无保护青少年的专门法律或法规。究竟制定什么样的法,才能更有效地保护青少年的健康成长,是一个需要不断探索的问题。鉴于我们有优越的社会主义制度和综合治理的经验,有条件统一组织国家机关、社会各界、学校、家庭和工、青、妇等人民团体协同工作,所以,根据宪法第四十六条和国家法律、法规有关规定制订了一部内容既涉及维护青少年的合法权益和福利问题,又涉及对失足青少年的处理和矫治;既有实体性的规定,又有强制性的规定;既有社会保护,又有青少年自我保护的综合法规。这部法律将用来调整国家机关、社会各界、学校、家庭和成年公民同青少年之间的相互关系。

二是指导性。《条例》在坚持四项基本原则的前提下,以《中共中央关于社会主义精神文明建设指导方针的决议》为指导,从上海的经济、教育、文化、科学技术等方面在全国所处的重要地位,以及把上海建设成为开放型、多功能、产业结构合理、科学技术先进,具有高度文明的社会主义现代化城市目标出发,着重强化家庭、学校、社会和国家机关在保护青少年品德、智力、体质等方面全面发展过程中应负的保护责任,运用教育、行政、经济和法律手段,重点保障青少年的合法权益。同时,采取积极措施,预防青少年违法犯罪,优化青少年成长的环境,打击侵害青少年的不法行为,保护青少年健康成长。对青少年的保护,应根据青少年成长的特点,坚持教育培养,启发引导为主的原则,预防和治理青少年违法犯罪,对需要特殊保护的青少年实行特殊保护,把青少年培养成为有理想、有道德、有文化、有纪律的一代新人。

三是保护性。《条例》保护青少年是指居住、进入本市的六周岁至不满十八周岁的未成年人。这样划定是基于五个方面的考虑:(1)这个年龄段的青少年是人生成长中具有特殊重要意义的过渡时期,是一个情感、认知尚不稳定、缺乏独立生活经验和能力,比较容易接受不良影响而犯各种罪错的时期。因此,最需要保护;(2)这个年龄段的青少年正好包括了全部中小学生,便于有关部门开展工作;(3)可以同市人大常委会1985年颁布的《保护妇女儿童合法权益的若干规定》相衔接配套;(4)基本适应本市所能提供的保护条件;(5)比较符合国家法律有关规定,例如《民法通则》关于不满十八周岁的未成年人的监护规定及《刑法》关于"已满十四岁、不满十八岁的人犯罪应当从轻或者减轻处罚"的规定。

上述年龄段的青少年,虽然都属于未成年人,但是情况也不完全相同,因此,对他们的保护,《条例》除一般性规定外,对几种青少年作了特殊保护规定。(1)对优秀青少年的保护。这是考虑到上海所处的历史地位,以便促进上海早出人才,多出人才。(2)对女青少年的保护。她们往往是违反犯罪者侵害的目标,需要特别保护。(3)对弱智、残疾、非婚生子女以及有生理和其他缺陷的青少年的保护。这些青少年是弱者中的弱者,需要格外特殊保护,使他们"幼有所养,孤儿不孤,残而不废,弱智有艺"。对已经违法犯罪的青少年规定了矫治的措施。

四是完整性。在改革、开放、搞活崭新环境中,对青少年的保护,必须动员全社会各方面的力量,共同做好这项工作,同时还要发挥青少年自我保护的能动作用,组成一个完整的保护体系,这个体系由五个方面组成,即国家机关、家庭、学校、社会和青少年自我保护,相互联系,互为作用。国家机关保护,主要是强调国家机关要充分运用宪法和法律赋予的权力,保障青少年的合法权益,为青少年创造健康成长的条件,打击侵害青少年的不法行为,并做好违法犯罪青少年的矫治工作。家庭保护,主要是明确到父母或监护人对青少年的监护、教育和抚养的义务,保护他们的身心健康,同时强调父母或监护人要以良好的言行影响和教育青少年子女或被监护人,正确处理青少年子女或被监护人发生的不良言行。学校保护,主要是明确学校和教师对在校中小学生的保护责任,要求关心学生的身心健康,加强对学生进行生活指导,培养学生自理能力,尊重学生人格,维护学生的人身权利,正确对待差生,妥善处理学生中发生的问题,做到既教书,又育人。社会保护,主要是明确各行各业在保护青少年健康成长中应负的责任,共同优化青少年的生活环境,为青少年提供良好的丰富多彩的服务,加强对各类精神产品和文娱体育活动场所的管理。青少年自我保护,主要是规定青少年的行为准则,明确青少年对自己的合法权益和健康成长有自我保护的权利和自我教育的责任,发挥青少年自我保护的能动作用,提高青少年抵制不良影响的能力，并赋予青少年组织在保护青少年健康成长方面的任务、责任与权力，这样就形成了以青少年生活的环境为线索多层次的较为完整的保护体系。

五是有效性。为使保护青少年健康成长的工作落到实处，《条例》总结、吸收了青少年教育、保护工作中的经验，规定了一些组织和行政性的保护措施。主要有以下三项：(1)规定了对侵害青少年的不法行为进行检举、控告的办法及处理的程序和罚则。如处理程序规定，对违反本条例的行为人，有工作单位(学校)的，由所属单位管辖，单位或单位负责人违反本条例的，由其上级主管机关管辖；需要给予行政处罚的，移送行为发生地公安机关处理，没有工作单位或既没工作单位又无本市户口的行为人，由行为发生地的公安派出所管辖。需要行业整顿、吊销营业执照或处以相应罚款、没收的，由工商行政管理部门管辖。对上述管辖规定，在执行中有争议的，由同级青少年保护委员会协调处理。(2)对违法犯罪的青少年，规定了不同于成年人的询问、审查、审理的组织和方式，进行矫治的机构，矫治的条件，以及期满后的安置原则。如：青少年自身行为不轨，则主要进行批评教育，如不服父母或监护人管教，有违法犯罪可能，送工读学校短训班，进行预防性教育保护；已经违法犯罪的，根据情节轻重，分别送工读学校或少管所进行矫治，公安机关、检察院和法院对违法青少年将分别组织专门的预审组、起诉组、审议庭，采取适合青少年特点的方式方法讯问、审查和审理。违法或犯罪青少年在羁押期间应同成年人犯分押分管。(3)规定上海各级人民政府设立青少年保护委员会，主管条例的实施工作。考虑到目前正处在机构改革当中，在政府中增设实体性的青少年保护委员会有一定的困难，故提出建立不脱产的青少年保护委员会，吸收有关方面的负责人参加，定期讨论有关条例的实施工作，委员会下设办公室，主管日常工作。

随着时代的进步，青少年的社会地位和历史作用的重要性将日益被整个社会所认识，青少年保护法规在整个法律体系中的重要位置将逐渐显示出来。可以预见不久的将来，在我国广阔的法学园地上一定会盛开出鲜艳多彩的青少年保护法规。

(载《青年研究》1987 年第 7 期)

柴生报告

第二部分　社情民意

上海非法留学中介机构亟待整治

（2009 年 10 月）

从 2000 年至今，上海的正规留学服务机构共送出了 8 万余名学生，投诉率不到 1%。近几年来，伴随着上海自费出国留学市场的重新升温，非法留学中介问题日趋突出，并且有愈演愈烈之势。2008 年以来，上海留学中介机构争议的纠纷日益增多，主要是一些不具备自费出国留学中介资质的非法中介机构在从事出国留学活动，严重损害了自费出国留学人员的利益，干扰了自费出国留学服务市场的正常秩序。据上海市教育主管部门统计，目前上海每年出国留学人数超过 1 万多人，而其中有八成以上主要是通过留学服务机构办理相关手续。因此，留学中介机构的作用很关键，但由于一些非法留学中介的违规行为，使留学行业的纠纷屡屡发生。从上海市消保委了解，2008 年接受投诉 18 起，今年以来已接受投诉 28 起，上升的比例很高，其中大多数投诉对象为非法留学中介机构。

教育部共审批了 398 个留学中介机构，其中上海仅有 13 家机构具有合法资质。而根据上海市留学中介行业协会的统计，在上海仅从事美国留学业务的非法留学中介机构就有 20 多家，各类非法留学中介机构至少超过百家。许多非法中介机构注册的是商务咨询公司，代表处或者基金会，却违规开展留学中介的经营活动。由于这些机构租用高档商务楼宇作为办公场所，大多数都设在市中心的甲级写字楼，看上去同正规公司并无两样，欺骗极大，使得许多民众上当受骗。

非法留学中介机构主要问题是：

1. 非法中介机构引发不稳定因素

目前，根据上海市工商管理局近期的调查情况显示，有些非法留学中介机构一天收取的客户中介费用就超过几十万元，年营业额达到两三千万元，这些非法机构加起来涉及的金额超过亿元。按照国家规定,为保护自费留学当事人的合法权益,留学中介服务机构必须执行备用金管理制度。该备用金由当地省、自治区、直辖市教育行政部门和公安机关实行监管,未经监管部门的共同许可,任何机构和个人不得擅自动用,上海规定每家留学中介机构存入80万元备用金。这样做的目的是万一机构操作不当,使客户蒙受损失的话,可以从专门账户上赔偿给客户,这样就保障了客户的利益。而非法中介机构则没有备用金管理制度,有的客户交给非法中介机构的中介费加上保证金超过上百万元,大多数存入非法中介机构指定的账户中,如果公司法人代表一旦携款逃跑,学生家长首先是受害者,势必将矛头指向政府,就会引起群体性事件。

2. 非法中介机构竞争手段恶劣

由于非法中介机构缺乏监管,不受行业约束和监督,为了吸引客户采用违规操作已经成为常态性的手段,包括不签合同就收取高额中介费用,帮助申请人做假材料,保证签证申请百分之百成功,承诺申请到国外一流大学等等。这些违规操作手段使得许多客户被引入圈套并且受骗。据某非法中介的离职员工介绍:"我们的市场部有一个宗旨,只要客户来了就尽量满足比对方预期更高的要求,确保签约。等签约以后再让我们的客服顾问极力地打压客户,一点一点地降低客户需求。"因为市场的销售人员奖金提成是和签约挂钩的,这些人基本不懂服务,就是会吹牛和忽悠。

3. 非法中介机构从业人员良莠不齐

合法的中介机构实行从业人员持证上岗制度,从业人员一定要经过行业培训才能上岗。而非法中介机构不受留学服务行业限制,从业人员鱼龙混杂,大多数从业人员都没有参加行业培训,更谈不上从业人员持证上岗制度。为了防止非法经营活动泄露,一些非法中介机构还限制员工流动,不允许离职员工为其他留学机构工作。今年,有一家台资的非法中介机构甚至于还采用黑社会手段,雇凶打伤其离职员工。

4. 非法中介机构大肆进行广告宣传

根据国务院在2004年第16号文发出的《关于取消和调整第三批行政审批项目的决定》,上海市工商管理部门不再对自费出国留学中介服务广告进行审批,取消行政审批意味着留学中介机构刊登广告的媒体以及广告代理商必须承担起确保广告内容真实性、合法性的责任。然而，许多媒体和广告代理商对有非法中介机构刊登留学中介广告却采取了来者不拒，放任自流的态度。在上海的一些主流党政和都市类媒体(包括报纸、广播、电视等)，甚至为非法中介机构开设了固定的版面和栏目，为非法中介机构开展经营活动披上合法的外衣作为保障，使不明真相的民众上当受骗。

这些问题如果不加以重视，将影响上海市留学市场今后的发展方向和势头。自费留学市场走向理性的趋势也可能会朝着相反的方向发展。国家教育部、公安部和工商行政管理总局曾经多次联合发出通知，在全国范围内开展留学中介活动的规范和整治工作。教育部也曾多次公布留学预警信息和自费留学中介服务机构名单。各大媒体也曝光非法留学中介坑害消费者的典型案例。为此建议：

(1) 定期公布合法中介机构名单。信息不对称是非法中介机构得以生存的前提条件。调查发现，许多民众不知道哪些是合法的中介机构，哪些是非法的中介机构，这无疑为非法中介机构提供了可乘之机。为加强自费出国留学服务机构监管，保护自费出国留学人员利益，打击转借资质、变相挂靠等非法中介活动，教育部已经定期通过教育涉外监管信息网，公布最新的全国自费出国留学服务机构名单，2009 年就更新了 10 次。兄弟省市也公布了当地的合法中介机构名单，而上海市还没有公布这些合法中介机构名单。建议由政府主管部门利用多种渠道公布合法中介机构名单，包括留学服务机构的名称、法定代表人、办公地址、资格认定书编号等核心资质情况，让广大民众了解上海合法中介机构的情况。

(2) 加强对留学中介机构的监督。留学中介市场的规范，不仅需要政府政策上的支持，更需要的是相关法律的健全。留学中介也是服务行业的一种，应该也适用于服务业的各项法规，但同时又具有某些特殊性，应该引起有关部门的重视。同时，留学中介行业还存在专业人员素质有待提高的问题，造成一些中介欺诈行为滋生以及挂靠事件往往和工作人员素质不高有很大关系。再则，就是行业协会监督角色的缺失。行业协会承担着整个行业自律的重任，对维护行业自身发展起到不可估量的作用。通过推广标准化服务合同，可以加强行业协会对留学中介机构的监督作用。

(3) 进一步完善监管具体措施。许多受害客户强烈要求,工商和教育主管部门应对留学行业加强监管,清理“黑中介”,整顿违规操作,保护申请留学人员的合法权益。因此,有必要进一步明确各级留学行业主管部门的监管责任。要加大各级公安、工商和教育部门联合执法的力度,坚决地打击非法中介机构的各类经营活动,对于向非法中介机构开展经营活动提供各类支持和帮助的机构和个人也要进行处罚。同时,严把广告宣传和教育展览的资格准入关,要对刊登广告和参展机构严格审核把关,以防非法中介利用媒体和公共活动开展招生活动。

整治上海非法留学中介机构已经到了刻不容缓的时候。政府有关方面对此要予以重视,切实加强监管措施,将问题解决在萌芽状态,遏制非法中介机构进一步蔓延,有效保障消费者的合法权益,为广大出国留学人员提供一个健康有序的留学服务市场。

抓安全生产要动真格

（2009 年 12 月）

近期，本市安全生产事故接连发生，市民不安，舆论不平，都为承办一届“成功、难忘、精彩”的世博会所担忧。一忧经济社会大发展时期，对“人命关天，重于泰山”没有引起足够的重视。二忧各相关部门、单位制定的应急预案，有的是纸上谈兵，有的是束之高阁，将演练变为演戏，关键时刻失效。三忧安全生产责任主体模糊，企业是安全责任主体，可是企业的负责人中有不少是“马大哈”，一线操作工人警惕松懈。四忧监管部门按惯例运作，一出事故就召开紧急会议，开展集中整治，经常性的工作突击。这些都说明我们在抓安全生产工作时，还有很多“漏洞”和“疏忽”。企业违规生产操作，隐患排查治理走过场，安全整改指令不落实，暴露了一些地方和部门未能坚持以人为本的科学发展观，未能践行“立党为公，执政为民”的宗旨，未能履行好党和人民赋予的职责，严重失职渎职，愧对党和人民。

一、抓安全生产有规律可循

随着经济总量扩大，企业数量和从业人数相应增加，如安全投入和管理相对滞后必然导致各类安全事故。影响和制约安全生产的诸多深层次问题尚未解决，这是一些行业重特大事故多发频发，一些地区生产安全状况不稳定，一些时段还会出现反弹的主要原因。经济发展务必切实抓好“安全发展”，带“血”的 GDP 坚决不能要，高度重视安全生产工作，健全安全监管体制，落实安全生产责任制，加强安全生产法规建设。本着自己多年实践经历与思考，对安全生产的关键环节作了归纳：

1. 事故频发的四个原因

(1)企业是安全生产的主体,企业安全生产责任形同虚设。(2)政府安全生产监管体系不够完善,执法不严,监督不力。(3)公众的安全意识淡薄,自我防范能力不强。(4)对事故责任人的惩罚力度过轻。

2. 抓好工作的四个环节

(1)认真履行安全生产责任制,即“抓住头,扎好根”。(2)切实加大抓早、抓紧小事故的查处力度。(3)要落实“人家亡羊,咱们补牢”的防范措施。(4)舍得投入精力、人力、财力,要花钱卖笑声,不要赔钱听哭声。

3. 加强监管的四个务必

(1)事故苗子不放过,务必切实解决。(2)事故隐患不遗漏,务必及时整改。(3)事故报告不轻信,务必实地察看。(4)事故原因不回避,务必举一反三,做到敢抓、敢管,依法行政。

4. 经常教育的四个做到

(1)切实加强安全教育,牢固树立法治意识。(2)严格遵循安全生产操作过程。(3)采用先进科学技术手段。(4)强化日常安全监管,努力减少事故发生。

5. 查处问题的四个不放

(1)事故原因没有查清不放过。(2)事故责任没有得到追究不放过。(3)整改措施没有落实不放过。(4)干部和职工没有受到教育不放过。

二、预防事故发生须重视抓细节

当前,特别要强调的是,用科学的态度,按客观规律办事,倡导“螺丝钉”精神,兢兢业业工作。这就要求我们善于把宏观与微观、全局与局部、战略与战术放在矛盾的统一体中,两者相互兼顾,统筹协调。既抓大管小,又以小见大。小事也要当成大事来干,小节也要当成大节来抓,绝不能因小失大。要切实在细节小事上下功夫,同时,要善于发现基层基础存在的薄弱环节,并及时加以解决。注意防微杜渐,防患于未然,把失误和误差控制在最小范围和程度。把细节作为衡量工作质量效益的重要标准,把检验工作的标准定细,考核检查工作更要讲究深入细致，要形成抓基层、抓经常、抓细节的长效机制，在工作的量化细化中实现良性循环。

三、对事故查处要从严动真格

市委、市政府对重大事故的查处态度是非常明确和坚定的，市里相关责任部门也是认真负责的，但要设法切实解决措施落实不下去，查处严不起来的问题。要从事故发生前后的每个环节进行全方位、全过程的调查。有的要彻底查，不管涉及什么问题要一查到底，不管涉及什么单位，要一追到底，不管涉及什么人，要一究到底。不仅事故技术原因的分析要准确、科学、严谨，而且对事故调查结论必须做到全面、公开和经得起历史检验，给社会和公民一个明确的交代。同时，政府主管部门日常工作不能被简报、汇报所忽悠。基层企事业单位要少一些安全口号，多一些安全提示。要切实转变工作作风，纠正那些形式主义，做表面文章，大而化之的不良工作作风。少点空话，多点实事，少点会议文件，多点检查落实。只有这样，才能避免各类事故的发生，才能少些"血的教训"。

对做好世博安保的十点建议

(2010 年 2 月)

胡锦涛总书记对确保上海世博会顺利安全举办都有明确指示。中共上海市委始终把确保安全作为举办世博会的头等大事,提出了"四个坚决,防止发生"的总体要求和"四个确保"的总体目标。国家层面成立了上海世博会安全保卫工作协调小组及其办公室,上海安保指挥部早已全面启动,建立健全了工作机制,制定了演练处置预案,各项工作正在有序、有力、有效推进,整个安保系统,尤其是公安机关肩负的使命犹如"下雨天挑稻草,越挑越重"。做好世博安保工作,必须动员全民参与。警力有限,民力无穷。为此,提出 4 点意见和 10 条具体工作建议。

一、将市民大众广泛动员起来,实行群防群治

有效引导,最大限度地组织群众是做好世博安保社会面防控的工作基础。广泛发动群众,紧紧依靠群众,通过群众的理解、支持和参与,构筑起全覆盖、全天候的安全防范网络。上海为加强城市社会管理和防范,装了不少监控探头,可我们千万不能忘记,真正的"探头"是千百万群众的眼睛。群众的眼睛是雪亮的,群众的力量是无穷的。因此,建议:(1)每一个社区、街镇可以组织群众义务巡逻,汽车(出租)驾驶员可以参与流动巡逻,并动员、要求在职的党员干部到居住地居委会或街道办事处报到,参与力所能及的世博安保工作。他们都可作为世博安保的外围力量。(2)在强化 110 报警电话的基础上,激活 110 信箱,邮资免费,世博安保信封在办公楼宇、书报亭、公共场所等都能获取,这既是世博安保的宣传品,又是世博安保的信息源。开通网上 110,及时强化畅通警民的联系渠道。社会治安见义勇为靠勇敢的第一人、关键的第二

人、成功的第三人，铜墙铁壁是众人。(3)每月10号表彰奖励一次改为一月多次，及时表彰。对作出重大贡献者，授予“平安世博勇敢市民”称号。

二、让党员干部带头深入下去，实行分工包干

世博安保各项任务真正落到实处，必须做到层层发动、层层部署，逐级明确任务、明确要求、明确措施，而且要加强督促检查。因此，建议：(1)各级党政干部都要有自己的安保责任区，实行分工包干制度。领导干部既挂帅又出阵，抽调部分市区两级机关干部到社区帮助工作，切实加强社区一线力量。各企事业单位都要“看好自己的门，管好自己的人，办好自己的事”。以一方平安保面上平安，以面上平安保世博平安。(2)一旦发现失职渎职，发生影响全局的事件，要追究所在地区(单位)主要负责人责任和分工包干责任人的连带责任，实行安保工作责任捆绑。(3)将政法系统离退休的老领导、老干警(曾担任过市、区两级公安局局长、处(科)长的)只要身体健康，动员组织起来，成立世博安保若干个督察组，既有专项工作督察，又有面上工作督察，狠抓世博安保各项措施落到实处。

三、把漏洞隐患认真排查消除，确保万无一失

“底数清、情况明”是做好世博安保工作社会面防控的工作前提。要围绕“人、事、地、物、情”等内容，组织开展世博安保大排查活动。重点是，党政军机关等要害部门；商场、学校、娱乐场所等人员聚集地；事关国计民生的重要基础设施以及轨道交通、机场、车站、码头等重要部位的安全保卫。要严格对枪支弹药、易燃易爆危险品、剧毒和放射性物品的监管，有效防止公共安全事件的发生。因此，建议：(1)对排查情况、检查结果、督察意见都要像“病历卡”一样，作出记载，留下痕迹，担当责任。只有这样才能做到认真。(2)要加强对可能发生各种公共安全突发事件的评估和预测，健全应急处置机制，做好防范和处理的各项准备工作。采取安保措施要替市民着想，把方便让给群众，把困难留给自己，把安全献给世博。当前，要本着“历史遗留问题逐步化解，新的矛盾不

要积累”的原则,高度重视初信初访,关口前移,从源头上遏止社会矛盾的增多趋势。(3)要主动与相关兄弟省市做好“环沪护城河”工程,及时发现和就地化解不稳定因素、就地解决不安全问题,确保万无一失,共同保卫上海的平安。

四、用必要经费保障斗志持续,充满生机活力

做好世博安保工作必须坚持专门工作与群众路线相结合。公安机关充分发挥主力军作用,要恪尽职守,各保安公司和社区保安等辅助力量,要紧密配合,更重要的是靠广大人民群众的积极性、主动性、创造性。据从市综治办了解,平安志愿者招募已达 80 万人(地区 65 万人,条线 15 万人),活动经费基本上由各区县承担。可是,上海世博安保社会面防控工作部日常工作经费至今没有落实。财政部门推世博局从专项经费中开支,世博局推财政局列入部门预算开支。仅举一例,“平安志愿服务动漫片”共 17 集,每集 30—40 秒,因为没有经费,网络媒体就不愿意承担播放任务。因此,建议:树立“花钱买笑声,不要赔钱听哭声”的理念,舍得在早期防范上加大投入。

世博安保工作只有做到全民动员,得到全民的支持,才能铸成全民守护平安世博的铜墙铁壁。这是具有中国特色社会治安综合治理的经验所在,这是我们社会主义制度优越性的本质体现,这是我们党群众路线优良传统的继承和发扬。让我们共祝世博好运、世博平安。

对副师职军转干部退休后的生活待遇要予以关心

（2010年2月）

1985年5月，中央军委作出军队精简100万的重大决定，为了安置好这批人员，特别是师职干部（在这以前，军队只有团职以下干部转业），国务院、中央军委联合发文强调，地方如不能安排相应的领导职务，副师职干部的政治生活待遇不变。据从上海市军队转业干部安置工作领导小组办公室介绍，1985年至1993年，上海分三批接受副师职转业干部200多人，1993年以后每年有20多人。上海至今共接收安置副师职转业干部500多人，一般都安排正处级岗位。目前，近50%转业干部已退休。

春节期间，我与曾在政法系统工作过的副师职转业干部做了交谈，仅举陈国泰同志一例。他1941年2月24日生，1959年12月入伍，1984年9月任海军航空兵第一师政治部主任（副师），1987年确定转业。当年第四季度在中共上海市委党校培训3个月，1988年回到上海，安置在徐汇区人民检察院任副检察长，1990年任徐汇区房产管理局党委书记，1993年任徐汇区劳动局党委书记、局长，2001年2月退休。其在位时，工资待遇是按上海的副局级计算，看病、医疗区里专门发了师职军转干部的医疗卡，与局级干部一样看干部门诊。办理退休手续时，养老金仍按副局级干部工资折算。退休之后的情况是：(1)在位时的干部门诊待遇没有了；(2)退休后的几次养老金的增加按退休时的实际职级，即正处级待遇调整。如2009年的公务员养老金调整，副局级是450元，正处级是400元。

他们满怀真情地说："我们都是长期受党的教育培养，在部队服从命令听指挥，到地方工作都是勤勤恳恳，埋头苦干。退休后养老金也不低，并不是在乎这50元，总感到心理不够爽。"我听了以后很有感触，在市政府工作时曾联系过军转工作，他反映的这两个问题在上海接收安置副师职军转干部中都有类似情况。

为了认真贯彻落实国务院、中央军委联合发文的精神，体现党和政府对军转干部的关心，建议：副师职军转干部退休以后，公务员养老金的调整仍按副局级的待遇给予；医疗宜可在二级医院继续办理师职军转干部的医疗卡，以提供医疗保障与便捷。

民主这一课必须补上

（2010 年 6 月）

1945 年，毛泽东与黄炎培在延安窑洞的对话，被后人引用为关于政权建设的经典之谈。黄炎培直言相问："我生六十余年，耳闻的不说，所亲眼见到的，真所谓'其兴也勃焉，其亡也忽焉'，一人，一家，一团体，一地方，乃至一国，不少单位都没有能跳出这周期律的支配力。大凡初时聚精会神，没有一事不用心，没有一人不卖力，也许那时艰难困苦，只有从万死中觅取一生。既而环境渐渐好转了，精神也就渐渐放下了……总之没有能跳出这周期律。"毛泽东答："我们已经找到新路，我们能跳出这周期律。这条新路，就是民主。只有让人民来监督政府，政府才不敢松懈。只有人人起来负责，才不会人亡政息。"

近日新华社报道，中国政府积极创造条件让人民监督政府，十分重视互联网的监督作用。对人们通过互联网反映的问题，要求各级政府及时调查解决，并向公众反映处理结果。中国政府坚定不移地维护公民依法享有的互联网上言论自由。胡锦涛总书记与人民网网友在强国论坛的交流，成为"中国网民年"的一个标志性事件。但在相当一部分的领导干部头脑里，民主意识不强，害怕人民监督。有些领导干部至今仍在沿袭家长制、一言堂，因此缺乏民主；还有些领导干部在自己的思想主导下，实行"笼子"民主；更有些领导干部是叶公好龙，奉行口头民主。不够民主的现象在日常的政治生活中归纳起来有十种：

(1) 新的历史时期，工人阶级队伍是扩大了，但各级人大代表中一线工人、农民代表的比例还是很低。

(2) 人民政协围绕团结和民主两大主题履行职责，可是政协委员在政协大会上的发言稿既要审稿，又要试讲两到三次。

(3) 政府公开的制度群众不关心，群众关心的制度不公开。如何保障人民的“知情权、参与权、表达权、监督权”。

(4) 工会、共青团、妇联等人民团体理应维护群众的合法权益。现实往往是发生了所代表的群众权益受到侵害的事件,有的群众团体反应迟缓,甚至于失声。

(5) 对干部实行民主监督是人民当家作主最有效、最广泛的途径。至今还是流于形式,怎么监督,如何监督,没有有效的制度来加以保证。

(6) 人大常委会是监督一府(政府)两院(法院、检察院)的;各民主党派是监督执政党的。目前,监督的功能尚未得到真正的发挥。

(7) 健全基层党组织领导的充满活力的基层群众自治机制,扩大基层群众自治范围。由于诸多原因,公推直选的最终人选,往往不是群众最信任的,个别是恶势力。

(8) 全心全意地依靠工人阶级,完善以职工代表大会为基本形式的企事业单位的民主管理制度,没有真正起到作用,是聋子的耳朵——摘摆设。

(9) 发挥社会组织在扩大群众参与,反映群众诉求方面的积极作用,增强社会自治功能,变成政府购买服务,继续延用老一套的工作思路,创新不够,专业化程度不高。

(10) 对部分群众越级上访十分反感,想方设法予以拦截,不敢正视矛盾,着力解决,而是粉饰太平。

我们共产党人不仅高唱“让一切不民主的制度死亡”,而且为实现民主抛头颅、洒热血。一句话,我们共产党是靠民主起家,又是靠民主发家的。因此,对上述这些现象值得我们深思和改正。

民主是程序,民主是过程,民主更是目标。没有民主就没有干群和谐,没有民主就没有科学决策,没有民主就没有社会主义。民主是共产党人永不变色,永葆青春的法宝。各级领导干部务必增强民主意识,在践行民主中学习民主,在提升民主进程中学会提升民主。

后备干部制度须兴利除弊

（2010 年 6 月）

任何的队伍都有后备力量，正在牵动世界球迷心弦的南非世界杯，各国足球队都有替补队员。我们党的后备干部制度在步入改革开放新时期后发挥着极其重要的作用。

1984 年 10 月 22 日在中央顾问委员会第三次全体会议上，邓小平同志语重心长地说："要说服老一点的同志把位子腾出来，要不然年轻干部没有位子呀！"归根到底，还是要实行退休制度。"选拔年轻干部是我们顾问委员会的一个重要责任。"在《关于政治体制改革问题》中，邓小平又谈道："哪一天中国出现一大批三四十岁的优秀的政治家、经济管理家、军事家、外交家就好了。同样，我们也希望中国出现一大批三四十岁的优秀的科学家、教育家、文学家和其他各种专家。要制定一系列制度包括干部制度和教育制度，鼓励年轻人。"从此，我们党和国家取消了领导干部的终身制，领导人实行正常的交接班，意义十分深远。现任党和国家领导人和各省、市、区的主要负责同志，都是 80 年代初被组织发现而培养成长的，成为当今党和国家的中流砥柱。后备干部制度的历史功绩必须充分肯定。

三十年来，我们各级领导干部的年龄结构、能力结构、知识结构都趋向合理，并且形成了梯队。要坚持民主、公开、竞争、择优，深化干部人事制度改革，广开举贤荐能之路，使各方面的人才脱颖而出，必须改进后备干部制度。对后备干部制度所产生的弊病引起高度重视，切实加以克服和避免。

在当下中国，想当官的人太多。绝大多数干部想在更大的舞台施展才华，在推动科学发展，促进社会和谐的事业中建功立业。但有一部分人是冲着有权有势，有名有利来的。为了能当官，先要引起上级的关注。因此，有些领导干部就大搞形象工程，面子政绩，数字上弄虚作假，追求 GDP 的不断高涨。更有一些共青团组织的负责人，到任只有一两年就盼转岗，心态浮躁。

正因为后备干部是有比例的，肯定有的同志备而不用。再则，后备干部要公示，一到两年要考察一次，心理压力很大。对上不敢讲真话，对下不敢得罪人，抱着一种“媳妇熬成婆”的心态，求平稳，怕过失。讲话的调门很高，推动的措施乏力，不敢锐意进取，回避疑难杂症。甚至有的新官不理旧账，历史遗留问题积累。

正因为后备干部是被选拔的前提，为了榜上有名，有的干部采取各种手段，利用各种关系，走后门、找人缘，甚至于行贿受贿，败坏风气。行贿上来的官是一定会去受贿甚至索贿。在这样的“市场”上，谁都不做赔本的买卖。于是，腐败就会像瘟疫一样蔓延，造成一片片的“窝贪”。还有些在位的领导干部对身边的人员、老部下封官许愿，为自己铺好后路，做到人走茶不凉，日后有人照顾。

历史经验表明，人类社会中最恶劣的腐败就是吏制腐败，最危险的腐败是卖官买官。令人高兴的是，中共中央组织部以最坚决的态度，最有力的措施同用人上的不正之风进行战斗。建议对后备干部推荐产生的程序、机制要更加透明，避免小圈子里内定；对后备干部要加强跟踪监督，防止带病上岗，一路提拔；对后备干部要放在艰难困苦的岗位和地区，鼓励锤炼摔打，激励敢闯敢试；对后备干部的不足和失误要客观公正的评价，要抓住干部群众反映突出的重点、难点问题，毫不动摇地推进干部人事制度改革。

为了孩子是最高责任

（2010年6月）

儿童期是个人生命周期和成长的基础阶段，是发展变化最关键、最重要的时期。儿童生活的状况反映国家发展状况。根据1989年11月20日，联合国大会通过《儿童权利公约》。1990年9月联合国在纽约召开世界儿童首脑会议，通过《儿童生存、保护和发展世界宣言》和《执行九十年代儿童生存、保护和发展世界宣言行动计划》两个文件，指出："儿童幸福需要最高一级的政治行动"。为此，从中央到地方政府都相继成立了儿童工作协调机构。1992年9月，国务院妇女儿童工作协调委员会编制我们国家首部儿童发展十年规划纲要。这是中国第一部以儿童为主体，坚持"儿童优先"原则，促进儿童发展的国家级行动计划，标志儿童福利时代的来临。经过十年的不懈努力，全国基本实现《九十年代中国儿童发展规划纲要》提出的主要目标，中国儿童生存、保护和发展状况取得了历史性的进步，也为制定实施儿童发展规划积累经验。2001年5月22日，国务院发布了第二个儿童发展十年规划：《中国儿童发展纲要(2001年—2010年)》，从儿童与健康、儿童与教育、儿童与法律保护、儿童与环境四个领域，提出了儿童发展目标，基本搭建中国现代儿童福利制度框架与儿童福利政策框架，为儿童福利发展指明了方向。

中华人民共和国成立后，特别是改革开放以来，国家儿童保护与儿童发展状况取得举世瞩目的辉煌成就，儿童福利事业蓬勃发展。但是，社会福利还不能满足所有儿童成长的需要，有许多因各种原因遭遇困难的儿童亟待救助。

一、孤儿。据国家民政部初步统计，全国18周岁以下父母双亡而事实上无人抚养的未成年人有90万(实际约有150万)。目前，主要通过儿童福利机构等社会福利设施供养、家属监护、家庭寄养等方式对孤儿提供照料。

二、流浪儿。据国务院妇女儿童工作委员会办公室一项抽样调查推算，我国居无定处、三餐不继的流浪儿童大致有100万—150万。因种种原因失去父母的孩子,最令人同情和担忧。大量流浪儿童生存状况恶劣,基本权益难以保障,容易被犯罪分子利诱,走上违法犯罪道路。

三、闲散儿童。14、15岁至未满18岁的未成年完成9年义务教育后,有不少人因贫困等原因不能继续就学,也不到就业年龄,他们闲散在社会上,全国约有几百万人。社会大家庭应为他们提供继续上学或掌握就业技能的条件,成为有用之才。

四、问题儿童。他们往往是因为年幼无知,受坏人坏事诱惑,或是一时的冲动染上不良行为。全国每年经公安机关治安处理的约有100万人,30万—40万人被送进少年管教所。社会大家庭应有良好的氛围,宽松的环境和必要的措施,帮助他们走上回归社会之路,和其他少年儿童一样在阳光下生活。

五、特困儿童。工业化、城镇化的进程,人口的大流动,大量农民进入城镇务工,使他们的子女成为留守儿童或城镇的流动儿童。据不完全统计,全国留守儿童约5 800万人,其中14岁以下的农村留守儿童约4 000万。在全部农村儿童中,留守儿童的比例达28.29%。再则,随着父母务工进城的儿童约1 800万,其中的部分少年儿童成为弱势群体,他们的困难需要得到社会的关注。社会大家庭有义务帮助这些少年儿童,为他们的教育、培训和身心健康成长提供条件。

在党中央、国务院领导同志的关心和支持下,今年1月12日,中华少年儿童慈善救助基金会正式建立。近半年时间做了大量卓有成效的工作。6月1日,基金会在人民大会堂举办了"一颗鸡蛋工程"百城大型公益推广活动启动仪式。这是基金会在连续展开面向儿童的"生存救助(救助青海玉树孤儿)"、"医疗救助(建立天使妈妈烧烫伤救治中心)"和"心理救助(对孤独症儿童实施救助)"之后,在儿童的"成长救助"方面实施的新举措。每天吃上一个鸡蛋,对目前我国城市及经济发达地区的孩子而言是极为平常之事。但对我国中西部贫困乡村的孩子来说却是一份奢望。因为在我国中西部农村的许多中小学校里,孩子们常年的午饭只是白开水泡馍,很少有蔬菜,营养不良极大地影响这些孩子的身体发育和健康成长。

儿童健康成长与否直接影响着人类的素质和未来世界的发展。儿童健康成长一直是各个国家、各地区政府、专家学者极为重视和关注的问题。2010年上海世博会主题是“城市，让生活更美好”。我们必须本着儿童优先的原则，坚持儿童发展与经济社会同步发展，与国际先进水平缩小差距的目标理念，做到城市首先让孩子更幸福！着力解决儿童发展问题，大力推进儿童身心健康。

以前我们都把儿童比作祖国的花朵，今日应当把儿童比作祖国的树苗，花朵有花开花落，经不起风吹雨打。树苗靠阳光雨露精心看护，不断茁壮成长。今日的树苗就是明天的栋梁，4亿青少年的身心健康是需要特别关怀的重点，也是当前的难点和薄弱点。我们国家原名誉主席、保护儿童全国委员会主席宋庆龄曾提出，儿童的健康成长，必须做到家庭、学校、社会三方面的密切配合。国务院正在着手制定第三个儿童发展十年规划，建议全国政协组织一次专题调研，动员全社会的力量献计献策，重点关注现代社会中儿童健康面临的问题和社会应当承担的责任。对儿童家庭和社会环境的完善，儿童心理保健与疾病防治，特殊儿童的康复教育以及国内外相关发展模式的政策、举措等提出真知灼见。只有少年儿童真正强健起来，中国未来的综合国力才会更加强大，中国的未来形象才会更加丰满。邓小平同志讲，建设具有中国特色的社会主义要靠几代人、十几代人的努力奋斗。这就是我们的共同使命和崇高责任。

以八项举措推进依法行政

（2010 年 7 月）

行政权力主要是行政审批、行政处罚、行政强制、行政收费、信息公开。行政权基本上主导着我们国家经济、社会的发展。2004 年，国务院颁布了《全面推进依法行政实施纲要》，确立了建立法治政府的目标。2008 年国务院又下发了《关于加强市县政府依法行政的决定》，明确提出加强市县级政府依法行政。因此，推进法治与发展经济一样，需要来自各级政府的强大动力。这既是国务院对各级政府的要求，也是人民群众对各级政府的期待。当前，建议采取八项举措推进依法行政工作。

(1) 财政和民政是人们关注的重点。要根据有关规定，主动公开政府财政预算，民生领域以及社会关注度高的部分专项资金，有关社会公共资金的相关信息。同时，公布使用审计报告。建议每年度公布两次，自觉接受人民监督。

(2) 对政府规章和规范性文件进行全面清理。在清理完成后要向社会公布继续有效、废止和失效的规范性文件的目录。未予公布的不能作为执法依据，未列入继续有效的文件目录的规范性文件，不得作为行政管理的依据，真正做到行政要依法。

(3) 切实加强行政执法人员管理。截至 2009 年底，上海拥有 14 支执法总队，行政执法人员有 36 000 人(不包括公安干警)，其中城管执法人员 6 400 人，工商执法人员 4 100 人。为了保证执法队伍人员的素质，必须严格把好人员的进出关。切实加强人员培训，每年要轮训一次。既要进行法规教育，更要加强案例教育。

(4) 进一步提高行政执法规范化水平。今后对行政处罚决定，要全面加强说理性工作，告之公民因为什么被处罚，依据什么受处罚，将行政处罚的决定从“合法”层次上升到“合法、合情、合理”三者兼备的新境界，以之达到以法教人、以情感人、以理服人。

(5) 着力推进行政执法与刑事司法相衔接的机制。这项工作上海曾走在全国的前列，得到中央领导同志的充分肯定。最近市政协会同市人民检察院对进一步做好此项工作专题调研。“两法”的衔接机制，对行政执法的信息共享，形成执法合力，提高行政执法的效能，降低行政执法的成本，建立社会诚信体系建设将起到很大的促进作用。

(6) 政府和行政部门的负责同志要高度重视行政诉讼工作。对社会影响大、具有典型示范性的案件，行政首长应当出庭。改变基本上是委托机关工作人员或律师出庭应诉的现象。“民告官，要见官”，这对行政领导人增强法治意识，做到依法行政起到很好的警示教育。

(7) 对何时何地可以穿制服要有明确的规定，并且作为一项纪律严格执行。尤其对各类保安的制服要开展全面规范和整顿。这既是维护执法人员的形象，更是维护城市文明程度的标志。

(8) 加强依法行政的监督。要将法治指标纳入各级领导干部的政绩考核。并将依法行政的考察评价与人大的法律监督、政协的民主监督、法院的司法监督以及行政相对人的满意度调查结合起来，以便全方位地保证行政机关依法行政。

对广场办的新期待

(2010 年 7 月)

上海市公安局广场办有其特殊之处:一是担负维护社会稳定的资历最老。上世纪 70 年代末,本市人民广场发生“民主墙”风波,经中共上海市委同意,市公安局从市区两级公安机关抽调干部组成了专门工作班子。这就是广场办的前身,至今有 30 年了。“申城多少平安夜,民警甘做守夜人。”二是隶属关系在市公安局,可办公地点一直在市人民政府办公厅。今年 7 月中旬,广场办正式启用了新的办公室,人均办公面积从 2.7 平方米增加到 4.6 平方米,办公室内设置了视频监控系统和小型会议区域,办公条件得到了一定程度的改善。三是广场办是一个副处级单位。2007 年 8 月,经市编委批准,广场办增挂“上海市公安局维稳工作处”的牌子。长期主持日常工作的负责同志系正处级干部,可签发直接报送市委、市政府主要领导同志的报告。中共中央政治局委员、上海市委书记俞正声在市委九届六次全会上曾说过,他每天都要看了《广场办快报》后才能休息,这样睡得着。四是干警不多,任务繁重,荣誉耀眼。广场办目前在编民警 36 人(其中女民警 9 名),党员 29 名,平均年龄 44 岁。仅 2009 年广场办共上报《广场办快报》、《工作专报》等情况信息 668 件,受到各级领导同志批示的共达 357 件(次),并协助有关部门维持正常的信访秩序,处置各类群体性事件 4 836 起,154 469 人次。2000 年以来,曾被评为“全国公安优秀基层单位”,两次被评为“市劳动模范集体”,五次立集体二等功,多次立集体三等功。

本人有 20 年的政法工作经历,与市公安局广场办结下了割不断的感情,与历任广场办主任结下了深厚的友情。在市政府工作期间,我几乎每天要到广场办去及时了解情况,抓紧组织协调,确保上海大局和谐稳定。朝夕相处,应对挑战,同甘共苦,历历在目。调离市政府机关后,我每次到市政府机关办事，必到广场办，主动看望战友，问候几句，心情很爽。借此机会，我想对广场办提出三点新期待。

一是进一步提高做好新时期群众工作的本领。做群众工作是公安机关的法宝，是人民警察的基本功。“马天民”式的民警是人民群众口碑。新时期群众工作确实出现了许多新情况和新问题，但人民警察以人民利益至上的宗旨没有变。从事每一项任务，对群众要充满感情，一切从巩固党的执政地位出发，一切从维护政府的为民形象出发，忠诚履行法律赋予的职责，认真做好群众工作，维护良好的政治生态环境。

二是继续在维稳机制联动中发挥独特的作用。确保上海社会稳定是一项系统性工程，各维稳部门都是整体中的重要部位。广场办要在预警精确、及时报送上再下苦功；在矛盾化解上积极当好参谋；在社会管理创新上主动出新招，做到“敢报实情、慎报原因、善报对策”，当好“社会稳定的晴雨表”，发挥好不可替代的开路先锋排头兵的作用。

三是成为市公安局引以为豪的永久品牌。要加强理论学习的自觉性，建设学习型团队。忠诚敬业，任劳任怨，不怕艰难，团结协作的广场办精神，不仅来自使命和责任，更来自觉悟和品质。在工作中尽心尽力，在廉政上清清白白，在荣誉前不骄不傲。建议市公安局要一以贯之高度重视、具体指导广场办工作。要将年轻的干警送到广场办来历练，对在广场办工作十年以上的干警要予以特殊关心，使广场办成为磨炼干警意志的基地，成为学会做群众工作的学校。

治理“慢作为”要借助媒体热线

（2010年8月）

今年7月17日至8月16日的“夏令热线”期间，总共受理市民来电4.5万个，日均1 450个，办结达到86%，市民满意度达80.62%。“解放热线·夏令行动”从7月20日至8月28日期间，共接到读者来电、来信和电子邮件1 000余次，其中90%得到了有关部门及时受理、有效处理。“夏令热线”为何深受群众好评，一是坚持数年。市建设交通委、文新报业集团、新民晚报社联手，在每年的夏令期间开通热线为民办实事，连续坚持15年，成为一个著名品牌。二是嘉宾访谈。有政府行政职能部门的主要负责同志向社会作出承诺，并亲自接听电话。三是自我加压。新闻媒体通过电视、报纸、网络将问题、情况、场景告知公众，迫使提高效率，改进工作作风。四是渠道畅通。群众正当诉求可迅速传递，领导重视程度高，办事服务态度好，矛盾问题解决快。因此，市民期盼“夏令热线”成为“全年热线”，切实克服行政部门和工作人员“慢作为”的问题。

“慢作为”的特征是，能推则推，能拖则拖，你投诉他不作为，他也受理了，但群众的呼声和需求却没有及时得到解决。“慢作为”更像是一种软阻力、暗阻力，让群众跑断腿，磨破嘴，收效甚微，有苦说不出。“慢作为”的问题出在制度设计上，一些行政部门之间因权职不清，职能交叉，管理重叠，时段真空等，该批的不批，能做的不做，可快的不快，会办的不办。于是就出现了“几顶大盖帽管不住脏、乱、差；多少个部门治不好老顽症”的局面。

最近，闵行区正在抓行政运行内部法则，由区政府法制办、司法局牵头，到每一个部门厘清权利和职责，让每一个部门都明确肩负的任务。这是从制度上解决产生“慢作为”的根源，使行政部门无法再推诿扯皮。为此，希望有越来越多的地区、越来越多的部门能切实地行动起来，以解决实际问题为目标，尽最大可能、找自身原因，消除管理的盲区、交叉区、重叠区，真正让老百姓的需求和呼声能在第一时间、第一地点得到解决。

“夏令热线”和上海电视台《新闻坊》所反映的问题，看似是某局部小事，对老百姓却是大事。我们要设身处地的为群众着想，因为这些问题和老百姓的日常生活息息相关。如果这些小问题得不到及时解决，就会给老百姓生活带来很大的不便。老百姓就会有情绪、有意见，就会造成社会的不稳定，小问题就会成为大问题。能否纠正“慢作为”是衡量行政部门是否转变作风、提高工作效率、提高服务水平的标杆尺；是检验公务人员是否真正为群众着想，用心为群众办事的试金石。这关系到群众对执政党的信念，对人民政府的信任。

万物生长靠太阳，社会进步靠阳光。只有公开、透明，接受人民监督，才能根治行政部门和工作人员的“慢作为、不作为、滥作为”。当今中国，公开透明最佳的途径是新闻媒体。近日，温家宝总理强调：支持新闻媒体对违法或者不当行政行为进行曝光。中央反复要求各级党政机关真诚欢迎、自觉接受舆论监督，认真核查媒体反映的问题。我们一定要有这个责任意识，更要培养这种责任意识。

莫把治安小事不当事

（2010年8月）

最近，上海的住宅小区经常发生外地汽车牌照被撬案件，盗贼作案后留下一张小纸片，“要车牌请电××××××××××××”，再要失主往指定账号汇入几百元钱，然后才告诉你牌照所藏匿的地点。失主向公安机关报案后，由于此类案件频发，且涉案金额较小，世博安保任务繁重，公安派出所的警力和精力都有限。再则，破获此类案件必须上技术手段，基层公安派出所既无权力，又无设备，所以不予重视，破案力度不够。

失主又怕麻烦，因为拥有小车者绝大多数是白领，不差钱。但到公安交警部门补办牌照手续相当繁琐，往返来回所花费用还比按要求汇入指定账号的钱多，失主只要能取回牌照就算了，图方便省事。

住宅小区物业管理尚未尽心尽责，防范漏洞甚多。公安派出所每月一至两次的警情通报会也流于形式，居民的知晓率较低。上述这些从某种程度上助长了行窃者的胆量和作案的次数。

虽然汽车牌照被盗对公安机关来讲不是一件大案，但是，对一个公民、一个家庭来说，既造成了经济的损失，又造成了心灵的创伤，是件大事。因为没有牌照的车辆是不能在路上行驶，势必给失主的工作和生活带来很多的不便。群众利益无小事，人民群众的安全感是人民政府的最大事。公安机关决不能因为涉案金额小而不予以重视。

这类案件正处于治安案件和刑事案件的交叉点，易造成治安总队、刑侦总队之间的相互推诿。因此，建议市公安局要将此事摆上议事日程，及时汇总全市的情况，锁定作案对象和案发的重点地区，把小事作为大事抓，作出专项行动部署，将犯罪分子捉拿归案，消除群众的心中之患，增加人民群众的安全感。

对当前世博安保工作的三点建议

（2010 年 8 月）

2010 年上海世博会前三个月能达到“大事不出、小事不多、处置得当、面上平稳”，确实十分不易，很值得总结和推广。当前办博的时间已经过半，但在今后的运行中仍会出现许多新情况、新问题，世博安保仍是重中之重。

建议一：从集中办博到向常态运行的过渡。这是针对整个面上来讲的，世博安保工作不能有进入常态的概念，有了常态的概念就容易松懈，松懈就会麻痹，麻痹极易出事。必须保持高度警觉，确保万无一失。最近，有的地铁口的两名武警撤岗了，街面上戴着红袖章的志愿者减少了，社会治安问题有回潮的迹象，对此要引起高度重视。世博安保要常备不懈，原有的安保措施不变，原有的工作力度不减，原有的配备人员不少，善始善终。

建议二：对世博安保工作前三个月出现的小事，逐一进行认真剖析，以小见大，找准薄弱环节和问题，并举一反三，增加防范措施，做到小事也不出。对前段时间安保中出现的问题，决不能满足于处置得当，要善于总结经验教训，主动查找工作中的不足和差距，进一步提升处置突发事件的能力和本领。

建议三：对前段时间园内和园外在安保工作中的先进人物，要予以表彰和奖励，广泛宣传他们的事迹，以鼓舞士气。同时，对参展的干警和武警官兵要予以轮休，用警更须惜警。要关心他们的生活和家庭中遇到的困难，解除他们的后顾之忧，提高他们的工作积极性，使他们保持旺盛的精力，全身心地投入世博安保工作。

对危险化学品管控和运输监管的建议

（2010 年 9 月）

为确保上海世博会平安顺利举办，上海市高度重视危险化学品管控和运输监管工作，先后出台了《上海市人民政府关于加强爆炸、剧毒、放射性等危险物品安全管理的通告》、《关于上海世博会期间加强危险物品管控工作方案》、《上海世博会期间不同安保等级下危险物品管控工作意见》。今年 3 月，上海市安全生产监管局与 18 个区县安全监管局签订了《上海世博会期间加强危险化学品安全监管工作责任书》。对全市 12 000 家危险化学品从业单位发放了《危险化学品法律法规汇编》、《上海世博会期间危险化学品安全管控措施汇编》。要求区县安全监管部门与全市危险化学品生产、储存、运输等单位签订《世博会期间危险化学品安全管理承诺书》，大力加强宣传教育，确保各项安全管控措施部署到位。

为了从源头上降低危险化学品的安全风险，市区两级财政和相关企业投入资金 6 亿多元，对上海外环线和黄浦江上游水源区等重要区域内存在的 82 家危险化学品企业进行了搬迁调整，其中关停 56 家，迁入本市工业园区 15 家，迁至外省市 11 家。同时，加大科技保安的力度。对全市涉及高危工艺的 22 套化工生产装置完成了安全连锁装置等技术改造。对世博会场馆周边、中心城区等重要区域的 131 座加油（气）站实施了阻隔防爆技术改造，对外环线以内 302 座加油站实施油气回收技术改造。在全市外环线内 8 座水厂中推广次氯酸钠替代液氯消毒处理技术，从根本上解决频繁运输液氯给城市安全带来的风险。

构建起实时监控平台，着力提高管控能力。在浙江、江苏、安徽等省市的积极配合支持下，推进危险化学品环沪“护城河”建设，对全市 6 170 辆危险化学品运输车辆全部安装了 GPS 定位系统，建成了市级 GPS 实时监控平台。

对世博会期间9个危险化学品进沪专用道口、一二级道口及97个陆路无名道口加强检查力量，严格实施路面查控。随着水陆货物运输总量的快速发展，危险化学品运输安全监管问题日趋突出。上海市交通运输和港口管理局依靠科技，采用现代信息技术对运输过程进行动态监控、研判预警和应急处置提供辅助管理手段。创建起“上海市危险品水陆运输安全监管信息系统”，实现了高效率的水陆运输安全一体化监管体系。系统已监控上海本地危险品运输车辆6 145辆(覆盖率99%以上)、本地危险品运输船舶159艘(覆盖率94%)以及3 038艘外省进沪船舶。同时，通过交通部通信中心联网联控系统接入外省市进沪危险品运输车辆数据，初步实现对外省进沪危险品运输车辆的出入市境和境内全程监管。

对危险化学品管控和运输监管是项系统工程，涉及公安、消防、安全监管、质量技监、交通港口、建设交通、经济和信息等委办局，必须对具有毒害性、易燃易爆和腐蚀性的危险化学品重要场所、重点品种、重要时段作为监管重点，切实提高全方位、全时控安全管控能力。为此，建议采取三项举措：

一是以市政府安全生产委员会办公室为平台，充分发挥危险化学品安全管理综合职能作用。要进一步加强生产、储存、运输、经营、使用、废弃处置等环节危险化学品的安全管理。切实落实隐患排查制度、应急救援设施设备配备维护、安全管理人员配备、人员及货物进出库登记制度、发货查验制度、出入登记制度、24小时值班巡检制度、危险化学品实用实销安全管理制度、企业领导带班责任制度等。而且，对违法违规从事危险化学品行为的，依法追究法律责任。各相关部门加大宣传力度，督促有关企业、人员严格按照上海市人民政府《关于严禁携带易燃易爆危险品乘坐公共交通工具的通告》要求，坚决禁止携带危险化学品乘坐公共交通工具。

二是积极推进危险化学品安全责任保险，进一步完善安全风险防控体系。上海市危险化学品安全责任保险试点工作开展以来，全市已有1 900多家企业完成危险化学品安全责任保险投保，累计保费1 500多万元，保额逾60亿元，取得了明显成效。在此基础上，上海市积极构建以保险公司、专业风险管理服务机构等为主体的第三方服务管理体系，引入“危险当量”概念，将企业正常研发、生产、经营等活动中涉及的危险品的潜在风险灾难量化为统一基准指标，将企业类型、规模、区域位置、工艺流程、安全管理状况、人员状况、环境容量、事故记录等重要安全指标结合形成综合风险浮动系统指标，实现保险费率测定与企业安全风险挂钩。

三是制定全国统一的危险化学品运输监管数据通信接口标准，尽快达到信息共享。根据国家交通部《道路危险货运运输管理规定》和《上海市危险化学品安全管理办法》有关规定，危险化学品运输企业大部分已在运输工具上配置卫星定位系统等终端设备，但品种多样，性能不一。为统一接入“本系统”进行监管，必须制定统一的数据通信接口协议，这是全行业一体化监管功能实现的关键。在国家尚未统一标准的前提下，只能在整合优化、协商一致的基础上制定适合十多家产品统一接入的通信协议，并在协议框架内开发数据通信软件，确保系统推广应用后无技术障碍。希望国家交通部牵头，加强科技创新，制定全国统一的危险化学品运输监管通信接口标准，尽快达到资源共享，形成监管整体合力。

本市人口普查亟须采取三项措施

（2010 年 10 月）

第六次全国人口普查是分两个阶段进行的，第一阶段 9 月 15 日至 10 月 31 日，为普查摸底工作；第二阶段 11 月 1 日至 15 日，为入户登记工作。登记时点：2010 年 11 月 1 日零时。这次人口普查的普查表主要是两张，一张《短表》，一张《长表》。《短表》的主要内容是人口基本状况、受教育程度和户的基本情况等。《长表》中还增加了不同年龄段普查对象需要登记的一些指标。《长表》的登记工作难度要大大超过《短表》。上海市人口普查工作既有优势，又有难点。优势是，上海市公安局在世博安保中广泛开展了两个实有（实有人口、实有房屋）基础性工作，为普查摸底工作打下了良好基础。难点是，今年是世博年，人们的聚焦及宣传的热点都在世博会上，对人口普查工作的知晓度、配合力度显得很不够。

目前，上海市各级政府的普查经费均已经到位，各类物资和普查员的用品，已经通过政府采购渠道全部到位。从 11 月 1 日至 10 日，上海全市将有 12 万名普查员和普查指导员通过入户登记的方式，开展人口普查的上门登记工作。除了遇到“入户难”情况外，还有五种情况要引起重视：一是人户分离情况较为突出。以奉贤区为例，户籍人口为 52 万，做了大量细致的摸底工作，仍有 500 多户籍在册人员至今找不到，不知去向。市区由于动拆迁等诸多原因，此类情况更为突出。二是市中心城区的居民（尤其是白领和担任一定职务的领导同志）不愿意将住房情况如实告知。三是外来流动人口担忧子女较多，怕事后受计划生育法规的处罚，躲避登记。四是普查员年龄偏大些。以奉贤区为例，5 000 名普查员平均年龄 40 多岁，绝大多数是村（居）委干部或楼组长，年龄都在 50 岁到 55 岁之间，最大的是 60 岁，晚上要挨家上门登记，眼神不好很容易出现登记差错。五是这次普查将居住在中国境内的港澳台和外国人士也

纳入普查范围。这样就遇到语言沟通的障碍,需要一定数量的外语志愿者。为此,建议:

(1) 尽快加大人口普查的宣传力度,尤其在社区要把宣传工作做到每家每户,入脑入耳。因此,建议市人民政府的主要负责同志通过新闻媒体(报纸、电视、网站)发表讲话,并滚动播放。讲清人口普查是我们国家和平时期最重大国情、国力的调查,人口普查不仅关系到国家的发展规划,而且关系到百姓的切身利益。同时,对《全国人口普查条例》规定要加大宣传力度,告知接受人口普查是每一位被普查对象应尽的公民义务,必须提供真实的信息资料,并签名负责。

(2) 人口普查是政府的行为,政府各相关部门要全力配合,不能仅仅靠统计部门孤军作战。要作全面发动,各司其职,主动援助,尤其是各级公安机关要予以全力配合,各公安派出所民警必须发扬世博安保中连续作战的精神,积极配合普查员做好这次人口普查工作。

(3) 抓紧充实年轻的普查员队伍,加强业务培训和对第一线工作的指导。在入户登记工作中,会遇到许多事先未曾想到的事情和状况,要随时解决普查员在普查过程中遇到的具体困难和问题,及时指导面上普查工作。人口普查工作时间紧,任务重,这是对我们新时期学会上门做群众工作的一次大考试。

广交会要与时俱进

（2010 年 10 月）

第 108 届秋季广交会即将开幕了，广交会的全称是“中国进出口商品交易会”。自 1957 年创办至今，仍是我国最能吸引世界各地客商眼球的对外贸易窗口；仍是我国规模最大、层次最高、商品种类最全、到会客商最多、成交效果最好的综合性国际贸易盛会，直接促进了我国进出口贸易持续稳定发展，在我国对外开放战略中发挥了令人瞩目的积极作用，成为我国外贸经济的重要标向之一。时隔 53 年，我们国家所处的经济、政治、外交、社会环境都发生了无可比拟的变化。党中央、国务院反复强调要转变经济发展方式，但广交会继续依靠体制惯性运转，不敢大胆突破传统做法。为此，建议广交会必须坚持与时俱进，审时度势，密切关注国际动向，研究会展经济潮流，转换经营机制，引进先进经验，搞活会展经济，以赶超世界一流展会目标，着力促进中国和国际市场的商贸交流。根据多年实地考察了解，有以下四个问题亟待引起重视和切实解决。

1. 投入和产出的比例悬殊较大

广交会分春、秋两季，每季为三批（每批是 5 天），这样转场多、展期长，各参展企业从全国各地涌向广州，要投入大量的人力、物力、财力，相当多的外贸企业成效甚微。2009 年，我国进出口贸易总额达到 2.2 万美元。广交会春、秋两季交易会成交总额为 567 亿美元（此数据是各地上报汇总而成的，其中有一定的水分），占全国年进出口贸易总额 2.55%。

2. 展位配置应按市场机制运作

随着我国外贸经营权加速放开，出口经营主体总量进一步扩大。因此，尽管广交会近年规模逐届扩大，但较之扩张更快的外贸企业队伍和出口市场需求，展位供不应求的矛盾依然十分突出。全国各地企业参展愿望非常强烈，但是广交会展馆的摊位“僧多粥少”，为此，无论是显眼的，还是偏僻的，租金都一样，标准展位 3×3 平方米，即 9 平方米，5 天价格是 24 500 元。展位是按照各省市行政体制分配的，这样就出现了有些老字号的外贸企业倒卖摊位，甚至在广州有倒卖展位的地下市场。

3. 成了外商“渔翁得利”场所

我国主要出口产品已由初级产品转为工业制成品，但仍以低值产品为主，许多日用小商品往往是看样成交。广交会的定位是促进中国进出口贸易平衡持续发展，为全国各类外贸和生产企业提供展示交易平台。交易会是按商品集中展出，有的参展企业为了能得到订单，相互压价，这样，就给外商谋取利益提供了便利，反过来还指责我们中国搞倾销。同时，对企业研制出新产品的知识产权保护风险加大。

4. 尚未跟上世界会展潮流

广交会的长处在于它的综合性，短处也在综合性，而且短处的弊病日趋显现。世界会展业逐渐向专业化发展，如服装博览会、玩具博览会等，采购指向非常明确，而广交会则不是。因此，广交会在保持向世界推销中国出口商品的同时，也在一定程度上要向法兰克福、拉斯维加斯、米兰、慕尼黑这样的专业国际博览会看齐，并取得丰厚的经验，使广交会逐步成为引导“中国制造”向国际主流市场过渡。

构建城市公共安全体系的思考与建议

(2010年12月)

本市发生的"11·15"特别重大火灾责任事故,给安全生产、消防工作敲响了警钟,给构建城市公共安全体系提出十分紧迫的命题。公共安全是由政府及社会提供的预防和控制各种重大事件、事故和灾害的发生或保护人民生命财产安全,减少社会危害和经济损失的基本保障。

城市公共安全是政府必须履行的重要职责,是社会进步和文明的标志。城市公共安全建设是社会公益事业,既关系到公众人身和财产安全,也关系到城市本身乃至国家的稳定与发展。加强城市公共安全体系建设,预防和控制城市灾害和事故是社会和谐、安宁、稳定和经济可持续发展的客观要求,关系到人民群众最现实、最直接和最关心的切身利益。

构建城市公共安全体系必须从城市的现状与需求出发,结合眼前与长远,坚持以人为本理念,整合城市安全资源,运用现代科学技术,提高资源配置效率。在灾害预警、事故预防和应急反应等公共建设要素上,寻求实现有效预防、及时预警和智能化决策的途径,建立起城市公共安全综合保障,资源共享,迅速互动,处置有序、有力、有效的应急体系。具体建议如下:

1. 设立城市公共安全权威指挥机构

公共安全管理是政府社会管理和公共服务的重要内容,政府是应对各种公共安全事件的主要领导者和组织者,是保障公共安全最重要的力量。建议将现有上海市安全生产委员会调整为上海城市公共安全委员会,继续由市长担任主任,相关副市长为副主任。办公室设在市政府办公厅,主任由市政府秘书长兼任。同时,加强总值班室建设,每天有一位市政府副秘书长担当值班长,履行值守应急、信息综合、协调组织的职能,确保全市大事不出,小事及时解决。

2. 理顺城市公共安全高效运行机制

城市公共安全是复杂、庞大的系统工程，涉及较多政府应急管理部门。一旦发生事件时，必须由市政府自上而下的统一协调。因此，纵向协调组织能力很强，但在城市日常的运行中，职能部门之间的横向协调能力相对较弱。由于“权、责、利”诸多因素，大多数情况下仍采用分部门，分灾种的单一灾情防灾救援体制和安全管理模式。现实各种安全事件大多具有群发性和链状性的特点，各个部门往往各自为政不能形成合力，必须尽最大可能迅速反应，使资源和信息在最短时间内实现有效整合，共同行动，共同来解决危机，以提高政府的工作效率，赢得救灾的黄金时间。同时，进一步加强城市公共安全专家队伍的建设，有切实的措施保证专家第一时间到达事故现场。

3. 切实提高城市公共安全的处置能力

要利用党校和行政学院等渠道，加强对各级党政领导干部的培训，使每一位领导干部都牢记发展是第一要务，安全是第一责任，牢记人的生命是最宝贵的价值。居安思危，在安全风险评估基础上，制定单项应急预案。特别重视抓小来防大，不能对没有人员伤亡的事故就放松对薄弱环节和漏洞的整改；特别注重过程和细节，不停留在会上、纸上、口上，狠抓各项制度和措施的落实；特别夯实基层基础，各类公共安全的检查都要建立起安全记载和督察制度。现场的指挥处置能力尤为重要，现场总指挥要冷静果断，敢于担当，科学施救。

4. 着力增加城市公共安全的防范措施

长期以来，政府和民众都抱有一种安全侥幸心理，对城市的快速发展而带来高频率的危机事件认识是有的，但不充足。对城市公共安全防范和控制是重视的，但不紧迫，缺乏对城市公共安全全方位系统性的思考。在城市灾害管理上，重救轻防的观念依然存在，城市公共安全的教育和宣传尚未形成体系，从某种程度上说，政府、企业和民众在应对重大突发性危机事件时，仍然是亡羊补牢，事后补救，不能积极主动地去面对，缺乏主动科学的防范措施。

5. 加强科学预防，增强危机的预警管理

对突发公共危机能否早发现、早报告、早控制，是政府能否及早采取行动消除危机的关键，及时准确的信息传递关系到危机的对策的执行和实施的效果。对危机的风险源，危机的征兆进行不断地检测，判断危机发生的速度、规

模、损害程度以及发展的趋势，及时向政府或单位、公众发出警报，提醒相关组织或单位对危机采取相应的应急行动。所以，危机预警系统的建立，对政府危机管理具有关键性的作用。

6. 开展全民城市公共安全的宣传教育

当与人民群众关系密切的公共事件突发时，公众必然会对此产生紧张情绪，如果这种情绪得不到应有的疏导和减压，就会逐步转为恐惧。因此，每年11月9日至11月15日为城市公共安全宣传周，倡导"让每个人明白在遇到紧急状态应该做什么"，对消除公众的应急紧张情绪，提高公众自救、互助的能力将会很有帮助。要通过多种方式和手段，加大对公众的应急宣传，政府应积极有效的通过社会宣传、员工培训、学校教育、社会演练等多种方法，提高公众的综合安全意识和综合安全技能，以提高社会长效、整体的应急反应能力。

百姓、群众还是公民

(2010 年 12 月)

不管是在党委、政府的文件还是我们的主流媒体中，经常会出现这样的字眼："把老百姓的冷暖放在心上""群众的呼声"以及"为官一任，造福一方"等。说这些话的领导和写这些文章的记者，其出发点或许无可厚非，但是当我们在法治社会的大背景下，分析这些词汇所带来的社会影响时，却发现用词不当会对我们的工作产生负面的影响。说得严重一些，会疏远党和政府同社会公众之间的感情。

"百姓""老百姓"的表达方式，带有比较明显的封建社会痕迹和阶层化的特点。试想，当我们被称为"老百姓"时，我们联想到的是不能自主决定命运的"弱势群体"，与之相对应的是高高在上的帝王将相，相互之间的关系是统治与被统治的关系。

而"群众"的概念与干部和党员相对应，指的是不担任领导职务或者没有加入任何党派的公众。履历表的"政治面貌"一栏中就有党员(含民主党派党员)和群众之分。我们众多文件和媒体中所强调的"密切党和群众的联系"，其中的群众指的恐怕是非中共党员的公众，把民主党派人士也囊括在内了。因此，过于强调"群众"的概念，似乎刻意地把社会大众分为"党员"和"群众"两个群体，反而不利于构建和谐的党群关系。

"为官一任，造福一方"，似乎是地方官员有责任心的表现。但是这样的用语恰恰表达了讲话者的心理优越感。我们的社会是人民大众创造的，我们的官员是人民代表选举的。作为一名官员，或者更准确的说是"公务员"，他的基本宗旨是为人民服务，他的工作应是勤勤恳恳地履行好岗位职责，绝非高高在上的"造福"。

类似这些用语已经造成一定的社会影响，甚至会造成社会公众心理上的抵触。天涯网上的一篇文章《叫我公民，不要叫我老百姓》正是这种心理的反映。归根到底，法治意识的不足是重要原因。很多社会公众遇到问题宁愿通过信访的渠道而非司法诉讼的渠道也就是自然不过的事情了。

为此，建议在文件和媒体表达中规范上述用语，特别是慎用“百姓”的提法，多用“公民”的提法，从而提高全社会的法治意识。

救助管理工作亟待加强和改进

（2011 年 2 月）

流浪乞讨是公民的权利，拐卖儿童是刑事犯罪。自 2009 年，公安部就部署了全国公安机关开展打击拐卖儿童妇女犯罪专项行动，取得了初步成效，仍要继续加大力度，并动员全民积极参与。但对流浪乞讨的救助管理工作要做分析研究。由于我经历了收容遣送向救助管理机制转变的全过程，对此项工作比较熟悉，为了进一步了解实情，专门到上海救助站作了调研。去年上海共救助 18 岁以下的流浪乞讨人员 3 631 人次，其中，由市流浪儿童保护教育中心救助的有 600 人次，男性 412 人，女性 188 人。流浪的原因：家庭贫困，无人抚养占 10.3％，外出打工占 47.6％，盲目来沪占 5.5％，逃学占 6.3％，职业乞讨占 8％，财物被窃、遗失及其他原因占 22％。年龄状况：17 岁占 10.4％，16 岁占 35.9％，15 岁占 21.6％，14 岁占 11.2％，13 岁占 9.5％，最小的是 7 岁。流出地区涉及全国 26 个省市，主要是安徽占 14.5％，甘肃占 11.6％，贵州占 9.9％，河南占 9.7％。救助管理工作面临许多新情况，须进一步加强管理。为此提出如下建议：

1. 抓紧修改国务院 381 号令

《城市生活无着的流浪乞讨人员救助管理办法》自 2003 年 8 月 1 日实施以来，上海救助站每年救助 3 万人次，真正生活无着的只占 10％—15％，并每年在下降。《办法》的核心原则是自愿、无偿受助。因此，有不少人就将救助站当成免费的旅馆，想进就进，想出就出，有的人一个月住了 20 多天。更有的人将流浪乞讨作为一种职业，“城里磕头，回家盖楼”。此类人约占救助对象的 30％。

2. 强化区县救助管理站的功能

目前，上海各区县都有了救助站（市救助站系参照公务员管理的事业单位，区县系全额拨款的事业单位）。区县站共有救助床位 434 个，在编人员 158 人，聘用人员 224 人，救助车辆 41 辆。在去年上海世博会期间，实行了公安、城管、民政三合一的救助联动机制，各区县做到 24 小时不间断的巡查，确保了世博园区没有流浪乞讨，重点区域基本没有流浪乞讨，全市流浪乞讨的现象明显减少，因流浪乞讨造成的治安事件基本杜绝，共救助了 19 964 人。要将世博期间的运行机制常态化，强化区县救助管理站责任和功能。市救助站主要是加强业务指导、管理督查，制定规范性的措施。

3. 对救助人员身份及时甄别

民政部和公安部曾联合发文，提出有条件的地方应当在救助站设立警务站。目前，全市驻站的民警只有 9 人，对自愿进救助站人员身份的甄别，只能到附近的公安派出所去查询，既不及时又相当不便。因此，在救助人数多的救助站应设立警务站，在人数比较少的救助站派出常驻的联络民警。维护站内外的秩序，加强对救助人员身份的及时查询，协同做好被拐卖、拐骗、胁迫、诱骗、利用乞讨的未成年人的调查、取证和解救工作。

4. 加快长期安置场所的扩容

上海每年因无法找到地址和智障等人士的救助对象在 140 人左右。这些人需要永久性的安置，已在江苏大丰的上海、川东农场各开设一个永久性的安置基地，两家设计的容量是 400 人，目前安置了 480 人。去年只能将原蒙自路救助站也改为永久性的安置基地，安置了 150 人，基本上没有安置余地了。有些家庭将流浪乞讨人员“活着当根草，死了当成宝”，一旦有人在救助站发生意外，向救助站提出赔偿款的事件时有发生。尤其要提出的，各省市救助站的信息尚未联网，相互配合、协同、支持显得很不够。

5. 要做到相关法规配套完善

杜绝儿童乞讨，涉及未成年人的相关法律法规也要进一步跟进，特别是未成年人保护法，可以在法规中明确严禁儿童乞讨。而对于唆使孩子乞讨的父母可明确剥夺其监护权。同时，健全监护人制度，尤其要落实政府有关部门履行监护人的法定责任，该配备的机构、人员及经费要到位，细化被救助的对象标准、措施等，真正把这场“解救行动”的效果固定下来，用法律保证其长效。

着力推进上海行政执法与刑事司法衔接工作的思考和建议

（2011 年 3 月）

最近，中共中央办公厅、国务院办公厅转发国务院法制办等部门《关于加强行政执法与刑事司法衔接工作的意见》的通知，对严格履行法定职责、完善衔接工作机制、加强对衔接工作的监管，切实加强组织领导提出了明确要求。为认真贯彻落实《通知》精神，更加有力推进上海此项工作，十分有必要进行回顾、思考和提出建议。

2001 年 4 月，党中央、国务院在部署整顿和规范市场经济秩序工作之初，就明确提出了行政执法与刑事司法衔接（简称“两法衔接”）的基本策略。“两法衔接”是为确保涉嫌犯罪案件及时移送司法机关处理，在行政执法机关、公安机关、检察机关之间“建立信息共享、沟通便捷、防范有力、查处及时的打击经济犯罪的协作机制”。着力推进“两法衔接”工作，既是整顿和规范市场经济秩序的治本之策，又是促进依法行政、建设社会主义法治国家的迫切需要，更是体现政府诚信和执法公信力、促进廉洁政府建设和诚信体系建设的重要基础。

近年来，上海加快实现“四个率先”、推进“四个中心”建设，进一步确立了国际大都市的地位，政府的社会管理能力、法治建设水平和制度创新能力更应走在全国前列。上海为积极落实国务院关于推进“两法衔接”工作的部署和要求，在全国较早地建立了“两法衔接”工作机制，并率先探索建设了行政执法与刑事司法衔接共享平台（以下简称信息共享平台），创造了“两法衔接”的全新办法，为建立“两法衔接”的长效机制提供了载体，也为社会诚信体系建设构筑了基础性平台，得到中央领导同志的充分肯定。此后，上海做法在全国迅速推广。近两年来，其他省市的“两法衔接”工作快速发展，一些省市的信息共享平台建设采取自上而下的做法，取得了后发优势。反观上海“两法衔接”及其信息共享平台工作，存在衔接措施落实不到位、衔接机制运行不顺畅、信息共享平台应用效果不明显等亟待解决的突出问题。为此，去年市政协与市检察院联合成立课题组，对“两法衔接”工作的现状、问题及成因作深入调查，共同研究解决的办法，提出对策建议，以期大力推进上海市“两法衔接”工作。

一、上海市“两法衔接”工作的起步与成效

2001 年 7 月，国务院制定并公布了《行政执法机关移送涉嫌犯罪案件的规定》(国务院第 310 号令)，明确“行政执法机关在依法查处违法行为过程中，发现违法事实涉及的金额、违法事实的情节、违法事实造成的后果……涉嫌构成犯罪、依法需要追究刑事责任的，必须依照本规定向公安机关移送”；“行政执法机关移送涉嫌犯罪案件，应当接受人民检察院和监察机关依法实施的监督”；“公安机关应当接受人民检察院依法进行的立案监督”。依据国务院第 310 号令及相关法律文件的精神和要求，上海行政执法机关、公安机关、检察机关积极开展了探索与实践，初步建立起以案件移送为核心的“两法衔接”工作基本模式。2004 年 8 月，上海市整顿和规范市场经济秩序领导小组办公室(简称市整规办)、市监察局、市检察院、市公安局以及相关行政执法机关等 14 家单位共同会签《关于建立行政执法与刑事司法衔接工作机制的办法》(简称《衔接办法》)。《衔接办法》规定“行政执法机关移送涉嫌犯罪案件的职责和程序”“公安机关接受移送涉嫌犯罪案件的职责和程序”“人民检察院依法监督的职责和程序”以及“联席会议制度”等内容。2005 年，市、区两级整规办联合检察院先后举办“行政执法与刑事司法衔接业务研讨班”，组织有关人员学习研讨，制定“两法衔接”工作的有关程序和操作办法；市检察院专门编印《行政执法与刑事司法衔接法律法规选编》，明确涉嫌犯罪案件的法律适用；区县检察机关通过定期走访行政执法机关、公安机关与工商税务等行政执法机关召开联席会议，共同构建“预防和打击经济犯罪协作联动机制”，增强了打击经济犯罪的工作合力。

2005 年上半年，浦东新区在落实“两法衔接”工作中，探索开发并建立了

全国首个行政执法与刑事司法衔接信息共享平台，形成了“网上衔接、信息共享”的实务运作模式，提高了“两法衔接”工作的质量和效率。市整规办和市检察院联合在全市范围推广浦东新区的做法。至2006年底，全市19个区县的信息共享平台全部建成并开通运行。2007年6月、11月，市政府两次召开专题会议，研究部署市级信息共享平台建设，明确“网上衔接、信息共享、区县联通、覆盖全市”的建设目标，提出力争在2008年建成安全、实用、新颖、高效的全市信息共享平台；并确定由市整规办牵头，会同市检察院、市公安局、市监察委、市政府法制办及有关行政执法部门，共同组织推进上海市“两法衔接”信息共享平台建设工作。

本市“两法衔接”工作机制建立后，特别是信息共享平台建设运行，对于推动、落实“两法衔接”起到了积极的作用。2005年以来，查处破坏市场经济秩序犯罪的数量增加较快，尤其在涉及民生和知识产权保护等领域，行政执法与刑事司法密切配合，加大打击力度，重点查处了一批案件，取得了初步成效。2005年，浦东、闵行、虹口三个区的公安机关共受理行政执法机关移送涉嫌犯罪案件79件。2006年、2007年分别增加至116件和243件，比2005年分别增长46.8%和200%。2006年至2008年，检察机关建议行政执法机关向公安机关移送涉嫌犯罪案件由2005年的51件，分别增加至71件、95件和102件，年增长39.2%、86.3%和100%。检察机关建议移送的案件，公安机关受理后立案率均在90%以上，衔接工作有了较快发展。

实践证明，加强“两法衔接”工作，特别是建立“网上衔接，信息共享”机制，有利于监督和促进行政执法机关依法行政和司法公正；有利于监察机关、公安机关、检察机关及时发现和纠正不正确的行政执法行为，防止有案不移、以罚代刑；有利于行政执法和刑事司法严格执法，消除地方和部门保护主义，提高执法的公信力和公正文明执法的水平。

2006年10月，全国整规办、最高人民检察院、公安部等七部委在北京召开“全国行政执法与刑事司法工作座谈会”。浦东新区人民检察院在会上介绍并演示了信息共享平台工作，受到国务院领导和与会代表的充分肯定和高度评价。2007年，最高人民检察院检察长贾春旺专门致信国务院副总理吴仪，建议在国务院的领导下，自上而下地推广上海浦东新区的经验，在全国全面建立“网上衔接、信息共享”的机制。吴仪副总理对信息共享平台的意义和上海探索建立这一工作模式予以充分认可，并批示在全国范围内推广。全国各地以此为契机，积极推动建立“网上衔接、信息共享”机制。目前，云南全省和江苏、湖北、浙江、广东、四川、北京、吉林、山东、河南等省市的部分地区已经建立起“网上衔接、信息共享”机制，并取得了成效。

二、上海市“两法衔接”工作的问题及原因

尽管上海市“两法衔接”工作起步较早，取得了一定成效，但上海市行政执法领域“有案不移、以罚代刑”的问题仍未根本解决，有关工作制度与要求也未落到实处。究其原因，既有认识不一、利益保护、执行不力等主观原因，也有执法力量不足、监督缺失等客观因素，而体制、机制、法制尚未形成有效支持和保障则是最突出的问题。

（一）工作制度和要求未落到实处

一是行政执法机关移送涉嫌犯罪案件少。从近年办案情况看，尽管经济违法案件发案数逐年增长，行政执法机关查处的案件也在增加，但移送进入刑事诉讼程序的案件数量很少。以上海市工商系统为例，2005 年 1 月至 2010 年底，共查处各类经济违法案件 42.85 万件，其中涉案金额在 50 万—100 万元间的案件有 700 余件，涉案金额在 100 万元以上的案件达 2 200 余件，而同期向司法机关移送涉嫌犯罪的线索仅 314 件。

二是行政执法机关移送案件程序不规范。国务院第 310 号令以及最高检察院与公安部、监察部、全国整规办联合出台的《关于在行政执法中及时移送涉嫌犯罪案件的意见》等法规和文件，对行政执法机关移送涉嫌犯罪案件的职责、程序和要求作了较详细的规定，但实际执行中不但存在不移送、不及时移送案件线索的情况，也存在移送时不按规定制作法律文书，提供相关材料等情况。同时，大部分行政执法机关在向公安机关移送涉嫌犯罪案件线索时，也没有向同级检察机关备案。

三是公安机关办理移送案件线索不及时。在受理、立案阶段，有的公安机关对行政执法机关移送案件线索不及时受理，或受理后不予立案；还有的公安

机关则在受理案件后不及时审查并作出决定，逾期不予答复。例如2006年上半年，上海市某区税务机关先后将三起涉案金额均为10万元左右的偷税案件线索移送公安机关，但是公安机关对其中两起案件迟迟不作出是否立案决定，直至2007年6月，经检察机关获悉启动立案监督程序后，才立案侦查；而对另一起案件，公安机关虽作出了不立案决定，但在此后长达一年时间未答复税务机关，也未告知同级检察院以及相关权利人，影响了行政执法机关适时作出行政处罚。

四是检察机关依法主动监督不到位。由于缺少信息来源，一方面，检察机关对于行政执法机关应当移送而不移送的涉嫌犯罪案件，缺乏有效监督；另一方面，对于公安机关受理行政执法机关移送案件线索的处理也不能有效跟踪监督。如2005年至2009年，某区公安机关受理行政执法机关移送案件线索共519件，仅立案243件，有53％的案件线索未作任何处理，这些案件都未能进入检察机关的监督视野。

五是工作制度不配套、不完备。市级层面的“两法衔接”联席会议制度尚未启动运行。在区县层面，有的行政执法机关与司法机关之间未建立起联络员、联席会议、信息通报等制度；有的区县相关部门之间虽然会签了加强衔接配合的文件，但停留在一般性的沟通、联系和协调上，运作不够规范，未能形成长效的工作机制；有些区县因缺少监察机关的参与，直接影响了衔接功能和作用的发挥。

（二）信息共享平台工作举步维艰

一是实际的牵头部门不落实。国务院机构体制改革撤销整规办后，信息共享平台的建设和运行受到很大影响。虽然2009年8月5日市政府专题会议上明确由市商务委牵头开展该项工作，但从各区县情况看，有的区县已经改由商务委牵头，有的区县仍由政法委或整规办或检察院牵头，有的牵头部门未有效开展工作。牵头单位的不统一、不落实，直接影响了信息共享平台工作的深入开展。

二是信息共享平台运行不顺畅。经过前期工作努力，市级信息共享平台在2008年底已建成并通过验收，但直至去年5月底才正式开通运行，可以说在全市尚未形成整体流畅、上下左右互联互通的信息网络。由于市级信息共享平台工作进展缓慢,导致市区垂直网络的联接运行不畅,也直接影响了区县平台的运行质量。实践中,不少行政执法机关、公安机关以及检察机关,没有使用信息共享平台传输涉嫌犯罪的执法信息。2005 年至 2009 年,浦东、闵行、虹口三个区公安机关受理行政执法机关移送涉嫌犯罪案件线索 676 件,而信息共享平台传输的仅 133 件。

三是信息共享平台工作发展不平衡。有的区县联网单位较少,如长宁区建成平台至今仅有 7 个成员单位联网,与其他区县反差较大;有的区县对信息共享平台建而不用,形同虚设。如 2009 年闸北区、奉贤区行政执法机关信息录入量均 1 000 余条,而金山、卢湾、静安等区则无一件信息录入;有的行政执法机关未按规定标准录入信息,而是选择性录入;有的单位集中相关信息成批录入。信息录入的不及时、不全面极大限制了平台工作效能。

(三) 查找主客观原因是六个缺乏

(1) 缺乏统一认识。有些行政执法机关对“两法衔接”工作在形成打击破坏社会主义市场经济秩序违法犯罪活动的合力,整顿和规范市场经济秩序的作用和重要性、必要性,还缺乏足够的认识,衔接工作往往处于被动状态,移送案件线索随意性大,移送数量少;有的行政执法机关接受监督的观念不强,强调行政执法权力的独立性和特殊性。对公开行政执法信息、数据有抵触情绪,对信息共享平台持观望、消极态度。

(2) 缺乏法律保障。“两法衔接”及其信息共享平台工作的法律依据主要是国务院第 310 号令。最高检察院和全国整规办、公安部联合出台的相关意见、办法等均属规范性文件。这些法律文件立法位阶低、原则性规定多、实务性规定少,在开展“两法衔接”工作时显得刚性不足、操作性差,制约了工作的发展和深化。

(3) 缺乏权威机构。由于“两法衔接”及其信息共享平台工作是一项跨系统、跨行业、跨部门,涉及面广,联网单位多,技术性强,要求较高的工作,须具有一个权威的领导机构和明确牵头单位组织协调。牵头单位缺乏协调、指导“两法衔接”工作的权威性,难以担负起全面组织、推进“两法衔接”工作的重任。

(4) 缺乏衔接配合。行政执法机关囿于职能的限制,缺乏取证手段,导致一些案件在定罪证据的收集、固定上达不到司法机关的要求，从而使双方对案件性质和归宿的判断产生分歧，移送案件线索的成案率较低，行政执法机关由此产生畏难消极情绪，不少应当移送司法机关处理的案件线索最终作了降格处理。公安机关受制于办案力量和新型犯罪、智能犯罪的不断涌现，不堪侦查取证之重负，对行政执法机关移送的部分案件线索不能及时有效查处，也影响了行政执法机关的积极性。监察机关和检察机关由于监督渠道不畅，对行政执法机关移送涉嫌犯罪案件线索的底数不清、情况不明，不能开展有效的监督。

(5) 缺乏录入标准。2008 年底，市政府办公厅转发市整规办、市监察局联合制定的《平台管理暂行办法》，对“两法衔接”信息共享平台案件信息录入的标准和工作要求作了规定，由于该办法仅要求涉嫌犯罪案件线索录入平台，对行政处罚终结案件的归集却没有硬性要求。这既不利于政府职能部门和行政执法机关共享信息，也使部分可能涉嫌犯罪而已被行政处罚的案件脱离监督视野。

(6) 缺乏监督机制。现有法规和相关法规性文件均规定了监察机关在“两法衔接”及信息共享平台中的职责。但实践中，监察机关并未有效行使监督权，致使“两法衔接”和信息共享平台工作至今未纳入行政效能监察和执法检查的范畴。这是“两法衔接”停滞不前的又一重要原因。

三、针对上海市“两法衔接”工作的若干建议

(一) 切实加强“两法衔接”工作的组织领导

(1) 建立“两法衔接”工作领导机构。市政府须建立全市“两法衔接”工作领导小组，统一领导全市行政执法与刑事司法衔接工作，由市政府常务副市长担任组长，并由市政府法制办、市纪委、市高级人民法院、市人民检察院、市公安局、市国家安全局、市司法局、人力资源保障局等相关部门的负责人参加，负责对全市“两法衔接”工作的领导和协调。

(2) 调整“两法衔接”工作的牵头部门。市政府法制办作为政府综合管理部门，承担对行政执法综合监督职责和协调职能，由其牵头“两法衔接”工作，

既是政府法制部门履行自身职责的基本要求，更是上海市理顺“两法衔接”工作关系的关键措施。同时，需要进一步增强政府法制部门的力量配备，充实专业骨干，强化政府法制部门在“两法衔接”工作中的协调职能，促进行政执法与刑事司法衔接工作的规范化和制度化。

（二）建立健全“两法衔接”工作的监督体系

（1）监察机关应当依法担负起对行政执法查处违法案件和移送涉嫌犯罪案件工作的监督职责。最高人民检察院、全国整规办、公安部、监察部联合下发的《关于在行政执法中及时移送涉嫌犯罪案件的意见》第十五条规定：“监察机关依法对行政执法机关查处行政违法案件和移送涉嫌犯罪案件工作进行监督检查，对发现违纪违法问题，依照有关规定进行处理”。监察机关应当按照该规定，对于“两法衔接”工作中发生的行政执法机关对涉嫌犯罪案件不移送、以罚代刑、不配合检察机关监督和公安机关对移送案件不依法办理等问题切实发挥监督作用，依法实施行政执法监察。

（2）检察机关应当加强对行政执法机关有案不移送及公安机关有案不立的监督。检察机关加强对行政执法机关移送涉嫌犯罪案件及公安机关立案活动的监督，是“两法衔接”工作的重要内容和有力保障。检察机关应切实加强与行政执法机关及公安机关的工作联系，进一步拓宽对“两法衔接”工作的监督途径，丰富监督方式，综合运用立案监督、检察意见、纠正违法等手段，督促行政执法机关及时移送、监督公安机关依法立案侦查涉嫌犯罪案件，促进行政执法与刑事司法的有效衔接。

（3）上级行政执法机关应当切实担负起对下级行政执法机关开展“两法衔接”工作的指导、监督和考核。上级行政执法机关对下级行政执法机关开展“两法衔接”工作应当加强监督管理，通过采取列入条线考核项目、开展专项工作检查、落实责任追究制度等监督措施，认真督促和指导下级行政执法机关严格按照相关规定及时向司法机关移送涉嫌犯罪案件，确保“两法衔接”工作依法、规范、有序开展。

（三）充分发挥“两法衔接”工作的共享功能

（1）确保市级信息共享平台的顺畅运行以及各区县的互联互通。为确保平台顺畅运行和上下联通，各有关单位应加强领导，确定部门和专人，具体负责落实有关工作,并及时组织全市相关使用单位的信息共享平台操作人员开展业务培训。

(2) 修订信息共享平台应用管理办法。由于2008年12月市政府办公厅转发的市整规办、市监察局制定的《平台管理暂行办法》规定不全,缺乏操作性,建议由市府法制办、市监察局、市商务委、市检察院、市公安局等单位牵头,会同各联网使用单位,抓紧研究制订《上海市行政执法与刑事司法衔接信息共享平台建设应用管理办法》,报请市政府发文转批市府各委、办、局和各区县政府贯彻执行。

(3) 尽早实现行政处罚终结案件归集信息共享平台。鉴于各种行政机关办案信息数据量多寡不一,建议分两步:第一步,在数据自动交换技术开发完善之前,对各行政执法机关移送涉嫌犯罪案件信息及涉及安全生产、公共卫生、食品安全、环境保护、侵犯知识产权类行政处罚终结案件信息,规定为信息共享平台录入范围。第二步,待数据自动交换技术完善后,将所有行政处罚终结案件(除适用简易程序或特别程序的案件外)规定为信息共享平台录入范围,最终全面实现行政处罚终结案件的资源共享和结果监控,为促进社会诚信体系建设提供重要基础。

(4) 将信息共享平台运行管理工作纳入行政效能监察范围。监察部门应对信息共享平台的运用、管理及执行制度情况予以立项,组织实施效能监察,对监察发现的偏差及时纠正并向市、区政府报告,并将监察结果纳入对各单位行政效能考核范围。各联网单位的上级机关也应加强对下级机关平台应用情况的督促考评,确保社会诚信体系基础性工作落到实处。

(四) 大力推进"两法衔接"工作的相关立法

确立行政执法与刑事司法衔接工作机制的地位,关键在于赋予其司法属性,将其纳入法律体系中去规范和调整。在国家尚未进一步对"两法衔接"工作进行立法之前,上海应跨前一步,积极尝试"两法衔接"的地方立法。同时,考虑到立法周期较长、协调各方利益需要做的工作尚多,建议先由市人大常委会出台《加强行政执法与刑事司法衔接工作的决议》,督促政府、行政执法机关、司法机关依据现有行政法规和规范性文件,尽快就衔接的途径、形式、具体程序、法律后果和追责制度等形成操作性细则,确立"网上衔接、信息共享"的工作机制，以保障上海市“两法衔接”工作的顺利开展。在时机成熟时，上海应当在立法规定的权限内，适时制定地方性法规，对“两法衔接”的责任主体、工作原则、适用范围、职责分工、移送标准、运作程序和效能监察等作出明确规定，为国家相关立法提供有益的司法实践经验。

（五）不断优化“两法衔接”工作的实际应用

(1) 进一步充实拓展信息共享平台联网单位。针对部分行政执法主体尚未纳入平台的现状，进一步扩大“两法衔接”机制中行政执法单位的范围，按照“成熟一家，吸纳一家”的原则，逐步将涉及公共安全、民生保障等方面的环保、土地、金融、水务等行政执法单位补充纳入平台。同时，针对市区两级、区与区之间联网单位不一致情况，按照规范化、标准化要求，由市级层面统一协调，系统梳理和调整市、区两级平台联网单位的组成，逐步实现联网成员单位上下对口一致。

(2) 有效解决行政执法机关办案信息“二次录入”的问题。由于“两法衔接”信息共享平台涉及联网单位多，输入信息量大，而各联网单位均有各自的信息化业务系统，数据标准、接口标准都存在差异，无法实现数据自动交换。因此，有必要加大数据交换技术开发力度，在不牵动各联网单位信息化业务系统的基础上，通过开发中间媒介来实现不同系统间的数据自动交换，从而避免“二次录入”，减少工作量。

(3) 落实信息共享平台的管理机构和资金保障，确保平台畅通和升级、维护。上海市“两法衔接”信息共享平台是政府批准的信息化项目。区级信息共享平台已运行多年，市级平台也正式开通联网，需要落实专门机构来加强平台的日常管理和技术保障工作。建议由市府法制办、商务委、信息委共同组成一个专门机构，对信息共享平台实施统一管理，负责落实经费保障和网络平台的日常维护、升级，以确保“两法衔接”信息共享平台的正常使用。

对上海进一步发展海洋经济的三点建议

(2011年5月)

听了中国科学院院士、同济大学教授汪品先所做《海洋经济与上海的未来》报告很受启发。原先对海洋经济关注不够,知之甚少。近期参阅资料进行思考,对上海进一步发展海洋经济提三点建议:

一、立足"以海兴市"的思维

人类与海洋的联系日益紧密,海洋经济已成为全球经济新的增长点。上海作为一个人口众多、资源相对匮乏、发展空间狭小的超大型城市,伴随着社会经济的快速发展,人口、资源、生态环境之间的矛盾日益突出,而广阔的海洋则可为上海经济社会发展带来新的机遇和挑战。上海的海洋资源虽然远不及我国其他沿海省市丰富,但上海地处我国"黄金海岸"与"黄金水道"的接合部,发展海洋经济的区位、产业和科技优势十分明显,而且又受益于江浙两翼深厚海洋资源的有力依托。因此,上海发展海洋经济必须跳出上海行政区的狭小空间限制,打破过去以海洋论海洋、以产业论产业、以上海论上海的局限性思维。牢固树立大产业、大区域的海洋经济发展新思路。注重海陆之间、岛陆之间、海洋产业内外之间以及城市地区之间的联动互动,置身于长江三角洲、长江流域乃至全国谋划新的发展。这样才能在战略高度上重新审视上海未来经济社会发展的出路。

二、做足"面海经济"的文章

海洋经济是开发、利用和保护海洋的各类产业活动,以及与之相关联活动的总和。世界海洋经济增长迅速,海洋经济已经成为沿海各国(地区)国民经济的重要组成部分,欧洲地区的涉海产业产值占欧盟 GNP 的 40%以上。“十一五”期间,上海的海洋经济持续快速发展。据统计,2009 年上海海洋生产总值约 4 300 亿元,占全市生产总值的 28.9%,占长三角经济区海洋生产总值的比重超过 50%。但就海洋经济而言,上海仍处在“面海经济”层次,偏重于传统的海上运输业以及由此带动的相关服务性产业。目前,上海要继续凸显国际航运中心的建设,重点发展海洋交通运输业、滨海旅游业、海洋船舶工业等。同时,要充分发挥海洋高新技术对传统产业的强渗透能力,加快传统产业的升级换代和推陈出新,促进传统海洋产业向高技术化方向发展,将上海“面海经济”的文章做足做好。

三、充足“海洋经济”的底气

美国、俄罗斯等国家都提出以海洋经济和海洋安全为核心的海洋战略。从国家战略与上海长远发展出发,上海理应针对国际经济格局调整、转换的趋势,对上海发展海洋经济提出规划。上海尽管拥有一大批涉海的国家重点实验室和相关研究机构,但近年来的海洋科研成果并不突出。上海海洋科技投入也严重不足,科技人才结构性短缺明显,科技力量分散,远未形成整体合力。着力发展海洋经济,必须由政策体系、经济体系、技术体系和人才体系来支撑,仅有资源优势还不够。要吸引、集聚新兴海洋产业开发的人才;要加大投资海洋高科技项目的研发;要优先占领海洋制造业新高地,切实提升上海海洋经济的竞争力。

安全是城市运行的命脉

(2011 年 6 月)

上海作为拥有 2 300 万常住人口,2010 年国民经济生产总值达到 16 872 亿元,开放的国际型大都市,每天城市运行能如此平安通畅,尤其是去年经受了举办世博会的艰难考验,是十分不易的。对在城市管理上的成功做法与经验要予以充分肯定。上海每天如此大的人、财、物大流动,如此大的吃、住、行大供给,不发生安全问题是不可能的,关键是严防群死群伤重大安全事故的发生。去年,"11・15"特大火灾责任事故,给人民群众的生命和财产造成严重伤害和巨大损失,充分暴露了上海城市建设管理中的空隙和软肋,把人们都烧醒了。上海已召开了全市党政负责干部大会,通报了国务院调查组上海"11・15"特别重大火灾事故的调查情况,坚决拥护国务院调查组的调查结论和处理意见。因此,痛定思痛,居安思危,警钟长鸣,举一反三,常备不懈非常有必要。

在城市化高速发展进程中,必然带来高风险。城市公共安全发生事故的特点是:突发性、复杂性、多样性、连锁性。城市公共安全受灾对象的特点是:集中性、放大性、严重性。因此,要着重解决好四个问题。一是仅靠单一灾种处理不行,必须统一领导,综合协调。二是多头现场指挥不行,必须具有权威,有序有力。三是信息资源整合残缺不行,必须信息要快,判断要准。四是各类保障措施滞后不行,必须装备先进,储备充足。要遵照国家提出的"建立健全分类管理、分级负责、条块结合、属地为主的应急管理体制",坚持从源头上综合治理,抓小防大;坚持从体制、机制、法制入手,标本兼治。

体制要进一步理顺,能力和水平再提高。要有常设的城市公共安全应急救援机构。由市长担任城市公共安全委员会主任,分管副市长担任副主任。同时,加强政府总值班室建设,每天有一位副秘书长以上的领导干部担任值班长,履行值守应急、信息综合、协调组织的职能,对于安全生产、防台防汛、防震减灾、社会稳定的事件，调动难以调动的力量，协调难以协调的资源，解决难以解决的问题，确保全市大事不出、小事及时化解。

机制要进一步完善，常态和应急相配套。要坚持以防为主，本着造福于无形，消祸于未然，全面梳理薄弱环节，深入分析原因，采取切实可行、操作性强的工作措施，把公民和企事业单位的自救、社会各方协同互救，政府职能部门专业急救有机结合起来。尽最大可能迅速反应，使资源和信息在最短时间内实现有效整合，共同行动来解决危机，以提高政府工作效率，赢得救灾的黄金时期。并且，要进一步加强城市公共安全专家队伍建设，有切实的措施保证专家第一时间达到事故现场。

法制要进一步健全，执行和落实须严格。要抓紧对现有法律、规章、规范、标准的梳理，按照轻重缓急，通过立、修、改、废，进一步健全城市公共安全法律体系。要抓紧启动《突发事件应对法》地方配套立法工作，为完善应急管理的体制和机制提供保障。认真解决好法规好看不中用的问题，认真实施好各项法律和规章，在严格和落实上真下功夫。从而提升城市安全运行的能级和标准，使上海成为我们国家最安全的城市之一。

当前要注重抓住头、编织网、扎好根。

抓住头关键是明确责任主体。政府是社会管理和应急救援的责任主体；企事业单位是安全生产的责任主体；公民是家庭和自身安全的责任主体；学校和家长是未成年人的监管责任主体。要依法签约，责任明晰，关键是要落实到人、落实到岗、落实到所有环节，才能真正落到实处。决不能停留在会上、纸上、嘴上，真抓实管，确保安全。

编织网关键是纵向到底，横向到边。要按照不同行业、领域和地区编织安全网络，纵横交错。网眼的大小要符合不同行业、领域和地区的安全系数而定，真正做到网格式管理，精细化操作。要依托信息化的手段，发挥已建成市应急平台的作用，加强对物资、专家、队伍等应急资源整合力度，明确建立相关信息的共享机制。对原有各类预案要及时调整修正，务必经受实战演练，专家评估，管用有效。

扎好根关键是夯实基层基础。要做到基层组织坚强有力，基础工作扎实有效。安全宣传教育要进工厂、进学校、进社区、进家庭。要积极推进、建立上海市应急管理干部教育培训基地建设，加强对各级领导干部的教育培训，并配合做好全社会的公共安全宣传教育工作。各项安全措施有科普、有方法、有队伍、有经费、有物资。切切实实看好自己的门，管好自己的人，办好自己的事，以一方平安保全市平安。

关于对社区退休人员参加互助会提供便利的建议

(2011 年 6 月)

上海市总工会职工保障互助会(简称职保会),是由各区县局(产业)工会及基层工会出面组织、职工自愿、单位(团体)统一参保的一种职工互助互济的活动,包括在职住院、退休住院等内容。职保会自 1994 年建立,是上海市社会保障体系有机组成部分,有 700 万人次从中受益,深得人民群众的赞扬与肯定。截至 2010 年 6 月 30 日,全市参加“退休住院医疗互助保障计划”的退休职工有 298.72 万人,其中社区参保退休人员人数达到 14 万人,占 4.69%。

社区参保退休人员是指破产、歇业企业及失业后在街道办理退休的人员。这部分人会逐年增多,由于没有一个具体单位组织他们参加互助保障计划,只能本人到社区事务服务中心办理参加市职保会的住院保障计划,办理的时间为每年的 6 月 1 日至 25 日(今年延长至 30 日)。据了解,仅黄浦区外滩街道每天就有 100 多人来办理手续,如果这一时间段不办理手续,就失去了这一年的参保机会。互助保障待遇是每人每年缴纳 135 元,最高享受报销 4 万元。有些社区退休人员这个月不在上海或者遗忘了,有的身体不便去办理,这部分社区退休人员就失去了互助保障。为此,我专程走访了职保会主任顾学庆。从职保会的角度来讲,只能维持现状,理由如下:

首先,单位(团体)统一组织参保的退休职工由其所在单位向市职保会统一提交代扣申请,但破产、歇业企业的退休人员因散居在全市各个社区,又由于养老金的发放时间从每月的 10 日至 25 日不尽相同。因此,社区工会服务点既无法掌握辖区内全部社区参保退休人员情况,也很难控制代扣保费的时间节点。如果社区参保退休人员的个人账户没有足够金额,造成代扣不成功而脱保,将影响其享受互助保障(单位参保的,一旦代扣不成功,单位可先行垫付保费以避免脱保)。

其次,社区参保退休人员代扣保费工作涉及相关金融机构和退休职工,稍有不慎就会产生纠纷或矛盾。一是目前全市只有 5 家金融机构同意受理代扣保费业务,在其他金融机构发放养老金的退休人员将无法进行代扣保费。二是金融机构明文规定,代扣款必须得到被扣款人的书面授权,如依此方法操作,办理 14 万名社区退休人员参保工作量很大,社区工会服务点无论在时间上还是精力上都难以做到。三是并非所有社区参保退休人员都同意代扣保费。对社区参保退休人员参保时还需区分缴费方式和发放养老金的金融机构,在操作上有相当大的难度,容易发生信息错误,最终导致代扣保费不成功而脱保。

第三,单位(团体)参保的扣款信息全部由市人保局提供,其信息以单位来划分,单位经办人员只要将个别不愿参保的对象删除即可。社区参保退休人员来自不同单位,且社区参保的退休人员可随意在全市任何社区提出参保申请。所以,对他们代扣保费的相关信息需要进行人工输入,内容包括姓名、身份证号、社保号等九个字段,而且必须确保准确率达到 100%,稍有差错就会造成脱保。

随着上海市老龄化进程加快,社区退休人员会越来越多,为了更好地为群众服务,尤其是对以前曾有单位如今没有单位的特殊群体,更应特别关怀。为此建议,社区退休人员参加互助会的具体工作须由社区工会来承担。一是每个街道、镇可聘请 1 至 2 名社区退休人员的协管员,加强日常服务和管理;二是代扣不成功,代扣保费由街道来垫付;三是将社区退休人员有效地组织起来,再次体现党和政府没有忘记他们。

此建议的落实提请市政府、市政协分管领导作出批示,责成相关部门研究解决办法。

“三公”经费公布亟待改进

(2011 年 8 月)

国务院关于中央部门今年 6 月向社会公开“三公”经费的规定，中央部门大多未按国务院常务会议给出的时间表，在 6 月公开本部门上年度和本年度的“三公”经费决算、预算情况，而且公布的数据真实性可信度不高，特别是有些部门明显存在躲闪、回避、遮掩、玩技巧等问题，有损政府的公信力。

当前，人们聚焦政府对“三公”账单的公布，客观地讲是政府部门与社会公众间展开的一场确信博弈，即人们寄希望于公开和透明化的政府的“三公”账单，以增进双方互信关系，不过在当前依旧以部门预算为主的财政预算体系下，单拎“三公”账单进行公布与公众冀盼带有明显的不相容性，很难真正产生透明化的约束效应。

具体而言，目前各部门在理念上把公开“三公”账单仅看作迫于压力的一种回应，而非自身应尽的义务。加之相对于其他的行政费用，“三公”经费本身的敏感性，使一些部门更倾向于掩盖自己在“三公”领域的真实支出。同时，部门预算使“三公”经费并不是一个独立的财政编制项目，它分散于政府部门的各类项目之中。因此，为缓解舆论压力，一些部门很容易把大部分的“三公”经费隐藏于其他预算支出子项目中。此外，“三公”经费在部门预算中的比重与部门职权范围、权力的自由裁量空间有着直接的关联。单纯强化“三公”经费的透明有可能会反向激励一些具有较大自由裁量权的部门及其官员，向其下级单位、所监管的市场主体等进行隐性寻租、设租以补贴预算内“三公”支出的缺口，这相当于公器私用的隐性税负。如近几年来涌现的一些官员接受企业出国旅游等各种邀请，就给人以防不胜防之感。为了更好地做好“三公”经费的公开，提出以下三点建议：

一是应当提高对政府财政支出透明度的约束。至少在公布范围上采用相对广义的行政成本来替代“三公”经费，并通过公布公共服务与行政费用的比率，让社会辨识和评析全口径行政费用支出和增长的合理性。这样可以避免有关部门把“三公”的账单藏匿于公共服务的行政成本项目中。

二是“三公”经费必须走先公开、后规范之路。对于在公开“三公”经费的尝试阶段取得的成效和出现的问题，在总结经验、吸取教训的基础上，建立健全公开“三公”经费规范，对公开“三公”经费的时限、项目、口径、范围、细化的程度等建立统一的规范，并且上升到法律的高度加以固化，增强其刚性的约束力。

三是对“三公”经费应列入各级人大审议各级政府部门财政预决算的必备项目。各级政府部门每年的“三公”经费预决算情况最好是先由各级政协民主评议、政治协商，再由各级人大常委会审批后，按照统一规范的模式集中进行权威发布，接受社会监督。公众可以“围观”“挑剔”“追问”“质疑”，由各部门作出正面的回应，向社会公众释疑解惑，对部门尚未作出让公众信服的合理解释的“三公”经费，人大常委会应责令其取消。

“书香中国”不能忘了农民工

(2011年8月)

上海市常住流动人口900万，其中一半是“农民工”。过去我们较多关注“农民工”的经济、政治、社会生活，相对忽略他们的文化生活。我们在关注“农民工”的物质诉求、经济权益的同时，还应关注他们的精神生活、文化权益。有的城市党政主要负责同志说，“农民工”这个称呼没有亲切感，咱给他换一个不带歧视性、没有排外味道的称谓。广东省东莞市户籍人口约200万，流动人口却达600万。在市委书记的倡导下，确定把他们称为“新莞人”，并在市政府的工作序列中设立正处级的“新莞人”服务管理局，广州市市长建议用“新广州人”取代原有“农民工”“打工仔”“外来人员”等称呼。这都体现和浓缩了一座城市对外来建设者的包容以及人文关怀，这是社会的进步。

“农民工”改不改名并不重要，其实最重要的是对他们合法权益的全面保护。当代农民是推动城市化进程的主力军，他们每天向城镇提供大量农副产品，他们源源不断输入大量劳动力，参与城市建设与改造，他们让出祖祖辈辈延续的大量土地，使城市化进程日益加快。可以这样说，没有“农民工”的奉献，就没有城市现代化的进程。

近日，中央文明办等部门发出《关于组织开展关爱农民工志愿服务活动的通知》，非常适时有意义。“农民工”的合法权益确实要加以高度重视、依法保障。

一段时间以来，虽有少数“农民工”靠非凡的意志打拼出自己的事业，但大多数人只是被动扮演着城市用工需求的补充角色或者说是配角。愈演愈烈的“用工荒”，乐观地认为，这是农村人口从买方市场转向了卖方市场。换句话讲，“用工荒”本就是“民工荒”的代名词，真正的潜台词无非工作量大、薪资低、用工环境相对较差的岗位没有人干。城市需要时极尽呐喊，甚至于政府出面大肆宣传，不需要时，又想方设法一脚踢开，把安全生产问题，社会脏、乱、差等问题都归结到“农民工”身上，这有何公平可言？再则，拖欠农民工工资问题始终没有得到很好解决。

随着城市的扩容和社会的发展，“农民工”这一特定的带有时代特征的群体概念会逐渐消失，这是长远趋势。但必须明白，“农民工”并不是概念上的存在，他们是现实社会中特殊的群体，他们的贡献和回报是不对称的。同时，我们要承认“农民工”的社会地位和权利保障较以往已经有了很大的变化，城市管理者和城市居民正在努力从户籍制度、观念和社会福利等方方面面给予农民工及其后代一个更加公平的市民待遇。

我们务必尊重、爱护“农民工”，逐步地做到同城同待遇。要以技能培训、权益维护、情感关怀、文化服务、素质提升等为重点，精心设计开展形式多样的关爱农民工志愿服务活动。在“书香中国”活动中，理应安排“农民工”专场，并给予价格上的优惠。从城市发展来说，创造条件让“农民工”多读书、读好书，是提升城市形象与竞争力的重要手段，也是弥补城市内部二元结构造成的“文化鸿沟”的重要方式。

使用简称“援疆”的提法欠妥

(2011年10月)

至今,上海市的报刊、电视,甚至于中央的报刊也在用“援疆”两字,更使人不解的是,国家部委办局和中央领导层面的负责同志在发文和讲话中都用“援疆”。我认为,此提法十分欠妥。援助是处在非常态情况下,是单向救助,是有时间限定的。支持是处在正常态情况下,是平等互助,是可持续发展的。

新疆是祖国的重要宝地。面积166多万平方公里,占陆地总面积的六分之一,与蒙古、俄罗斯、哈萨克斯坦等八个国家接壤,边界线长达5 600多公里,是我国边界线最长的省区。资源非常丰富,9种矿产储量居全国首位,居前十位的就有41种。石油的资源量占我国陆上石油资源量的30%,天然气资源量占我国陆上资源量的34%,煤炭预期资源量占我国的40%。有后备的耕地2.23亿亩。新疆向东向西同时面对着两个13亿人口的大市场。21世纪新的大陆文明兴起时,新疆正好处于枢纽位置。

新疆对祖国的贡献巨大。1950年夏天,当时的新疆领导人赛福鼎到北京参加中央人民政府全体会议。会议闭幕后,毛泽东同志让赛福鼎带上秘书一起到家中吃饭,而且是专门准备清真菜。毛泽东对赛福鼎说:“你们新疆是块地大物博、矿产丰富的宝地。维吾尔族是一个古老而又年轻的民族。它在历史上虽然建立过自己强大的汗国,但和内地在政治、经济方面一直保持着密切的关系。它保卫了我们国家的边疆,为国家统一作出过重大贡献。总之,新疆是个好地方,各族人民是热爱祖国的好人民。”毛泽东的话使赛福鼎既惊奇,又激动,更敬佩。

新疆是祖国大家庭的一员,对上海和内地的建设支持很大。1964年,上海10万青年满怀热血参与新疆建设,贡献了青春力量。新疆和内地的帮助、支持都是相互的、长期的。

在《朱镕基讲话实录》第四卷《关于新疆发展的几个问题》一文中，朱镕基说，以江泽民为核心的党中央对新疆维吾尔自治区确实是非常重视的。我们国务院执行党中央的决定，对新疆给予了最大的支持，我们希望这些支持能够变成效益，能够真正使新疆的经济繁荣起来，使人民生活得到改善，民族团结得到巩固。这是我们最大的愿望。这里特别要注重的是用"支持"两字。父母对自己的儿女怎么能够用"援助"两字呢？

党中央多次召开新疆工作会议，正确的提法是"实行新一轮对口支援新疆是党中央、国务院做出的重大决策"。因此，我建议领导同志和新闻媒体不宜用简称"援疆"两字。

对我国应急管理顶层设计的思考

（2012 年 10 月）

我国的基本国情是，现在处于并将长期处于社会主义初级阶段。表现在突发事件应急管理中有三个鲜明特征：一是“高风险的城市，低设防的农村”，因而各类事故、灾害、事件不断发生；二是“严格不起来，落实不下去”，虽然各项规章制度似乎都有，但执行不到位；三是“集中决策，领导批示”，一旦发布后的强大号召力和动员力迅速显现。这是世界上任何国家都不能比拟的。

我国正处于工业化、城镇化快速发展时期。各种传统的和非传统的、自然的和社会的风险、矛盾交织并存，公共安全和应急管理工作面临的形势更加严峻。在严峻的突发事件态势下，既有的“一案三制”应急系统有效地应对了汶川地震、玉树地震、舟曲泥石流等一系列重大突发事件，同时也暴露了应急组织结构、运作机制、法制建设、预案体系和文化环境等方面的缺陷与不足。

思考一：应急管理要有新的拓展和提升。2003 年“非典”疫情暴发之后，党中央、国务院提出了加快突发公共事件应急机制建设的重大课题；党的十七大将“完善突发事件应急管理机制”作为社会建设的重要任务提出；2007 年 8 月 30 日，第十届全国人大常委会专门通过了《中华人民共和国突发事件应对法》；党的十七届四中全会提出了要着力提高处理突发事件的能力。十余年来，全国各地积极探索、积累了许多丰富的成功做法。经济持续快速健康发展、政治安定、社会稳定是我国公共安全形势的主流，但当前，影响科学发展、安全发展、和谐发展的因素大量存在，各类突发事件相互转换，不稳定、不确定、不安全因素增加，公共安全应急管理体系亟待进一步加强。最有效的办法是对以往的成功做法要认真加以研究总结，将各地的好经验认真加以总结提升，不能仅仅停留在原有的“一案三制”提法上。必须针对当前所面临的新情况、新问题、新挑战提出新的建议与思考。

思考二：自上而下组织构架的定位要准确。进入21世纪以后，全球重大突发事件的发生频率和危害程度明显增加，并对各国的经济社会发展产生了严重影响。应急管理已经成为西方国家的重要政治议题，各国都把应急管理作为政府管理职能的一个重要内容，均成立了由最高行政首长主导的国家应急管理核心决策机构。尽管由于国情不同，各国采用的应急管理模式各有特色，但建立统一指挥、协同有序、权威高效的应急管理机构，是各国应急管理体制追求的共同目标。我们国家虽然从中央到地方各级人民政府都设立了应急管理委员会及办公室，但作为一个全新的探索，这一机构目前的运行与管理还存在着诸多问题，有必要做重大的调整。需组建由党政军融合的应急管理体制，将国防动员机制列入国家应急管理体系，将应急与应战有机融合，平时应急，战时应战。在名称上，要增加“公共安全”四个字；在职能上，要赋予“应急办”的权威；在设置上，必须放在各级人民政府办公厅(室)中，使其真正成为各级政府不可或缺的参谋与助手。机构设置要改变“头重脚轻、中间乏力”的毛病，务必强化县、市一级的职能。“应急委”每一个成员都要明确各自肩负的任务，做到上下畅通，纵横配合，应急快速，管理有序。

思考三：全民应急文化素质教育迫在眉睫。我国每年因三违(违章指挥、违章作业、违反劳动纪律)造成的事故灾难惊人，每年因遇险人员无知在灾害和事故中造成不应有的伤亡数量也很惊人。广大群众的个人生活、行为习惯和自救互救能力，与防灾减灾要求相距甚远，在普及灾害自救和互救常识方面有待加强。我国每年应急知识的普及人群1 000多万，应急教育普及率仅为1%，与发展国家50%的平均普及率相差甚远。四川汶川和这次云南的地震，一个是中学，一个是小学，一个是2 000多学生，一个是1 000多个小学生，在两三分钟之内全部撤离到操场，没有一个伤亡。要做到这一点，没有平时的训练和教育是达不到的。我们一定要把应急管理文化素质教育进学校、进社区、进企业、进农村、进机关。要加强平时的训练，让其成为人们生活的习惯、生存的能力。

思考四：切实增强党政领导应急管理的本领。这几年干部队伍中新老交替的速度加快，一大批中青年干部走上了中、高层领导岗位，他们缺乏应对突发事件的阅历和经历。发生突发事件，属地第一响应、事态研判决策功力、现场处置的方式方法、事后协调处置能力显得尤为重要。这对各级党政领导都是很现实的挑战与考验。上级行政介入经常是作为初期处置不力前提下的一个被动式的补救措施，难以当作一项基本经验加以推广和倡导，一旦将其作为基本经验加以提倡和推广，很可能致使基层应急主体消极被动，等待和依赖上级领导，从而贻误有效处置的最佳时机，也可能导致因高层领导同志不了解实际情况而贻误决策或错误决策的现象发生。因此，每一个层面要担当的指挥职能必须明确，决不能失位、错位和越位。尽快在党校和干部行政学院加强党政干部应急管理的培养和实训。同时，各级纪委、行政监察部门要加强责任追究。

思考五：应急管理关键环节操作性要增强。各种应急预案不能停留在纸上，决不能把演练变成演戏。目前，在许多地方和部门中，预案的制定过程就是一个相互抄袭的过程，并没有对实践和演练进行严格分析与研究，按照总结的经验与教训进行制定。因此，许多预案并不具有实际的指导作用。所以，一定要根据当地实际情况随时调整修改应急预案。例如，在伤亡多少人的情况下，我们国家的总理或者副总理必须赶到现场视察；发生什么样规模的灾难，省(市)委书记、省(市)长必须到现场指挥，要对各级行政官员处置突发事件的等级作出明确规定。现在出现自然灾害，下面把损失和数字报得越大越好，希望得到上级支援；发生安全生产事故、社会稳定事件，把损失和情况缩到越小越好，生怕承担更大的责任。在什么样的情况下，我们国家要降半旗致哀；在什么样的状态下，确定为进入紧急状态，可以动用军队；在多大的区域内，必须设立避难场所和避难地点；发出什么警报，各方要作出何种反应：每年要有多少财力来保证处置突发事件，这些都要加以明确。

思考六：人民政协在应急管理中可起到独特作用。人民政协是我国最广泛的爱国统一战线组织，是实现中国共产党领导的多党合作和政治协商这一基本政治制度的重要组织形式，是各民主党派、无党派及各界人士参政议政的重要场所。政协委员多是资深领导、专家学者、社会贤达、有识之士。他们活跃在各行各业，分散在民众之中，体察民意，通达社情；他们胸有治国之策，熟谙理政之道。突发事件发生后，主动让政协及时参与及早加强协商沟通，议政，他们有远见卓识；协商，他们有真知灼见；监督，他们能直抒己见、痛陈时弊；献策，他们能坦诚建言、肝胆相照。

思考七：用好用足人大常委会在应急管理上的监督作用。我国《宪法》第七十一条规定，全国人民代表大会和全国人民代表大会常务委员会认为必要的时候，可以成立关于特定问题的调查委员会，并且根据调查委员会的报告，作出相应的决策。调查委员会进行调查的时候，一切有关国家机关、社会团体和公民都有义务向他提供必要的材料。第七十三条规定：全国人民代表大会代表在全国人民代表大会开会期间，全国人民代表大会常委会组成人员在常务委员会开会期间，有权依照法律规定的程序提出对国务院或者国务院各部、各委员会的质询案。受质询的机关必须进行答复。各级人大都应依据《宪法》，加强对公共安全事件的监督。

顶层设计就是政治设计。我们必须站在国家层面的战略高度，认真回顾我们国家十余年来应急管理所走过的路程，学习借鉴世界上发达国家和我国台湾、香港、澳门地区应急管理的经验和教训，以科学发展观为指导，吸收整合各方智慧，实事求是地系统规划，着手顶层设计和模式重构，力求在重点、关键环节上取得新的突破，建立起具有中国特色、时代特征的应急管理体系。

对完善上海市“万人就业项目”的建议

（2013 年 5 月）

21 世纪初，上海市有一大批因产业结构调整、企业下岗的协保人员，又有一大批失去耕地的郊区农民。为了使他们尽快体面就业，2003 年，市政府启动了“万人就业项目”，以条为主，区县配合，组建了交通协管、市容环境协管、商品交易市场协管、特种设备安全协管、劳动保障协管、环境保护协管、房屋租赁协管、社区保安、社区综合协管等九支队伍。不少区县政府也联动了百(千)人就业项目，对促进市民就业起到了极为重要的作用。

今年 2 月至 3 月，市人民政府办公厅先后转发市人力资源社会保障局等部门《关于调整完善本市“万人就业项目”协管员队伍管理工作指导意见的通知》、《关于完善本市“万人就业项目”公共服务类队伍管理工作指导意见的通知》。这两个文件都提出今年上半年各区县要选择 2—3 个街镇进行试点，下半年在总结试点经验的基础上逐步扩大试点范围。由于“万人就业项目”是在时任上海市副市长周太彤直接领导、我协助组织实施的，运行十年肯定会有一些不足和问题需要弥补。出于反省自我的工作，对现任领导同志提供真实情况，我专程到长宁区新泾镇开座谈会进行调研。

长宁区新泾镇辖区面积 11.89 平方公里，常住人口 124 499 人，协管员队伍品种比较齐全。现有公益服务社 550 人，主要从事居民小区的保安；卫生消毒保洁服务社 32 人；清水河道服务社 52 人；市容协管服务社 10 人；助老服务社 20 人；助残服务社 29 人；就业援助服务社 32 人；社区保安队 159 人；综治协管员 30 人；房屋协管队 53 人；应急服务队 23 人；非机动车协管社 12 人；机关后勤服务社 11 人，合计 1 013 人。这充分说明当时设定的就业岗位至今仍然十分需要，随着城市网格化、精细化管理进程加快，协管人员越来越需要。如何理顺条块管理职责，加强队伍整合，提高管理效能，明晰从业人员劳动关

系确实十分必要。为此,对完善“万人就业项目”提出几点建议:

一是条块关系要更加明确。目前,市里有 10 多个行政部门参与此项工作,资金补贴渠道复杂,日常操作较为烦琐。因此,建议市里相关部门负责业务指导,每年的培训经费由市财政支出。协管员队伍的日常性开支由各区县负责,对经济困难的区县可以实行转移支付的办法。条块密切配合,有效推进协管员队伍向组织正规化、管理规范化、业务标准化发展。

二是工资待遇要逐年提高,不能一直保持全年最低工资线的标准。协管人员往往都是处在上有老下有小,最需要花钱的年龄段。再则,技能相对较弱,很看重现有的就业岗位,现在的月工资是 1 500—1 770 元之间,工作积极性不高,协管职责不到位,都在等退休。

三是坚持从实际出发,协管员队伍的数量要根据各街镇的实际情况出发,充分发挥区县街镇的能动性,市里没有必要予以锁定数量。文件中提到,今年不再新进人员,基层反映,社会管理一天都不能缺失,到退休年龄再增多,执行难度很大。对特殊人群就业比较困难的,如果都按市场运作来招聘的话,这些人很难就业,政府仍然要进行托底。

四是居家养老标准要提高。目前,新泾镇 60 岁以上、低保低收入、生活不能自理或者部分不能自理的就有 550 人,居家养老的月补贴是三档,300 元、400 元、500 元。今年 4 月开始,劳务工工资每小时是 14 元,按这样的标准,每天只能服务 1 小时。

对连续发生停电事故的建议

(2013 年 6 月)

6 月 5 日晚,因上海电网电缆本体故障,上海市中心城区部分区域停电 69 分钟,轨交 2 号线部分区段停运 45 分钟。6 月 7 日晚,徐汇区部分地区、浦东南汇地区、崇明县部分地区又发生停电故障。在这两次事故应急处置过程中,政府相关职能部门应急到位,涉事市民沉着应对,表现淡定,体现了良好的文明素质。停电期间,本市社会秩序良好,未发生重大突发案(事)件及人员伤亡,但暴露出一些薄弱环节,值得引起高度重视。一是电力部门发布信息的准确性有待提高。电力部门的官方微博发布的停电时间是晚 8 时 10 分,实际停电时间是晚 8 时 37 分。二是手机短信应急发布时间偏长。为安抚事发区域电梯中的被困人员,6 月 5 日晚,市政府总值班室启动了 30 分钟的手机短信全网发布,从确定发布到实际发送时间约需一个小时。三是部分轨交线路的供电系统有待完善。轨交须有两路送电,发生停电事故后应自动切换备用电。四是部分人员密集场所,如大型商厦、医院等内部供电系统有待加强。这次停电事故暴露了这些单位自行配备的临时供电设备不足,或重点部位未配备 UPS 临时供电系统,或部分自发电柴油机未能第一时间正常启用,影响了本单位供电。为此,提出如下建议:

一是抓紧修订《上海市处置供电事故应急预案》。该版应急预案系 2007 年制定,建议市经信委、上海电力公司结合应对本次大面积停电事故和随时会发生电力设备故障的问题进行修订,使应急预案更具针对性、操作性。

二是对人员密集的文化、体育、餐饮、娱乐、商业场所,尤其是医院等人命关天的单位,内部供电系统做一次普查,督促责任主体单位落实防范措施。

三是进一步加强轨交的电力保障。建议申通集团会同电力部门进一步完善轨交供电方案,确保做到两路供电。

四是进一步完善手机短信应急发布机制。建议市通讯管理局会同各电信运营企业,进一步理顺工作机制,提高发布时效,并研究区域定向发布内容。

中国唱片资源亟待保护开发

(2013 年 6 月)

近日,我到中国唱片上海公司调研,感到十分惊讶。中国唱片上海公司作为中国唱片工业的发源地,它的发展历史浓缩了整个中国唱片业的百年历程。目前本部 80 人,平均年龄 50 多岁,人均月工资 4 000 元,具有高级职称只有 5 人。去年招聘硕士研究生 8 人,至今还剩下 3 人,随时有可能跳槽。我走进库房看到一位上了年纪的老师傅,穿着汗衫背心,汗流浃背地在做唱片存档工作。存放唱片的库柜是 50 年代用木头做的,丝毫没有现代管理气息。

中国唱片上海公司不仅是国内历史最悠久的唱片公司,而且是文化底蕴、文化财富最大的一家企业。目前藏有 7 万多面金属唱片模版。模版涵盖面广泛,几乎囊括了中国音乐、戏曲、曲艺所有优秀曲目、剧目,有很多都是孤品绝版,如《义勇军进行曲》的第一次录音模版、革命先驱孙中山的演讲录音、胡蝶主演的中国第一部有声电影《歌女红牡丹》等。

中国唱片上海公司现在隶属中国唱片总公司,从中华人民共和国成立初期到 70 年代末,中国唱片总公司在音像行业都居于垄断地位。但这十多年来,整个音像市场持续大幅滑坡,特别是随着网络新技术的出现,实体音像唱片销售逐年下降。中唱上海公司面对困难,动脑筋、想办法,积极开拓市场。2012 年实现营业收入 12 481 万元,比 2011 年增加 365 万元。

中国唱片总公司原隶属国家文广局,政企分开时,拟划归中央电视台。时任中国唱片总公司主要负责同志认为,中央电视台与中国唱片总公司同一个级别,归中央电视台管理等于自己降为处级,主动找到国有资产管理委员会。因此,2008 年中国唱片总公司隶属诚通集团,2012 年底隶属华录集团。企业追求业绩考核,不太顾及文化企业的特性,这样的管理体制,使中唱上海公司全体员工积极性不高,常年收入不增,事业发展步履艰难。据了解,时任中共中央宣传部部长刘云山关心过中国唱片总公司的归属问题，中宣部曾发函给国资委，国资委回复，我们也要发展文化企业，此事就不了了之了。

我通过调查研究、召开座谈会后提出两条建议：(1)中国唱片总公司理应回归中央电视台。这样可以做到优势互补，共同繁荣发展，开辟更加广阔的文化市场。(2)中国唱片上海公司地处上海，是我们国家唱片发祥地。全国政协来沪视察，称“中国唱片上海公司是音像界的故宫，具有无价的历史文化价值”，理应扶持。建议每年从市文化发展基金中划拨1 000万元，抢救文化瑰宝。

对“失独老人”予以特殊关照的建议

（2013年8月）

我国独生子女家庭已达1.5亿户，随着独生子女家庭数量的不断增加，产生“失独家庭”的可能性也越来越大。“失独家庭”是指失去独生子女的家庭。我国15—30岁独生子女死亡人数每年约7.6万人。目前全国“失独家庭”已超百万户。在“失独家庭”中，50岁以上的“失独”人数日益增多。据上海市《2010年发放计划生育家庭特别扶助金》资料显示：被扶助的3.6万人中，60岁以上的“失独家庭”2 200多户，占特别扶助对象总数的0.4%。就上海星星港关爱服务中心而言，在曾提供精神关爱服务的333户“失独家庭”中，60周岁以上的老人占36%以上。他们因“失独”而留守空巢，过着寂寞的生活，不仅需要得到精神上的慰藉，而且更需要得到政府切实帮助，解决他们“医疗、养老、料理身后事”等后顾之忧。他们的诉求和建议归纳起来有五个方面：

(1) 设立“失独老人”专项医疗养老保险制度。现行的医保政策对于年老多病的“失独老人”来说，自付部分偏高，养老金难以承担，而计划生育特别扶助政策，对“失独家庭”的救助力度非常有限。建议设立“失独老人”专项医疗养老保险制度，由政府承担这一特殊群体的医疗和养老问题，以适当减轻他们的负担。据了解，北京目前共有3 900个“失独家庭”，涉及7 746人。未来三年，政府将通过“暖心计划”，每年为每位“失独”父母出资2 800元，购买涵盖养老、医疗、意外险、人寿险、女性安康等险种在内的综合性保险。

(2) 对“失独老人”的养老及“身后事”，明确法定承办人、赡养人及监督人。目前孤寡老人的养老、“身后事”，都由村委会或居委会承办，是法定承办人。而对“失独老人”的养老、“身后事”，则无明确的法定承办人、赡养人及监督人。建议在有关法律中确定“失独老人”的法定赡养人、承办人及监督人，明确应尽的责任和义务。从法律层面保障“失独老人”的老、病、死有组织依靠。

(3) 完善计划生育家庭特别扶助补偿政策。现行办法规定，独生子女意外伤残或死亡必须同时满足“未满 16 岁”以及父母“不再生育和收养子女”两个条件，才能享受每人 5 000 元的补贴，条件太严。建议政府有关部门取消或适当放宽这一年龄限制，使“失独”父母都能获得经济补偿(目前有部分区已实施了，盼望全市统一执行)。此外，考虑物价上涨等因素，适时增加计划生育家庭特别扶助金额，并简化首次办理及每年复审手续。

(4) 落实、完善和扩展社会养老服务措施。一是对上海市户籍 60 周岁以上，且有生活照料需求的“失独老人”，实行“三个优先”的社会养老服务。即优先入住指定养老机构、优先提供上门服务、优先使用社区日间服务中心和老年人助餐点。二是在医院病床紧张的情况下，优先安排“失独父母”住院治疗。三是在春节、敬老节等重大节日，对“失独父母”寄送贺卡慰问，对其中有较大困难或患大病的应上门慰问。四是优先安排社区志愿者助医、助急等上门服务，更希望政府有关部门切实做好“失独父母”的临终关怀。

(5) 积极稳妥地推行“失独父母”以房养老。上海市公积金管理中心曾在 2007 年开展“以房养老”试点工作，当时由于很多房产权非老人独有，子女有分歧以及家产传后观念等原因，无法大面积铺开，只有在孤寡老人这一群体中先行试点。而上海市“失独”父母一般都有独立房产权，基本无上述顾虑。建议政府部门积极稳妥地在“失独”父母群体中推行“以房养老”，以提高“失独”父母的养老生活质量。

对进一步加强烟花爆竹安全管理的建议

(2014 年 2 月)

由于人大代表、政协委员呼吁,《新民晚报》等媒体倡议,广大市民群众配合,今年春节除夕和初四晚燃放烟花爆竹量明显下降。近日,我到市供销合作总社调研了解,今年市供销合作总社烟花爆竹总量是 28 万箱,6 000 万元,并且对烟花爆竹收购、销售极为重视,采取了多项措施:

(1)原是每箱贴防伪标志,现为每个烟花爆竹都有防伪标志。(2)关口前移。对进沪的劣质烟花爆竹的举报机制主动到湖南、江西等地推行,仍然是每箱奖励 20 元。(3)由市供销合作总社向区供销社供货改为直接向各销售点直供。(除崇明县以外)(4)严格控制大卖场零售许可证发放。全市大卖场有 150 个,今年市里成立鞭炮配送公司统一把关,发了 108 张。

在调研座谈中,结合本人的工作实践,提出四点建议:

(1) 公安机关要继续加大打击力度。因为上海市的烟花爆竹市场还有 40%是非供销合作总社渠道进货,由“胡志明小道”流进上海。因此,必须加大烟花爆竹的举报奖励宣传力度,消防和交警要加强道口的检查,严防劣质的、非法进入上海的烟花爆竹造成伤亡事故。

(2) 以往元宵节过后,库存量 1 万箱,(环线内的烟花爆竹过了元宵节后统一回收,郊区不回收)估计今年库存量超过 7 万箱,价值 1 500 万元。再则,还有仓储费用和财务费用,建议市财政适当予以补贴。

(3) 市合作供销总社在嘉定外岗有一个烟花爆竹储存仓库,规定的储存容量为 10 万箱。可是上海每年进货都要超过 20 多万箱,多是借用临时仓库来存放,危险系数较大,建议再造一个储存仓库。

(4) 上海国际旅游节每年要在世纪公园放 3 场烟火晚会,依照法规,烟花爆竹进沪必须通过供销合作总社唯一渠道,燃放必须有资质证书,现在都没有照此办理。建议要有法治思维,今年解决此问题。

对公众聚集场所反恐防范的建议

(2014 年 3 月)

十多年前,我曾担任过上海市铁路上海站地区管理委员会主任一职。今年 3 月 1 日晚,昆明火车站严重暴力恐怖事件发生后,我到铁路上海站地区做了几次暗访,并同相关负责同志进行了座谈,亲眼看见了铁路上海站地区管理有方、安检严格、秩序井然,使我感到非常欣慰。同时,对进一步做好全市公众聚集场所反恐防范工作产生了几点想法,仅供领导决策参考。

一是认真总结铁路上海站地区综合管理的经验,及时加以推广借鉴。这个地区有 16 支队伍:站区治安派出所、铁路上海站派出所、轨道火车站派出所、公安边防站、城市交通行政执法一支队、区交警二中队、铁路交警一中队、站区市容管理所、武警二支队三中队、工商、税务所等,人员近 800。分三班执法执勤:早班 7—15 点,中班 15—23 点,晚班 23—7 点,力量布局主要安排在早、中班,每天实际执法执勤人员在 200 人左右。令人眼睛一亮的是一支训练有素、装备精良、执勤规范、具有威慑力的"钉子岗"保安队伍,这支队伍有 180 人,其中有 17 名女同志,分三班站岗把守,并有巡逻分队,管控的作用较为明显。闸北区政府每年投资 1 000 万元,值得借鉴和推广。

二是发现问题和巡逻盘查机制要切实加强。这个地区的全体执法执勤人员要加强培训,使每一个队员牢记安保的底线是"四不":不响、不爆、不烧、不发生重大人员伤亡事故。做到"四个确保":交通有序、治安稳定、环境整洁、安全和谐。据我实地观察,对可疑人、可疑物、可疑车盘查有待提高。加强盘查,可以收到"盘查一个人、吓跑一个人、躲掉一个人"早期预防的作用。巡逻不是走马观花,而是要善于观察。现在的情况是,从事巡逻的执勤人员业务不够熟悉,不知道盘问什么,而且不够主动。

三是要有效加强各类执法执勤队伍合成实战训练。如今,公安民警、特警都荷枪实弹,警惕性很高。我询问部分警察:“你们现在应急处置实弹训练的水平如何？一旦发生重大突发事件,如何形成整体力量?”他们告诉我:地区警察实弹训练每年两次,一次是训练,一次是考核;铁路警察一年只有一次;特警的平时训练是可以的。虽然队伍众多,以往有过一两次演练,并有联动指挥中心体系,但要及时形成战斗力,确实是我们这个地区最大的薄弱环节。现场指挥往往是谁的官大就听谁的,不够规范科学。因此,建议要切实加强各类执法执勤队伍的统一演练,提高站区相关单位应急处置能力,着力提高地区整体反恐防范能力和水平。

四是要进一步用足用好现有管理体制。市里有上海市铁路上海站地区管理委员会及办公室,区里有铁路上海站地区综合管理委员会及办公室。两个委员会要发挥各自职能,两个办公室要合署办公,加强整合。公安既有地区又有铁路,要加强协作配合,并充分发挥好在这个地区具有二三十年管理经验的“老同志”作用。各个执法单位要做好值班的安排,对站区内治安和消防的要害部位、重点岗位坚持 24 小时巡逻值班制度,做到不留死角。各级领导干部必须保持 24 小时联络畅通,做到召之即来,来之能战,确保全市公众聚集场所的平安。

国家外交工作须向全国人大会议作出报告

(2014 年 3 月)

外交工作对国家而言是最重大的事情。因此,在国务院组成部门中,外交部的排序是第一位的。李克强总理在十二届全国人大二次会议上所作的政府工作报告中,对过去一年的外交工作和今年的外交工作作了总结和部署。总理所作的报告赢得了 47 次掌声,其中最长、最热烈的一次是“维护二战胜利成果和战后国际秩序,决不允许开历史倒车”。李克强总理在中外记者见面会中答记者问时,15 个提问中有 4 个是外交问题。

国家外交工作是全国人民特别关心、关注的大事。虽然十二届全国人大二次会议期间,两会新闻中心组织了一次专场,外交部部长王毅就中国外交政策和对外关系回答中外记者提问,这是远远不够的。我国《宪法》规定:全国人民代表大会是我们国家最高权力机关,行使十五项职权,其中第 14 项职权是“决定战争和和平的问题”。

党的十八大以来,中国外交最鲜明的特点是主动进取。仅去年一年,习近平主席、李克强总理密集出访 22 个国家,接待 65 位外国元首和政府首脑访华,同 300 多位外国政要进行会见和交流,与各国达成约 800 项合作协议。外交工作应该如同国家发改委、国家财政部向大会必须递交《国民经济和社会发展计划和计划执行情况的报告》、《国家预算和预算执行情况的报告》一样,递交《国家外交工作的报告》,其中包括国家对外政策、对外关系、维护中国公民和法人在海外合法权益和安全的工作情况,及在联合国和国际舞台中的作用、外交队伍建设等。

上海不能贴上“少震”“弱震”的标签

(2014 年 5 月)

据中国地震局组织召开全国地震趋势会综合分析认为:2014 年我国大陆发生 7 级地震的可能性较大,危险地区是南北地震带、中南地震带和天山地震带中西段。东部地区地震活动水平为 6 级左右。上海地区存在发生 5—6 级地震的地质构造背景,历史上本地区曾发生过 5 级左右地震,也受到过邻近地区多次强震的波及。但由于上海地区较长时期以来没有发生破坏性地震,党政领导干部和民众及社会对防震减灾工作重视程度相对较弱,对地震防范的准备还很不充足。

一是相当部分建筑物抗震能力不足,大量城市老旧房屋和农村民居未达到抗震设防要求,尤其是 20 世纪 50 年代建设的多层民居,楼板还是预制板,一些基础设施(生命线工程)到现在有上百年的历史,难以抵御中、强地震的破坏。

二是地震应急准备不足,避难场所、物资储备等基础准备不足,地震应急救援队伍的软硬件装备与训练水平和世界先进水平相比也还有较大差距。以应急避难场所建设为例,上海近年的建设取得很大的进展,但与北京、南京、成都等城市的应急避难场所建设相比还有不小的差距,目前北京建成了 72 处,南京建成了 54 处,成都建成了 35 处,上海建成了 7 处。

三是组织体系建设有待完善和健全。由于历史和体制等客观因素,目前上海部分区县地震部门存在机构不够完善、人员编制偏少、经费不足等情况,制约了上海市防震减灾工作发展,在应急指挥协调机制和资源调配上还不健全。

四是市民的地震科普知识和防震减灾意识普遍有了提高,但地震的应急避险能力、自救互救能力有待进一步加强。例如 2008 年“5 · 12”汶川地震时,上海高层建筑普遍有感,不少写字楼的白领和高层居民纷纷下楼跑到马路上,南京路步行街、浦东陆家嘴等空地上挤满了恐慌的人群,造成了一定的社会秩序混乱。

党中央、国务院近期对防震减灾工作作出重要指示,要求高度重视当前震情,有针对性地做好防震抗灾应急准备。结合上海实际,提出三条建议:

1. 要切实杜绝麻痹侥幸思想。上海不能贴上“少震”、“弱震”的标签。上海作为我国的经济、金融、贸易和航运中心,人口和建筑稠密,财富高度集中,是一座具有广泛影响力的国际化特大型城市。但是,城市现代化水平越高,生命线工程和各种管线越复杂,灾害防御难度也越高,灾害带来的风险也更加突出。城市生命线系统一个环节发生问题,将会给城市运行和社会生活带来极大障碍。1996 年长江口以东海域 6.1 级地震曾造成上海多处供水系统损坏,假如发生一场更大些或离城区更近些的地震,影响和损失就会更大,后果有时不敢想象。

2. 不断提升公众防灾减灾能力。要针对市民的防灾意识和应急救生技能较为薄弱的实际,深入开展防震减灾知识“进机关、进学校、进企业、进社区、进农村、进家庭”活动。要把防震减灾知识纳入国民教育体系和各级干部培训教学计划,继续推进科普示范学校和教育基地建设,充分利用传统媒体和网络媒体平台,采取群众喜闻乐见的形式,把常态化宣传教育和应急演练结合,提高公众应急避险和自救互救能力、各级领导干部的应急管理能力。

3. 进一步强化资源整合力度。防震减灾工作是一项社会系统工程,各区县、各有关部门要加强对防震减灾工作的支持,要通过市政府应急平台及市防震减灾联席会议平台,将上海市现有的相关设施、设备、队伍和信息资源进行对接、共享和整合,加强部门间的沟通联系和协调联动,进一步完善防震减灾体系建设,共同推动防震减灾工作不断取得进展。始终保持高度警惕,“宁可备而不震,不可震而不备”,做到防震减灾工作警钟长鸣、常抓不懈。

居委会(社区)干部队伍建设亟待加强

(2014 年 7 月)

居委会工作的扎实有效是上海的传统和优势，在不同历史时期起到了不可替代的作用，得益多多，贡献很大，是上海基层基础工作的一大亮点。依据《中华人民共和国城市居民委员会组织法》规定，居委会每届任期三年，期满须进行换届选举。2015 年，上海市居委会将进行换届选举。要切实提高特大型城市社会管理的水准，必须夯实基层基础工作，必须着力加强居委会干部队伍的建设，目前的现状与上海城市所处的地位，社会发展进程，居民群众的需求有很大的差距。

一是居委会与社区工作站职责定位不清。居委会最初设计的时候，是作为居民自治性组织出现的，其工作人员没有固定收入，但是后来随着政府机构的权力、日常事务向社区下沉，大量的事务性工作由居委会干部承担，成为政府不能缺少的“腿”。从 2008 年起，居委会干部队伍进入退休高峰时段。为了使居委会工作过渡平稳有序，从 2010 年开始，面向社会招聘居民区干部。目前，居委会处于一个“居站合一”的状态，即居委会与社区工作站合并，居委会很大一部分工作人员的身份是全职社工。居委会承担着环境卫生、社会治安、民政帮困、纠纷调解、收款收费、人口普查、文教计生等多条线的业务。居委会与工作站的工作职能交叉，导致居委会干部与社区工作者职责范围不清，角色不明，居委会自治功能被弱化。

二是居委会与社区工作站人员结构不尽合理。以上海市某街道为例，这个街道隶属 20 个居委会，共有居民区干部 165 名，其中男性 31 人，女性 134 人，女性明显多于男性。居民区工作具有一定的特殊性，较适合女性，但随着居民功能的拓展和工作内容的增加，对男性居民区干部的需求也日益增加，而男性居民区干部所占比例不足 20%。年龄结构同样不尽合理，50 岁以上的有

71 人,30 岁以下的只有 25 人。在 165 名居委会干部中,党员 49 人,团员 8 人。每个居委会的干部中党员只有 2—3 人,不利于党组织在最基层一线起到战斗堡垒作用。

三是居委会与社区工作站人员的属地化较低。按照《居委会组织法》第八条规定,居委会成员应在本居住地有选举权和被选举权的居民中产生,目前这个街道居委会干部属地化人数为 80 人,属地化率为 48.5%,至 2015 年,随着居委会干部的退休及换届选举,属地化率将进一步下降,居委会干部属地化率平均为 40.5%,有的居委会属地化率将低至 20%。居民生活在社区是 24 小时的,居委会干部与社工是"走读生",无法做好社区工作。

四是居委会干部与社区工作站人员来源相当复杂。有全额拨款事业编制、有街道招聘社工、有区民政局招聘社工、有区委组织部招录社工(村官)、有大学生服务计划共 5 类。按照加金情况划分,可以分为事业编制、社工、居民区大学生工作者、大学生社区服务计划、退休返聘和协保人员。工作职责和内容相同,但身份不同,导致工资福利待遇不同、职业晋升发展不同,引起居民区干部队伍的不平衡,不利于居民区干部队伍积极性的调动和发挥。

五是居委会干部与社区工作站人员素质能力不够科学合理。目前这个街道居委会干部 165 名,其中只有 14 人考取了社工资格证,仅占居委会干部总人数的 8.5%。现在居委会干部的专业知识结构与传统居委会相比有了明显提高,但不难发现,伴随着年轻化、高学历的美誉,可居民区干部的流动性上升了,群众工作能力弱化了,居委会的工作需要丰富的处事经验和人生阅历,一味追求高学历和年轻化,反而不利于居委会干部队伍的素质提高。再则,来自社会工作、社会政策、社会心理学等与社区相关专业的居委会干部较少,缺乏职业价值观。尤其是年轻的同志对从事内容单一繁琐的居委会工作,容易失去兴趣,甚至产生心身疲惫的状况。

今年,市委将加强基层基础建设作为一号课题正在深入展开。我建议,课题组要提出符合客观实际,又带有前瞻思考,并具极强操作性的办法和举措,切实回应街道和居委会(社区)干部的深切期待。

对进一步加强消保委建设的几点建议

（2014 年 8 月）

中共上海市委、市人大常委会、市政府于 2003 年作出重大决策，将上海市消费者协会改制成上海市消费者权益保护委员会（以下简称"消保委"）。消保委成员由相关政府部门代表、不同群体的消费者代表、人民团体和社会组织代表各占三分之一的比例组成。

市消保委改制后，当年全市消费者投诉高达 44 830 件，同比上升46.48%。2013 年已达到 102 887 件，已形成消费者投放方便、争议和解在先、化解配合协同、运转顺畅高效的工作局面，保障了维权诉求实现，促进了社会和谐稳定。同时，市消保委一方面勇于创新服务理念，前移维权关口，以消费者的需求为导向，积极推进消费维权工作由事后救济向事前事中防范转变。开办网站，开通微博和 APP 移动客户端，发布投诉热点、维权观点和消费资讯，对消费者进行动态引导；组织开展主题宣传活动，以防范诱骗、轻信、上当为主要内容，对老年消费者进行重点引导；每年组织上百场公益讲座，对社会消费者进行日常引导。另一方面创新监督方法，提高维权效率。但是，今日上海消费市场与消费环境发生了巨大变化，新的消费模式层出不穷，消费者的消费观念也与时俱进，这就迫切需要消保委加强自身建设。为此建议：

1. 必须明确消保委是法定的既具管理性又具公益性社会组织的性质。在政府转变职能的大背景下，进一步发挥社会组织的社会管理功能。这有利于体现消费者权益保护组织独特的特点，更好地履行法定责任；有利于建设"小政府、大社会"，培育发挥社会组织的作用；有利于整合全社会保护消费者权益资源，增强公众社会责任，促进经营者加强自律；有利于探索特大型城市消费维权机制建设的新路径。

2. 借鉴发达国家和地区中重视消费者权益保护的做法和经验。如：我国香港和澳门地区由政府主导设立了消费者委员会，注重发布各类消费信息和消费者教育工作。香港消费者委员会自1976年起每月出版《选择》刊物，公布产品测试结果、产品和服务表现、安全及其他方面的数据，供消费者参考。澳门在消费者委员会下设立了消费争议仲裁中心，解决在澳门地区发生的，涉及金额不高于澳门币5万元的消费争议，仲裁裁决由一位以兼职制度担任仲裁法官职务的法院司法官作出。美国、英国等国家规定：公益性电视频道每周必须保证一定的时段播放消费公益广告和消费教育节目。这些做法很值得我们推广与借鉴。

3. 加大对消保委系统人员、经费的支持力度。市消保委系统共有事业编制人员169人，工商部门派驻公务员45人，聘用人员75人，其他人员11人，共计300人。事业编制在编人员169人中，平均年龄40.6岁，大专以上学历的占有94.7%。目前大部分力量必须保证日益增长的投诉处理工作，而社会监督、消费教育力量不足，建议每个区县增加2—3名人员编制，并且将公益类事业编制改为管理类事业编制。同时，增加文职人员招聘数量。市财政每年拨款总额为5 000万元，为上海户籍人口人均3元多一点，而香港地区财政拨款为户籍人口人均10元。由于全市消保委系统因工作经费不足，不能全面履行社会监督、消费宣传教育等法定职责的情况，建议增加工作经费，保障法定职能的履行。

深圳应急管理工作很值得上海学习

（2014 年 10 月）

今年 10 月 10 日至 13 日，我参加了广东省“百名应急管理专家进基层”活动。在深圳实地调研、座谈咨询中，我对深圳市应急管理工作有了进一步的认识，认为有些做法和经验很值得上海学习和借鉴。

深圳市户籍人口仅 300 万人，常住人口 1 800 万人，地处沿海，台风、暴雨、山体滑坡等自然灾害多发。毗邻港澳，对外开放程度较高，境内外人流占到全国 50%，物流、车流占到全国 70%，交通事故以及“非典”、甲型 H1N1 流感等公共卫生事件极易发生。生产经营活动活跃，外来人员众多，城中村林立，生产安全事故、火灾以及社会治安案件、群体性事件等频发，对人民生命财产安全和社会稳定造成严重危害。深圳市委、市政府高度重视，不断探索建立和健全城市应急管理体制、机制和法制建设。

一、应急管理实行大部制

2009 年，深圳市政府大部制改革中，整合原市应急指挥中心、市安全生产监督管理局、市民防办（地震局），组建了市应急管理办公室（加挂安全管理委员会办公室、安全生产监督管理局、民防委员会办公室、地震局等牌子），由市政府办公厅归口联系，目的是建设“大应急”管理格局，全面提高政府处置突发事件能力。2014 年，深圳市成立了市应急指挥中心，主要负责全市重特大突发事件的组织指挥和综合协调。

深圳市应急管理工作模式主要是“条块结合、以块为主”。在“块块”方面，6 个行政区、4 个新区管委会均建立了应急管理机构。全市各街道都成立了具有应急管理职责的部门，做好应急值守、信息报送、综合协调等工作。全市

643个社区全部实施"网络化"社会管理,应急管理工作基本做到"有人管、有人问、有人做",强化了应急管理"属地管理"的原则。在"条条"方面,各部门各司其职、各负其责,也积极加强应急和安全管理力量。特别是结合深圳突发事件实际,加强了32个市专项应急指挥部建设,对专项应急指挥部牵头单位及名称,专项应急指挥部和现场指挥部的组织框架、指挥部办公室的设置及主要职责进行了规范,构建了较为完善的专业应急救援体系,突出了应急管理"专业处置"的原则。

二、编制出台《深圳市公共安全白皮书》

按照深圳市委常委会的部署,市政府成立了城市安全评估和白皮书编制工作领导小组,加大推进力度,在专业评估,征求市应急委、安委会成员单位和社会各界意见的基础上,形成《深圳市公共安全白皮书》,经市政府常务会议审议通过后于2013年11月13日正式发布。《深圳市公共安全白皮书》以风险管理为导向,确定了"三个优先"(优先加强预防工作、优先采取消除风险措施、优先治理高风险)工作原则,确立了到2020年完善城市公共安全"六大体系"(齐抓共管的责任体系、全面系统的预防体系、及时准确的预警体系、高效联动的应急体系、健全严格的法治体系、广泛深入的文化体系)。

三、切实加强应急管理值守和信息报送工作

应急值守工作直接关系到信息报送的质量,直接影响到应急处置的成效。一是完善应急值守网络。按照"两级政府,三级管理,四级网络"的思路,所有区、街道、社区、专业应急机构和重要企业均设立24小时值班室,并对值班室的总体布局、硬件配置、人员配备和工作职责等要求进行了统一规范。二是规范信息报送标准。印发《全市应急值守工作手册》,建立信息报送通报机制和突发事件信息报送标准,详细规定突发事件信息的报送范围、核报要求、报送方式、跟踪反馈和归档管理等要求。三是加强应急协调能力建设。各级值守部门强化对突发事件信息工作的主动介入,及时跟踪市领导指示落实情况,协

调各相关部门和单位迅速解决问题，逐步形成信息汇总、综合协调、跟踪督办的系统化管理，有效发挥政令畅通的枢纽和保障社会安宁的指挥所功能。

四、着力推进预案、法制和规划建设

一是按照《中华人民共和国突发事件应对法》和《广东省突发事件应对条件》的要求，正在研究制定深圳市贯彻实施《突发事件应对法》的地方性法规。二是按照国家和省关于加强预案管理工作的要求，修订《深圳市突发事件总体应急预案》，编制印发总体应急预案简本；配套制订总体应急预案、专项应急预案、部门应急预案三个框架；出台《突发事件应急预案管理办法》并全面推进专项预案、部门预案、区和街道地方预案等的修订工作。三是在广泛调研和深入研究的基础上，科学编制《深圳市突发事件应急体系建设“十二五”规划》，并着手开展《深圳市突发事件应急体系建设“十三五”规划》的编制工作。四是组织全市各级、部门和单位有计划地开展桌面演练、功能演练和全面演练，不断提高各类应急预案的实效性、科学性和可操作性，提升应急队伍实战水平。

五、强化隐患排查风险治理工作

安全第一，预防为主，为了有效预防各类突发事件的发生，一是按照省政府的统一部署，按照“分类管理、分级负责、属地管理为主”的原则，每年开展全市突发事件风险隐患排查和整改工作，从源头上预防和减少突发事件的发生。二是强化风险的源头治理，建立“企业自查、网格巡查、举报核查、执法监察、领导检查”相结合的安全生产隐患排查机制。三是每季度组织召开突发事件分析协商会，对突发事件的风险隐患和发展趋势进行分析研判，提出相关对策和措施，供市领导决策和市应急委成员单位参考。四是出台《深圳市台风暴雨灾害公众防御指引(试行)》，加强台风暴雨等灾害性天气防御工作。2014 年“5·11”特大暴雨日最大降雨达 458 毫米，第一次做到了日降雨超过 300 毫米的重大天气过程中没有发生人员伤亡。

六、进一步完善应急处置机制建设

一是健全快速反应机制，研究建立突发事件现场指挥模式，积极探索现场指挥官制度和基层政府行政领导负责制相融合的工作机制。二是完善突发信息报送机制，明确突发事件信息的报送时限、范围、方式和核报要求，每月定期通报各区、各部门较大以上突发事件信息报送情况，并推动突发事件信息互相共享，有效地减少迟报、漏报、误报现象，报送信息质量显著提升。三是强化联动处置机制，在处置较大以上突发事件中，强化辖区政府负责先期处置和后勤保障、专业救援队伍负责急救救援、应急专家队伍提供决策支持、宣传部门负责信息发布和舆论引导、应急管理部门负责综合协调的联动机制，形成合力，在处置多起突发事件中发挥显著作用。四是健全新闻发布和舆论引导机制。出台《深圳市人民政府新闻发布工作办法》，实行新闻发布行政首长负责制，率先引入新闻发布“问责制”。明确规定将突发事件、重要预警信息等列入新闻发布范围，要求重大突发事件必须在事发后 120 分钟内发布。五是建立区域合作机制。珠江三角洲地区 9 个城市共同签订《珠江三角洲地区应急管理合作协议》，在深圳、东莞、惠州三个城市签订《应急管理区域合作协议》，深圳与香港在防控传染病疫情、提供直升机救援服务等方面建立协作联动机制，增强共同应对突发事件的能力和效率。

七、有效推动全市应急队伍体系建设

根据国家和省的有关部署，出台《关于进一步加强应急队伍建设的意见》，着力加强四大类应急队伍建设。一是以公安消防队为骨干，成立了市级综合应急救援支队（加挂地震灾害紧急救援队牌子）、8 个区县应急救援大队，共有 1 800 多名队员。二是依托经贸信息、人居环境、交通运输、卫生、民政、农渔、建设、水务、城管、海事、通信、供电等 13 个部门和单位加强专业救援队伍建设。三是强化应急专家队伍，在第一届应急管理专家组 35 人的基础上，增加更多专业人才，涵盖更多专业领域，第二届专家组人数增加至 50 人。四是大力推动应急志愿者队伍建设，在公安消防、红十字会、海上搜救和山地应急救援等四支应急志愿者队伍有序运转的基础上，正在总结好的做法和经验，研究制定应急志愿者管理办法，在更多行业和领域进行推广。

八、切实加强应急资源保障工作

一是加强应急平台建设，分三期进行，累计投资约5 000万元建成和完善全市应急平台，具备视频会议、视频监控、指挥调度、辅助决策等功能；通过视频会议系统接入全市6个区、4个新区和机场、车站、码头、场馆等43个视频会议分会场，并与57个街道办实现互联互通；整合接入监控镜头3万多个；建成小型应急指挥车、中型应急指挥车和应急移动指挥系统地面卫星通信站，实现应急指挥车与固定应急平台之间的互联互通。二是加强应急物资储备，明确重要物资储备方式、渠道、规模、费用、监管等要求，并按照市场模式，探索建立了实际储备和商业储备相结合、生产能力储备与技术储备相结合、政府采购与政府补贴相结合的应急物资储备方式，强化了应急物资分类分级储备和管理。三是加强应急避难场所建设，出台《深圳市应急避难场所专项规划》，规划设置室内避难场所659处，适用于气象灾害、地质灾害、核设施事故等突发事件避险。规划设立室外固定避难场所452处，主要利用公园、绿地、体育场、广场等室外场地，应对地震等灾害。四是落实资金保障，设立了1亿元的应急专项资金，用于各类突发事件的应急处置，为处置工作提供了便捷、有力的资金保障。

九、创造性开展加强公共安全宣传教育

一是市政府投资1亿元建设“深圳市现代安全实景模拟教育基地”，免费向中小学生、普通市民和各行业从业人员提供多功能、体验式的综合型安全教育场所，已经接待参观人数达60多万人次。二是大力推进应急知识“进机关、进企业、进学校、进社区、进家庭”工作。免费印发《公众应急常识》教育读本近400万册，积极推动“百人百场”宣讲活动，广泛开展公共安全、防灾减灾宣传

咨询活动。三是充分发挥互联网络的作用,通过建设门户网站,宣传普及公共安全应急管理法律法规、常见突发事件应急常识、自救互救技能等内容。四是利用电视、电台、报纸等新闻媒体,广泛宣传普及公共安全应急知识,做到"报纸有文、广播有声音、电视有影"。

上海的应急管理工作做得也比较好,应急办的定位准确,相关部门协作配合度高。创办具有上海特点的应急管理品牌有三:日舆情分析督导、基层应急单元建设、对突发事件及时反思评估。注重规范化、制度化建设,心中有大局,工作主动。由于城市现代化程度较高,面临的风险就越大。习近平总书记视察清华大学公共安全研究院时作出重要指示:"现在我们国家处于工业化、城镇化、信息化的转型、转轨、转变时期,快速发展期和矛盾凸显期,这个时候突发事件很多,怎么把它管控好,把这些突发安全问题对我们的冲击和损害降到最低的限度,这是我们要积极应对的。过去的哪一年没有突发事件?自然的、社会的、政治的、经济的,所以公共安全建设对于构建和谐社会,推进全面小康社会建设,乃至于中华民族伟大复兴都具有非常重要的现实和深远意义。"深圳应急管理工作很值得上海学习,为进一步提高上海应急管理工作水准,建议如下:

1. 确立"五全"应急管理的新理念

应急管理要具有全灾种、全过程、全方位、全社会、全球化理念,切实加强各相关部门的协作配合,做到部门配合、条块结合、军地融合、资源整合,将上海打造成为防灾性城市。

2. 强化底线思维,从最坏处着想

注重对历年来上海市发生的典型突发事件作剖析,从中吸取经验和教训,提升为固有的制度来应对不确定的突发事件。同时,运用情景构建的设想,采取各项应对举措,用"时刻准备着,一切准备好"的要求来反省、检验我们应急管理能力。

3. 应急管理宣传教育要进一步加强

突发事件第一时间、第一反应者是非常重要的,第一反应者的素质和自救、互救能力往往决定他们在灾难来临时能否生存。要采取多种形式加强对公众应急管理的科普知识宣传和普及,加强对各级党政领导干部应急能力水平的训练和培养。

抓紧修改《中华人民共和国突发事件应对法》的建议

（2015 年 1 月）

为了预防和减少突发事件的发生，控制、减轻和消除突发事件引起的严重社会危害，规范突发事件应对活动，保护人民生命财产安全，维护国家安全、公共安全、环境安全和社会秩序。第十届全国人大常委会第 29 次会议通过《中华人民共和国突发事件应对法》。2014 年 12 月 31 日 23 时 35 分，上海市黄浦区外滩陈毅广场发生拥挤踩踏事件，中共上海市委、市政府依据《中华人民共和国突发事件应对法》和《上海市实施〈中华人民共和国突发事件应对法〉办法》等有关法律法规，严肃问责。人们痛定思痛，深刻反思，应尽快填补我国有关法律的空白与漏洞，用完善的法律制度筑牢生命的防护网。

当前，我国对大型公共安全事件现行的法律法规主要是《中华人民共和国突发事件应对法》，国务院《大型群众性活动安全管理条例》。前者是全国人大常委会制定的法律，后者是国务院制定的行政法规，两部法均是 2007 年前发布的。这两部法律规范都是赶在 2008 年北京奥运会之前制定的，明显带有应急因素，带有为特定事由制定的色彩，内容具有一定的局限性，难以广泛适用。这次上海外滩陈毅广场踩踏事件是一起对群众性活动预防准备不足、现场管理不力、应对处置不当而引发的拥挤踩踏并造成重大伤亡和严重后果的公共安全责任事件。但是，这个事件相当特殊，一是在开放的公共空间内，二是没有主办方的群众自行观灯活动，三是非安全生产事故和社会治安破坏活动。像这样的活动在立法上和实际操作上都存在空白点。对此，建议抓紧修改《中华人民共和国突发事件应对法》。

1. 维护公共安全是各级政府的神圣职责。领导干部公共安全意识的淡薄是公共安全最大的隐患。政府对组织的群众性活动安全保障措施很到位，但对没有组织的群众性活动防范松懈,很大程度上是法律对自发性群众活动没有明确规范,使得相关地区、部门思想上没有绷紧安全的弦。因此,急需填补法律的空白,织密生命的防护网。

2. 将现行的突发事件应对法,改为突发事件预防和处置法,把对突发事件应对向前延伸,对可能引起突发事件的活动提前管理,改变以往应对就是救灾的思维。突发事件应对法从整体内容上看,存在重应急轻防范。该法将突发事件分为四类,即自然灾害、事故灾难、公共卫生和社会安全事件。事故灾难突发事件是指已经发生的灾难性事故并且造成严重后果,这显然与预防性无关,而对社会安全突发事件的内涵,该法没有具体规定,导致无法依据该法对自发性群众聚集活动预防性管理。

3. 紧急状态期间采取的非常措施在法律上要十分明确。应对特别重大、超出地方政府能力范围、需要动用军队或武警等力量来处理的重大紧急事件,要进一步规范。突发事件发生后,往往涉及多方面和领域,仅靠一部突发事件应对法,很难解决所以事情。因此,建议出台《紧急状态法》,作为对突发事件应对法的补充。同时,国务院应制定和完善与突发事件应对法相配套的行政法规,完善缺失内容,增加法律法规的可操作性,以便于地方各级政府参照执行和细化落实。

对长征医院浦东新院是否建成要予以高度关注

(2015 年 7 月)

长征医院浦东新院是上海市政府和总后勤部共建的第二军医大学合作项目,位于浦东新区曹路镇,占地 300 亩,建筑面积 40 万平方米,包括地上、地下和辅助设施,设计规模日均门诊量 1 万人次,床位 2 000 张,正门位于金钻路 1318 号,离金海路不足百米,正在建设中的地铁 9 号线的五号出口直达医院。

2014 年 4 月 28 日,长征医院浦东新院重新复工。说复工而不是开工,是因为之前曾开过工。2009 年 11 月 7 日,新院举行奠基仪式,一位中将,六位少将集体亮相;11 月 9 日,发布新院工程设计招标公告;2010 年 4 月,上海建筑设计有限公司在 30 多家竞标公司中选择了美国 PTKL 公司合作,承担新院的规划设计;12 月 25 日,新院举行开工仪式,时任副市长沈晓明(现任浦东新区区委书记)、时任浦东新区区委书记徐麟、时任新区区长姜樑、时任上海市卫生局局长的徐建光以及吴孟超院士等重量级人物都出席参加;12 月 29 日,上海环境节能有限公司发布了新院建设工程环境影响评价公示;年底,发布新院建设监理招标公告;2011 年,新院建设工地在打了五十组桩后停工,设备和人员全部撤出,从此现场荒凉一片。2013 年 4 月 30 日,长征医院副院长白立新在曹路社区卫生服务中心对媒体和看病的群众说:“新院争取今年六月动工,3 年至 3 年半建成。”2014 年底到 2015 年初先后发布新院工程监理招标公告、新院工程检测招标公告、新院一期工程财务监理招标公告、新院工程施工招标公告。

2009 年,市政府确定了“531”工程,即在顾村、嘉定、浦江镇、临港、曹路镇新建华山医院分院、瑞金医院分院、仁济医院分院、市六医院分院、长征医院分院五家三甲医院,同时青浦、崇明、奉贤三家二甲医院提升为三甲,将金山中心医院迁建至海淀新城区，到2012年底，17个区县形成步行一小时到达三甲医院的医疗格局。2012年2月市政府出台《上海市医疗机构设置规划(2011—2015)》重复了“531”工程，同年7月1日举行的“和谐发展看上海”市政府系列新闻发布会再一次强调了这一工程。2012年底，531工程中除长征医院外的八家医院都已建成并投入使用，唯独长征医院浦东新院的建址上杂草丛生。可谓是艰难的“长征”，与一墙之隔的地铁9号线工程形成了“龟兔赛跑”，一边是热火朝天，一边是不紧不慢，施工至今，看不到包括工程名称、建筑面积、建设单位、设计单位、监理单位、施工单位及其负责人姓名电话和开、竣工日期的施工铭牌和按有关规定必须悬挂的“五牌一图”。国务院《政府信息公开条例》规定，与百姓密切相关的信息属政府主动公开的范围。新院建设几经反复，有关部门从不公开有关信息，对民众的询问和质疑，有关部门一直保持沉默，这在一定程度上剥夺了公民的知情权。奠基时的鞭炮彩旗、开工时的高调张扬、复工时的低调缄默、面对民众询问时的沉默和推诿辞令只会加深百姓的疑虑。由于官方信息不畅，坊间流言就开始发酵，大致有以下几个版本：一是天长公墓因素；二是靠金钻路一排小别墅拆迁未果，这片场地是计划造专家楼的；三是总后主管的副部长出现问题而耽误了；四是9号线从医院地下穿过，设计调整；五是资金问题；六是总体设计改变，床位从1 000张降至600张。种种传闻，让公众云里雾里。更让人痛心的是，杨浦区平凉、大桥、定海、长白街道数以万计的居民在2010年的动迁中，政府用大巴将他们送到曹路看房，许多人就是看见了长征医院的围墙和宣传，才在浦江镇、顾村、航头和曹路的安置房中选择了曹路。如今，他们普遍感觉上当受骗，政府的公信力受到严重伤害。

常住人口已超过23万的曹路镇，辖区面积45平方公里，半径10公里内没有二甲以上综合性医院，居民就医难。长征医院浦东新院建还是不建。事关政府的信誉。因此，建议市里分管联系部队的市委领导同志和市政府分管卫生的副市长要予以高度重视，切实予以解决，对新院的建设能发布即时信息，谣言止于真相。

积极推进黑龙江优质农副产品及绿色食品服务上海市场的建议

(2015 年 8 月)

今年 7 月,杨雄市长率团考察了黑龙江省,与黑龙江省委书记王宪魁、省长陆昊等领导座谈后一致认为:积极开展绿色优质粮油农副产品产销合作,尽快让上海市民吃上安全可靠的优质黑龙江绿色食品。为此,两地政府在原《两地合作的协议》基础上,再次签署了《关于绿色优质农产品产销战略合作框架协议》。此次《框架协议》更加明确两省、市间按照“政府推动、市场引导、企业运作”的原则开展合作,双方共同监管同意由上海盘中餐食品有限公司(简称:盘中餐公司)具体组织实施。既要发挥政府的积极推动作用,又要使企业按照市场化的方式进行运作。通过双方合作,促进黑龙江绿色优质农产品标准化生产基地建设,使黑龙江成为上海市可靠的绿色优质农产品供应基地,有效满足上海市人民对绿色优质农产品的消费需求。

为切实保障黑龙江优质农副产品及绿色食品稳定供应,盘中餐公司在黑龙江省各级政府、相关部门支持下与黑龙江省内各农副产品及绿色食品主产区对接,共同建立稳定的、互惠互利的合作关系,得到了各主产区所在地政府的大力支持,先后签订了多项《购销合作协议》,确保为上海提供优质绿色安全的食品。

为夯实黑龙江省优质农副产品及绿色食品更好服务上海市场,在沪、黑两地领导及相关部门的协调帮助下,目前,两地合作黑龙江优质粮油农副产品及绿色食品上海基地已经运转,部分产品已在上海市场销售,许多项目已起步。主要有:市交通委与市农委批准了 200 张进入市中心货车牌照的额度,目前 50 张小货车牌照已发放到位;市商务委提供了黑龙江绿色食品专卖店进菜场、自动售货机安置场地及相关设备补贴政策;市农委提供了西郊国际农产品展示直销中心、农业旅游景点及农展馆展销平台；市教委提供了上海市高校采购中心、中小学营养配餐中心采购平台，在同等条件下优先选购黑龙江农副产品及绿色食品；浦东新区商务委提供了自动售货机进驻居民社区、进园区的相关服务协调工作；浦东新区农委提供了仓储物流建设用地，为黑龙江优质农产品进入浦东地区销售给予一定的扶持政策。特别是市商务委，专门组织盘中餐公司与上海相关农副产品产加销企业进行对接。总之，在市、区各相关部门大力支持下，黑龙江优质农副产品及绿色食品直供上海市场项目通道建设正在有序有力地推进中。盘中餐公司投资自主开发了智能化无人售货机，采取直营连锁模式，将该机器投放在居民社区、企事业单位、大型园区等，为百姓提供价格合理的安全食品和便捷服务。公司定于 2015 年 11 月 30 日前投入智能售货机 1 000 台、菜场直营店 100 家。(其中，9 月 30 日前投入智能化无人售货机 5 台示范、菜场直营店 10 家试营业)但在具体实施推进中还存在一些困难和问题有待市政府及相关部门鼎力支持。为此，建议：

1. 成立联席会议制度

为加快推进落实黑龙江优质粮油农副产品及绿色食品服务上海市场，建议成立推进沪、黑优质农副产品及绿色食品产销合作联席会议，由分管副市长担任第一召集人，市政府相关副秘书长担任常务召集人，成员包括市政府合作交流办、市商务委、市农委、市经信委及浦东新区政府等相关负责人，联席会议办公室设在市政府合作交流办，请市政府合作交流办牵头协调，市商务委负责流通销售及溯源，市农委负责协调生产基地，市经信委负责信息及协调食品加工等工作，浦东新区政府具体落实实施。并且建立健全沪、黑两地上下联动、多方协作的工作机制，跟踪工作进展情况，加强协调，及时反映问题，有效解决问题，确保取得实效。

2. 加快推进仓储物流基地建设

在粮油绿色食品具体推进过程中发现，黑龙江农产品生产高峰期主要集中在秋冬两季，此刻的黑龙江正值冰天雪地，再好的农产品除铁路运送外没有更好的物流运输方式，而上海市场冬季又是农产品紧缺的时候，如何按时保质保量地有效供应上海市场需要，确实是个重大难题。为了解决这个难题，盘中餐公司在沪、黑两地有关领导及相关部门的支持协调下，与上海铁路局、杨浦区政府等多家单位共同商议，提议尽快建立便捷的铁路运输仓储物流集散基地，对此操作方案急需沪、黑两地领导及其部门共同协调推进。

3. 加大宣传力度，建立优选渠道

利用广播、电视、网络等公益性媒体，组织黑龙江优质农副产品及绿色食品专题宣传，建立常态化农副产品展销会、推介会，对在展示推介中评价好、销量稳并持续上升的产品跟踪采购，为黑龙江优质农副产品进上海提供更多便捷，让上海市民获得更多实惠。

关于科学实施危险化学品火灾扑救的建议

(2015 年 8 月)

天津港“8·12”瑞海公司危险品仓库特大火灾爆炸事故的发生让人十分痛心,本次事故反映出危化品仓库规划不合理、有关部门渎职、企业安全责任不落实等一系列问题。在火灾发生后,也有如何科学灭火的问题。现就今后消防部门如何科学扑灭危化品火灾提出如下建议:

1. 加强平时训练,避免火场人员过分集中

要加强消防人员的培训,使其掌握基本的生化常识,特别是了解常规危险化学品的特性。加强灭火基本功训练,提高灭火技能。要避免火场前沿人员过分集中,减少辅助人员。

2. 敢于下撤退命令,减少人员伤亡

英勇善战、敢于冲锋是消防官兵的优秀品德,也是军人的一项铁的纪律。但对现场指挥员来说,在火势强大、力量悬殊,特别是有爆炸等危险时,要审时度势,从全局考虑,敢于下撤退命令,有效保存力量,减少人员伤亡。在灭火过程中,消防队员也应做好自身防护,避免无谓受伤减员。

3. 实施大兵团作战指挥,加强协调统一

在多个中队到场,数十辆消防车到场的情况下,如何确保指挥上的统一协调、有效决策、有序组织十分重要。要明确分工,确定先到的指挥员做什么,后到的指挥员做什么,前沿指挥员做什么,后方指挥员做什么,不断完善灭火指挥程序,明确职责分工、责任范围,做到统一指挥、逐级指挥。总队设立若干指挥小组并佩戴明显标志,如火场供水、力量布置、前沿指挥、通信联络、后勤保障等,以提高大兵团作战时的灭火效率和灭火指挥的有序性。

4. 加强平时调研，狠抓基础工作

对重点防火单位，特别是危化品单位，要在平时加强调研，熟悉了解情况，狠抓灭火基础工作，掌握第一手资料，做好做实预案。对辖区目标对象发生变更的，要及时查明情况，及时更新信息。

关于将上海市煤气、电、水、电信“四单合一”缴纳费用的建议

（2015 年 9 月）

一、目 前 现 状

上海市居民每户每月分别收到煤气、电、水、电信账单（信封装寄送）各一份，共计四份。中老年人需要多次前往缴费点缴费，同时，如果家中无人或外出不在上海，将不能及时就近缴纳，需到各家单位指定地点缴费，更加不便。

1. 成本巨大。上海约 2 500 万人口，约 900 万住户（如果按三分之一住户即 300 万户使用网上缴费），还有 600 万户使用纸质账单，每户每月收四张账单，每份账单纸张（信封账单）成本加邮费按 1 元钱算，成本约 600 万元，四份账单 2 400 万元，每年按 12 个月即为 28 800 万元。花费大量纸张，耗费大量资金。（现在已有一部分青年人在网上缴费，但中老年人住户一般还是纸质缴费）

2. 居民不方便。居民收到账单时间不一，前后可差 10—15 天（如燃气、国电账单一般在 7—11 号，而电信账单在 23 号左右）。四张账单很多住户要分别交 2 次以上，如家中无人不能及时缴纳，则要到分理处缴纳，但四个部门分理处又不在一起，以长宁某地区为例，电信在江苏路，国电在天山路，水在天钥桥路，煤气在芙蓉江路，加上排队等候（电信排队最长，耗时 2 个小时以上），坐公交车可能一天也跑不完。现在老人住户日益增多，让老人奔波缴费实有不便。

二、意 见 建 议

1. 将“四单”合为“一单”。现在是煤气、水务、国电、电信四个系统分别核算、分别寄单。建议四家分别核算后，将收费核算结果用电脑发送到一个统一

的“收费业务中心”，由“中心”统一将四方面收费统一到一张收费账单，统一寄给居户(其中各项费用仍可列出，有分计、合计)，让居民收一张账单就可以一次交清。(这样从纸张上可以节省 3/4 的费用，每月纸张成本加邮费可从 2 400 万元减为 600 万元，每年成本共可节约 25 200 万元)

2. 将每月收费改为每两月收费。一是可以让居民减少缴费次数；二是可以节约纸张成本和邮费。“四单合一”后从 2 400 万元降为 600 万元后再通过“两月收一次”减为 300 万元。现在有的收费(水费)已改善为两月一次，建议全部改成两月收一次。

3. 逾期收费点暂不变，但均可逐步改为每个分理处地点可以四项统一缴纳，由跑四个地点改为跑一个点可解决。

三、措施建议

1. 国电、水务、电信、燃气各成系统，难以协调，建议由市发改委牵头，四家单位参加，协商实施办法。

2. 四家单位成立股份制“上海民用电、水、燃气、电信统一收费中心”，负责按照收费信息，统一发送账单。(居民收到账单，可在附近便利店、邮局、银行等缴费)

3. 四家单位本身安装、维修、计费功能不变，结余资金用于加强服务。

关于开发利用原上海工程大学新村路校区建立上海大学生创客示范基地的建议

(2015年9月)

当前,上海正处于创新驱动发展,经济结构转型的关键阶段,正向建设具有全球影响力的科技创新中心的目标迈进。为了进一步发挥好上海高校在围绕中心、服务大局中的作用,凸显出大学生在"大众创业,万众创新"中的活力和优势,为大学生提供"创客活动、创业教育、创业实践、创业扶持"的有效集成平台,建议将目前仍处于闲置状态的原上海工程技术大学新村路校区开发利用起来,建立上海市大学生创客示范基地。

一、原上海工程大学新村路校区情况分析

(一)校区基本情况

上海工程技术大学新村路校区位于普陀区新村路435号、401号,于1998年3月正式挂牌,校区原为华东纺织工学院分院和上海工程技术大学纺织学院。根据调研了解到的情况,三年前上海工程技术大学搬迁至松江大学城后,坐落在普陀区新村路上的原校区权属归市教委所有。该地块有相近两处校区,占地合计约80亩,现有可利用建筑面积4万平方米左右,设有办公楼、教学楼、宿舍楼、实验楼、图书馆、演讲厅、食堂等校舍设施。可以讲是当前普陀区现有城区内待开发的最好地块之一。由于各种因素,该地一直处于闲置状态。

(二)开发可行性分析

1. 政策支持。普陀区正在着力构建"一轴两翼"科技创新功能布局框架,主动对接上海建设具有全球影响力的科创中心,努力建设科创驱动转型实践

区、宜居宜创宜业生态区。将原上海工程技术大学校区定位为大学生创客示范基地进行开发，完全契合普陀区功能转型方向，完全符合普陀区未来发展定位。普陀区委、区政府全力支持所在地甘泉街道党工委、办事处近年来也一直在呼吁开发，必将全力配合。

2. 基础良好。该校区现有可利用建筑面积4万平方米左右，设有办公楼、教学楼、宿舍楼、实验楼、图书馆、演讲厅、食堂等完备的校舍设施，设施齐全，开发基础良好，综合优势明显，开发投入的所需要的成本将被有效降低。原有的巨大体量完全可以承载大学生创客示范基地的目标定位。

3. 科研集聚。大院大所是普陀区在全市科创布局中的独特优势。全区共有17家科研院所、2家"985"高校与3个国家级工程技术中心。分布在武宁路沿线的就有电科所、中电五十所、中船九院、华东电力设计院、上海邮政院、市测绘院等多家，区内科研开发、智慧集聚的"溢出效应"明显。

4. 区位优越。一是交通便利。该地块地处灵石路和志丹路之间的新村路上，紧邻地铁7号线新村路出口，距离地铁出口步行距离约150米，门口周边公交路线众多，交通出行条件便利。二是地段较好。地处内环、中环之间，北接甘泉公园、甘泉体育场(规划建设中)；东靠同济大学附属同济医院(三甲)；南临具有高技术含量、历史悠久的"元代水工博物馆"人文景点，紧贴4万平方米体量的绿地威科商务广场和上海电信甘泉分局，区位优势十分明显。

5. 配套成熟。该地块直接影响区域以新村路为轴线形成的延长西路(南)、灵石路(西)、子长路(东)、沪太路(北)周边1.41平方公里的范围。处于甘泉、沪太、宜川等成熟的宜居社区之中，商业、生活配套成熟，可以说是普陀区甘泉区域内发展配套环境良好、环境资源优特的一块待开发宝地。

二、上海大学生创客示范基地的功能规划建议

创新创业对于国家是发展之根，对于民族是振兴之要。上海建立大学生创客示范基地，应立足深化国家高等教育改革战略部署，为上海建设具有全球影响力的科创中心形成重要支撑，着力构建前瞻性强、教育性强、实践性强、创

新性强的大集成平台，促进教育与创新结合、创新与创业结合、线上与线下结合，孵化与投资结合，激发上海大学生创新创业巨大活力，引领上海创新文化新潮流，实现深化教改、服务科创的重要目标。大学生创客示范基地应包含但不限于以下规划功能：

（一）创客活动中心

搭建开放式、全球化、尖端性，具备集成、交叉功能的实验室、工作室、机械加工室，旨在拓展大学生的学习兴趣和实践能力，倡导知识和实践相结合，理论和现实相结合，让大学生在电脑、技术、科学、数字或者电子艺术的各种奇思妙想有试验、加工、创造的操作平台，激发大学生创新活力。

（二）创业教育平台

组建大学生创业导师队伍，建立涵盖各类创新要素的科技和教学资源共享平台，大力培育创新创业精神。包括提供开放式的创业风险教育，创业技巧、创业精神、商业管理知识的训练，为高校开展科学研究、技术转化、创业教育搭建有效平台。制定灵活多样的教学计划和学籍管理制度，为在校学生休学创办企业提供便利和制度保障。

（三）创业实践基地

提供并落实国家、上海教育系统一揽子大学生创业扶持政策，为大学生提供创业舞台。政府提供场地租金优惠、税收减免、资金支持，吸引在沪高校科研团队、企业、社会组织、品牌创客中心多方力量加入，为高校教师、学生提供更多创业信息和实践机会。鼓励大学生在读期间根据自身情况开展创业实践活动，鼓励在校学生到基地入驻企业尤其是创业型企业见习实践、勤工俭学。

（四）创业孵化基地

搭建上海市大学生创业服务平台，为创业和有创业意向的学生开展创业项目的评估、提供资金来源的咨询、指导申办企业手续、协助项目运行管理方式等多方位、多形式的服务。提供金融服务、工商注册、法律法务、补贴政策申请等各种便利，嫁接种子基金、天使基金、创投基金等各类风投机构，定期举办创业沙龙、基础训练营、实践培训、创业大赛等活动，通过“聚合”产生“聚变”的效应。为大学生创业者提供相对零成本或低成本的孵化环境。将原上海工程大学新村路校区开发利用、服务区域经济社会发展，是近年来校区属地甘泉路街道党工委、办事处一直在呼吁的，由于各种因素一直未能实现。因此，提请市政府分管教育和区域的副市长高度重视，尽快将原上海工程大学新村路校区这块闲置“宝地”开发提上议事日程，建设成为大学生创客示范基地。

对中药好产品须加快审批与上市

(2016 年 3 月)

据世界卫生组织(WHO)统计,前列腺癌是全球第四大常见的癌症,男性第二大常见癌症。2012 年全球估计有 110 万人被诊断为前列腺癌,是男性第五大死亡病因,死亡病例为 307 000 人,是美国男性癌症的"第一杀手"。

随着我国人口的老龄化,前列腺癌的发病率逐年上升,上海地区 1985 年是 2.6 万,2005 年达到 10 万,2009 年约为 20 万,呈现快速上升趋势。已被列入国家 973 计划。我国还没有自主知识产权的前列腺癌治疗药物,临床使用的大多是进口产品,还有三个产品正在做临床试验,申请进口。这么巨大的中外市场没有中国产品的份额。有一个曾经以美国保健品品牌在市场流通的复方中药产品可以扭转这种状况。

1. 创新中药,发明专利

治疗前列腺癌的新药开发是世界攻关、市场需求项目。本产品是一个具有自主知识产权的创新抗癌复方中药(中国发明专利号:ZL0213665.1,专利名称:治疗前列腺癌的中药组合物及制备方法和制药应用)。目前还在申请新的发明专利,同时申请国际专利。产品一改以往传统复方中药多定性缺定量的不足,融入现代主流医学概念,做到病症明确、以主流医学的临床观察指标作为疗效评判标准。产品由上海某生物科技有限公司完成临床申报工作,2015 年 5 月由上海市药监局受理并通过现场考核,受理号:CXZL1500025 沪(七芝胶囊;新药申请;中药 6.1.3;临床)。目前处于国家新药审评中心的专业审评中。

2. 临床验证,社会好评

产品曾作为原料粉出口美国,以健康食品(商品名 PC-SPES 胶囊)在美国市场流通,因良好疗效,一度成为前列腺癌替代医学的代名词。美国医学界不少学者、专家将其作为研究对象，对产品的临床使用、作用机理、药学成分等等作了大量研究，并召开了多次专题学术研讨会，美国一流医学期刊发表的诸多论文验证了产品的良好疗效。美国主流媒体也相继以神奇的植物药为主题，作了不少新闻报道，深受社会好评。

3. 市场欢迎，供不应求

从屠呦呦为代表研究的青蒿素获得诺贝尔奖，到能够如此受到西方主流医学临床认可与主流社会关注的复方中药，再次说明好的中草药产品能得到世界认可和深受市场欢迎。美国曾经有上万人使用该产品，短短几年，在未作商业广告的情况下，几度断货，供不应求，深受前列腺癌患者欢迎。《华尔街日报》报道，当时该产品的年销售额达 1 500 万美元。

4. 利国利民，造福患者

我国前列腺癌临床使用的大多是进口药物。本产品批准上市，不仅可以替代进口，还可以提供出口（包括欧美发达国家）。根据以往临床数据，不仅有效性可与目前世界最新开发上市的前列腺癌药物媲美，适应症与毒副作用方面比化学药物有更大优势。目前临床使用和正在申请进口的药物，每年的费用多在 10 万—20 万美元，加上进口环节，我国患者的支出还要高。而该产品的年费用大约在 1 万美元左右，是进口药物十分之一左右的价格。

5. 市场巨大，前景广阔

世界经济论坛估计，全球 2010 年新诊断的前列腺癌治疗费用约为 225 亿美元，包括 146 亿美元的直接费用和 72 亿美元的非医疗费用和 7.5 亿美元的收入损失。预计 2030 年的总体费用将超过 342 亿美元。在目前还不尽如人意的前列腺癌治疗药物中，2013 年统计，年销售额超过 1 亿美元的产品有 9 个，超过 10 亿美元的产品有 3 个。强生公司预估，一个新的有效治疗激素抵抗型前列腺癌的药物上市，将会带来 30 亿—50 亿美元的年销售额。可见一个好的有效治疗前列腺癌药物的市场潜力巨大。

该产品如能够获准上市，具有较大的社会效益。可以填补自主知识产权前列腺癌临床用药和激素抵抗型前列腺癌国产药物的空白，弥补全球激素抵抗型前列腺癌药物的不足与匮乏，不仅可以造福我国的前列腺癌患者，还可以为中药走向世界作有效深度与探索。

意见建议：

扶持、支持传统中药好产品尽快上市，符合国家中医药发展战略、走向国际战略和创新精神。希望国家的职能部门能够给予重视，早日使其成为中国抗癌产品，造福民众。并且为民族文化走向世界，中国产品参与国际竞争创造有利条件。

1. 中国产品进入国际市场

我国的食品药品管理法规将此产品归属于中药类别，但在美国是将此类产品归属于膳食补充剂，实行备案制。加上美国的前列腺癌发病率、死亡率高于我国，故曾经以原料粉形式出口美国，由美国公司向美国食品及药物管理局(FDA)备案后流通市场。美国公司不仅赚取了利润的大多数，还获得了好名声，可谓名利双收。我国医学杂志发表不少文章均称其为“美国的抗前列腺癌复方中药”。更要警觉的是美国的众多研究机构与人员以此为标的物，研究开发前列腺癌新药。美国政府部门也拨款霍布金斯大学(美国排名第一的医学院)研究“抗前列腺癌的植物药”。为保护我国的知识产权，不再重蹈为他人做嫁衣之覆辙，停止了原料粉的出口。直至今日，仍然有一些知情的美国客商在寻找，要求继续出口原料粉。为抢占市场跑道，可否赋予“专供出口”的中国产品身份(责任企业自负)参与国际市场竞争。

2. 加快审批，促进上市

近年来，美国食品及药物管理局将前列腺癌新药列入绿色通道，连续几年快速批准了一些前列腺癌新药进入临床与获准上市。其他欧美国家也在加快前列腺癌的新药开发步伐，竞争形势逼人。上海市科委曾经给予该产品研发资金上的无偿资助。国家药监局能否加快审批速度，支持传统中药好产品早日成为名副其实的中国抗癌药。

对互联网技术软件企业要克服“九龙治水”现象

(2016 年 4 月)

近日,我到某互联网技术软件开发有限公司调研。该公司成立于 2001 年,在党和各级政府的关怀支持下,尤其是企业扶持政策的照顾下一直走到了今天。十五年来,公司不断得到壮大与发展,安置就业人员上千人,特别是在维护公共网络安全工作中作出贡献。

2010 年 6 月 9 日世博会期间,韩国天团 Super Junior 演出引发歌迷骚乱,不法分子借势鼓动网民聚集闹事。频道内聚集用户达到 9 万人。在与警方密切配合后,该公司很快将聚集人群主要人物封锁,分流后平息。2012 年 4 月,某教授在微博散布谣言鼓动不明真相的群众进行反政府游行。该公司第一时间封停相关频道,并对账号进行跟踪,向警方提供信息线索。最终在严密监管下,及时得到查处。2012 年 12 月 23 日,该公司发现大量“维文”频道出现后,随即将频道信息上交公安机关监控。徐汇网监协同新疆警方飞赴该公司,要求将封锁的非法频道所有证据信息刻录光盘,协助警方法庭举证顺利定罪。2013 年 4 月 29 日,有人使用网络电话恐吓航班装有炸弹,该公司提供其录音记录、人员 IP 资料、注册信息等,协助警方破案,最终顺利抓获犯罪嫌疑人。该事件在中央新闻台《焦点访谈》节目重点播出。2015 年 7 月 12 日,该公司接到公安部门协查办案请求,称有人用过 IS 语音且涉及私制、贩卖枪支。该公司客服 24 小时进行账号跟盯与警方配合,锁定嫌疑人位置,并提供警方嫌疑人在平台实名身份证信息与其近期照片,最终顺利抓获犯罪嫌疑人,事后市公安机关予以表彰。该公司在坚持自律自查主动出击的作风、提高自身安全意识的同时,多次协同配合相关委办局工作,利用企业对社会辐射影响力与逐渐进步的技术手段为依托,为社会和国家承担公共网络安全的责任。因此,该公司荣获上海市四星级诚信创建企业，2014年、2015年“IS语音”获上海市3A级安全网络。

在调研中，该公司也遇到“九龙治水”的窘境。多个委办局都有权对企业进行停业整改、拔网线关服务器的处罚；各委办局对企业的监管要求与企业关注侧重点不尽相同，企业疲于应对；很多新生的业务法律道德边界不明，企业时刻触线，如履薄冰。多个委办局都对互联网技术企业管理具有生杀予夺的权力。网信办、广电总局、经信局、工商部、税务局、文化部、工信部、文化稽查队、属地公安、市局公安、IDC机房所在属地公安、有害信息举报中心。现在其实不是缺少监管部门，也并不缺少监管手段，打击违法违规固然不能手软，但是监管部门的职能转变更为重要，现在不是管得太少，而是管得太多，管得不与时俱进。为此建议：

上海市相关委办局能够组成政府专家工作组，对市内优质企业做一下定期的“体检会诊”，对企业提出统一要求与评价标准，各委办局同步了解企业的“体检报告”，清楚企业目前的发展需求与待改善的问题，有的放矢地对企业提供有效的指导与帮助。

市政协年度协商计划要建立协商建言反馈机制

（2016年8月）

自2014年开始，上海市政协每年制定实施年度协商工作计划，由市委常委会审议通过，由市委、市政府、市政协三家办公厅联合印发，率全国之先，得到全国政协主席俞正声充分肯定和赞扬。今年以来，共有12位市党政领导出席市政协协商活动16次，其中有5次协商会议属于计划外增加的，充分体现了市党政领导对政协协商活动的支持。市委常委、统战部长沙海林，副市长白少康曾在有关专题协商会上，责成隶属部门对会上所有发言的委员都要进行一一反馈，这样的做法大大激励了委员建言献策的责任感和积极性。建议深化推广这样的经验做法，根据去年市委召开的政协工作会议精神，对照市委《关于加强社会主义协商民主建设的实施意见》和市委办公厅《关于加强政协协商民主建设充分发挥政协作用的实施意见》的要求，在深化协商建言反馈机制方面作进一步改进。具体如下：

一是对委员在市政协全会期间专题会议上所提建议要一一答复。每年全会期间，市领导都会参加不同主题的专题会议，面对面听取委员的意见建议。建议会后，市党政机关及相关部门须用文字或网络根据委员发言内容予以反馈。

二是对委员在市政协专题议政性常委会上所提建议要一一答复。市政协每年召开四次专题议政性常委会，由市分管领导先通报情况，并听取委员意见建议。每次会议发言常委约15人左右，政协专委会主任作主旨发言，常委预约发言，会上报名发言。建议市政府相关部门对每一位常委发言要予以反馈回应。

三是对委员在列入市政协年度协商计划的各类协商会与通报会上所提建

议要一一答复。根据2016年市政协年度协商计划，今年下半年还有19次协商活动。建议每位到会协商的市领导与市政府相关部门负责人，对委员在协商会上所提建议进行沟通反馈。

四是对委员提交的社情民意同样要予以重视。各民主党派和政协委员每年递交社情民意数千件，这些社情民意都是经过调查研究、深思熟虑的，但递交上去以后，得到市领导批示和有关部门反馈的较少，绝大多数石沉大海，建议市有关部门积极主动地予以反馈。

关于选址上海“大世界”规划建设上海海派文化馆的建议

（2016 年 8 月）

中共上海市委关于制定“十三五”规划的建议中，提出要“弘扬海派文化品格……基本建成国际文化大都市”。然而，关于什么是海派文化，如何弘扬海派文化品格，却没有权威解释。为振兴和弘扬海派文化，发挥文化对上海经济社会发展的引领带动作用，市政协相关专委会正在积极组织各区政协及各界人士共同编写《上海海派文化地图丛书》，丛书共分 16 卷，每区一卷，每卷从海派源流、海尚雅集、海纳百川、海内遗珍四个方面，用故事和地图的形式，展现各区海派文化特色和地域特质，引导更多市民和游客，对上海“发现更多”、“体验更多”。在丛书编撰过程中，有识之士提出，可在《上海海派文化地图丛书》基础上，进一步打造上海海派文化的“立体地图”——规划建设上海海派文化馆，供市民乃至国内外游客参观传播。

上海海派文化馆，应定位于上海海派文化的“导览馆”和“浓缩馆”。馆内分为“海派源流”（程十发曾撰写过此四字，拟将上海的历史文脉，运用数字和实物相结合的方式进行创意展示）、“海尚雅集”（拟将上海 222 个中华老字号等品牌商品、艺术精品和文创产品集中展示，并拟打造一个上海礼品旗舰店品牌，在世界各国实现连锁经营）、“海纳百川”（拟将上海与国内和国际交流与合作的成果集中展示，亦拟在此区域内开辟临时展区，充分运用世博资源，滚动举办各国主题展）、“海内遗珍”（拟将上海非物质文化遗产和文保成果集中展示）四个主展区及相关辅助设施，建成后的海派文化馆亦应从四个方面进行不断努力。

一是要力争打造成为上海海派文化的“立体地图”。上海这座特大型都市越来越多地涌进外来移民，上海本乡本土的特色和老上海风情逐渐淡化的今天，珍藏海派历史遗迹、演绎海派人物传奇、传承海派文化精神，乃至传播上海话方言等，都越来越弥足珍贵。这份“立体地图”将便于人们按图索骥，对海派文化的历史源流、主要景观乃至边边角角都一览无余，让上海海派文化完整地呈现在世人面前。

二是要力争打造成为人们重新认识和发现上海的“第一选择”。目的就是要使游客对上海从浅层次的“走马观花式”的旅游，演变为看过上海海派文化馆后的“深度游”，并有效带动人们前往上海各地，进行各类海派文化的“主题游”和“体验游”。这样，游客和市民不仅会增加对上海文化的认知和体验，上海文化旅游的人均逗留时间和人均消费水平，都有望得到新的提升。

三是要力争打造成为上海品牌的“量贩中心”。海派文化离不开上海人“海派”的生活方式，这种生活方式又离不开上海的工业制品和服务行业。上海作为中国最大的工商业城市，自开埠以来，伴随民族工业的发展孕育出一批既有民族传统又融合了西方文明、具有海派特色的老字号品牌。自 1851 年的“荣记湖丝”开始，上海先后有 2 000 多种商品在历届世界博览会上获奖，许多产品在国内外市场上声誉卓著，成为中国制造的象征。如周恩来总理戴过的上海牌手表，APEC 会议穿过的“龙凤”旗袍等皆是上海的名牌。如今上海的中华老字号每年的销售额能超过千亿元，利润达数十亿元。如能在海派文化馆内特批上海品牌的量贩展示与销售中心并形成全球连锁经营，同时创立上海品牌的网购品牌，这样既可以使对海派文化有兴趣的人群带动商业销售和经济发展，又能创造可观收益，让商业反哺海派文化馆建设。

四是要力争打造成为推动上海海派文化传承与发展的“策源基地”。被誉为“东方巴黎”的上海一直是中国的时尚之都。自从海派文化孕育形成之后，上海变革创新、敢为人先，一直保持着中国经济、金融、航运、贸易中心的地位，在向建设全球科创中心进军中，更需要海派文化不断从外部汲取养分，并不断根据自己的需要进行融汇、变革、创新和自我调节，与时代最先进的文化保持同步。今天，“三枪”收购了欧洲品牌，“佰草集”进驻巴黎香榭丽舍大街，“南翔馒头”进军东京，“恒源祥”成为全球最大的绒线制造商，上海高度、上海速度的制造能力正在向全球输出……海派文化正以新的姿态，海纳百川，走向全球。按照“走出去、引进来”的思路，海派文化馆将以国别策展为抓手，滚动举办各国主题展，为世界文化进入上海提供一个窗口，为海派文化更好地融汇世界优秀文化，推动自身的变革与创新提供契机，使昔日的“公共租界”华丽转身成为今天的“世界秀场”，同时为海派文化更好地“走出去”建立起桥梁和纽带。

综上，建议尽早规划建设上海海派文化馆，辟通上海新一轮文化发展的“气眼”。然而关于海派文化馆选址问题始终是个难题。考虑到上海大世界曾是上世纪上海文化娱乐业的翘楚，被誉为“远东第一俱乐部”，她那强烈的海派文化色彩，以及追求时代气息的娱乐设施，吸引着成千上万的海内外宾客。然而自2008年后“大世界”便空置至今，这不能不说是上海的一大遗憾。曾见到市委关于制定“十三五”规划的建议(征求意见稿)中，将上海大世界和宛平剧院的改造项目列入“十三五”规划之重，然后在正稿中却又隐去……我们关注到，市民对“大世界”的改造期许甚高，黄浦区亦开过多次协调会，公开征集过改造设计方案，亦多有各类关于改造“大世界”的创意设想见诸媒体，甚至将改造后的上海“大世界”与“上海迪士尼”相提并论。然而，却迟迟不见动工。2017年将是上海“大世界”建成100周年，上海海派文化馆如能选址“大世界”并抓紧建设开馆，必将成为2017年上海最重要的文化事件。从长远来看，既解决了“大世界”作为优秀历史建筑的保护利用问题，更重要的是能充分体现海派文化的底蕴传承和融汇创新，有道是“好酒亦有好瓶装”!

在2010年世博效应渐远的今天，上海如何向世人展现一个新的“大世界”，将海派文化品格的弘扬与上海新一轮文化发展需求紧密结合，实属迫切与需要。习近平同志在上海主政期间，曾将上海城市精神概括为“海纳百川、追求卓越、开明睿智、大气谦和”，我认为，这亦是对海派文化品格的高度概括和提炼。上海海派文化馆不是上海规划展示馆(以城市规划和建设成果展示交流为主)，也不是上海博物馆(以文物保管研究陈列为主)，从某种程度上说她是一个“上海城市精神馆”，她体现着上海海派文化的传承、创新与发展。

项目如能立项，在建设和运营方式上，建议市、区政府给予一定的财政资金和政策扶持，或引导国企及社会资本投入，进行布展建设，展馆日常运营可招聘优秀人才或引入专业机构进行管理运营。

关于人民政协加强民主监督的五条建议

（2016 年 9 月）

民主监督是人民政协的三大职能之一，是具有中国特色社会主义政治文明体系的重要组成部分。当前，人民政协民主监督还存在诸如监督意识不强、重点不突出、制度不完善等问题。面对前所未有的新形势与挑战，必须进一步完善人民政协民主监督制度建设，不断提高民主监督意识，加强与其他监督机制的融合力，积极推进民主监督规范化、制度化、程序化进程。

人民政协加强民主监督有五条建议：

1. *在更高境界看政协民主监督*

毛泽东同志与黄培炎先生"延安窑洞对话"提出了中国共产党执政之后巩固长治久安的命题。要把人民政协民主监督工作放到党的十八大提出的治理体系和治理能力现代化的高度来认识。《关于加强和改进人民政协民主监督工作的意见》出台，是具有中国特色社会主义民主进程中的里程碑，是贯彻落实党的十八届六中全会精神，营造良好政治生态的重要举措。各级政协组织须加强自身建设，通过多种方式提高政协委员民主监督素养，增强政治责任感，鼓励其在国家宪法、法律规定的范围，大胆开展民主监督活动，不断提高谏言能力和水平，提升政协民主监督的质量，充分发挥政协委员的主体作用，增强民主监督的实效。

2. *从政协特有性质定位展开民主监督*

正确把握人民政协性质与定位是人民政协生命线和必须坚持的原则。人民政协民主监督要有自身特点，凸显统战功能。重点监督是党和政府重大方针政策和重要决策部署的贯彻落实情况，监督的目的是协助党和政府解决问题、改进工作，增进团结、形成合力。习近平总书记指出，人民对美好生活的向往就是我们的奋斗目标。政协的民主监督应该以各族、各界人士重点关注的问题作为监督重点，应该围绕关系民生的12个字，即安居乐业、衣食住行、生老病死。这些实际问题的解决落实情况，使人民群众能有真正的获得感，务必成为民主监督的重中之重。

3. 把握好分寸是检验政协民主监督能力和水平

民主监督，必须坚持党的领导，坚定正确的政治方向，围绕中心、服务大局，依照宪法法律和政协章程有序开展。民主监督展开要有明确的工作程序，比如议题的确定必须是全局性的，并由党委会同政府、政协来研究提出。民主监督活动如何开展，哪些人来参与，监督结果如何公开等问题，要符合中国国情，做到拿捏得当、刚柔并济。加大民主监督力度，提高民主监督实效，是随着整个社会民主政治建设的发展而发展的，需要一个在实践中不断探索、循序渐进、逐步完善的过程，要不断引导民众参与做到依法、有序、公开、便利。

4. 人民政协民主监督“建议函”须有回应

凡是经中央、省市区党委批准的政协年度协商计划，要建立协商监督的反馈机制。人民政协民主监督“建议函”发出，必须经过人民政协设定的组织程序和审批层级。“建议函”一旦发出，党政机关必须以书面或者网络的方式作出回应，切实解决“说了也白说，白说也要说”的困境，激励政协委员民主监督的责任感和积极性，真正把人民政协的话语权落到实处。

5. 设立人民政协民主监督委员会

健全人民政协民主监督的组织机构有利于求真务实。可以考虑在全国和各省市区政协机关中设置一个常设性的机构——民主监督委员会，依照政协章程和中央相关文件等规定履行民主监督的综合职能，负责起草监督计划、确定监督事项和组织实施，指导人民政协各参加单位的民主监督工作，负责搜集、整理和交办监督意见，并向有关职能部门移交问题线索、监督进展情况和处理结果等。

市场完善需从多方面着手

（2016 年 11 月）

商品期货市场是我国金融市场不可或缺的组成部分，它的套期保值功能在帮助实体企业规避风险，控制成本方面起着重要作用。然而，2016 年商品期货市场出现了多次暴涨暴跌的极端行情。今年上半年，3 月 15 日到 4 月 21 日，短短一个多月的时间，螺纹钢期货快速上涨，涨幅达到 41.68%，随后又在一个多月的时间内经历了巨幅下跌。至 5 月 30 日，螺纹钢价格最大跌幅相比高点达到 47.15%。下半年，焦炭期货从 9 月 19 日到 11 月 11 日不到两个月的时间内，涨幅达到惊人的 105%以上，同期焦煤期货涨幅也达到 96.83%。而在 2016 年 11 月 11 日周五的夜盘，又出现了多数期货品种在几分钟内价格从涨停到跌停的极端波动，引起了大部分媒体的关注。考虑到期货市场本身带有最高超过 10 倍以上的杠杆效应，如此幅度的暴涨暴跌对重仓投资者带来的伤害程度胜过 2015 年的股灾。

虽然说，价格波动是交易市场的本质，但是，2016 年商品期货市场短时间内多个品种频繁的出现暴涨暴跌，其因素就不是简单的商品行业基本面变化所产生的，而是实体经济环境，金融市场资产，以及期货行业制度等多方面因素叠加的体现，我认为主要有如下几个方面的原因：

1. 货币供应的增加与实体环境的低迷所形成的资金脱实入虚。近两年，我国的 M2 增速依然维持在 13%左右的高位，M2 是市场上货币供应增加量的重要指标。但是，实体经济正在经历产业转型和过剩产能去库存的低迷，导致风险回报比例合适的可投资的项目较以往大幅减少，这就使得大量资金脱实入虚，进入房地产和金融市场逐利。于是 2016 年一线城市房地产，债券，商品期货等几个市场中我们均看到了大量资金涌入的现象。同时，巨量资金的涌入推动这些资产价格飞速上涨又吸引更多的资金脱实入虚追逐快速盈利，进一步恶化了实体投资环境,形成了负向反馈循环。

2. 金融市场本身正处于资产荒阶段。在大量资金涌入金融市场之后,2015 年下半年发生的股灾以及 2016 年初的股市熔断,使投资者丧失信心,股票市场进入存量博弈阶段。股指期货在股灾期间又被当作“元凶”受到严厉的政策打压,交易量和持仓量均降到原来的十分之一,股市和股指期货对资金的吸引力以及容纳度均大幅下降。一线城市房地产在经历了 2015 年下半年到 2016 年的超预期大涨以后,也面临着国家越来越严格的调控政策。因此,大量资金寻找不到合适的投资资产,使得金融市场资产荒的程度日趋严重,商品期货市场不可避免受到了资金的“青睐”。

3. 商品市场本身市场容量有限。相比于固定收益,股票,股灾前的金融期货市场,商品期货作为相对小众的市场,其本身资金容量有限,除了少数品种,大部分商品期货的流动性不足以承载巨量资金的进出。

4. 投资者风险意识的不足。很多不成熟的投资者没有足够的风险意识,无法合理控制仓位,从而在高杠杆下导致自己的风险敞口暴露过大。一旦行情趋势不利,则很容易造成交易所的强平,而强平仓的出现,又将进一步助推行情往原来的趋势方向延续,产生所谓的空头(或者多头)踩踏。

5. 交易所一系列的严控措施进一步降低了市场的流动性。在某些商品出现暴涨暴跌的“类逼仓”行情后,交易所为了防止品种的过度炒作通常会祭出“提升手续费,提升保证金”比例等措施,比如焦炭合约,日内平仓手续费增加了 12 倍,此类措施主要遏制的是日内短线的投机操作,但同时也进一步降低了市场流动性。流动性是衡量金融市场深度的重要指标,流动性越大的市场,资金进出对市场价格的影响越小。在面对趋势性行情时,流动性的降低反而在一定程度上将会进一步推动市场单边涨跌的幅度。

2016 年商品期货市场的极端行情是以上各个因素影响的综合体现。虽然交易所提升手续费、保证金等高压手段短期起到了控制市场投机气氛的效果,但同时也打击了市场的参与度。为做大做强我国金融行业维护金融市场长期健康稳定的发展,更应从提振实体经济,丰富市场投资渠道,完善市场公平公开制度方面着手,故提出如下几项建议:

一是简政放权并加大对新兴产业、民营企业的扶持力度。目前,我国实体企业生存环境艰难，主要原因还是在于实体生产成本过高。故政府在坚定对过剩产能供给侧改革的同时，需要通过简政放权，降低新兴产业税收等方式，降低民营和新兴企业的创业成本。通过激励物联网、人工智能、健康医疗等产业的技术革命产生新的消费热点以改善实体经济环境。

二是大力发展新三板、国际版等股权投资市场。目前，我国风险投资、PE投资的退出方式以 IPO 为主。这也造成了 PE 投资方，即使投资了成功的项目，也面临退出时间周期长，退出难的问题，故而降低了资金投资实体的吸引力。发展和完善新三板可以丰富 PE、风投资金的退出方式，从而强化资金投资实体产业意愿。国际版的推出则通过引入国外优秀的上市公司，丰富可投资品种的种类，缓解金融市场资产荒。

三是逐步放开商品期货市场的参与限制，使银行、保险等资金能参与到商品期货市场，增加市场资金的总容量。越大量资金参与的品种由于是多方博弈达到的平衡，越难以被操纵产生极端涨跌行情。观察过去几年商品期货市场，可以发现参与资金量大的品种(如有商业银行参与的黄金白银期货)，在国际市场大环境没有巨变的情况下，很少出现极端的涨跌行情。与股票和房地产资产数量供应有限不同，期货市场的合约是根据资金参与方的数量在交易过程中随时创设和取消的，期货合约的供应理论上可以达到无限，因而在大量资金参与时，并不会像股票房地产那样产生巨大的资产泡沫，并可以达到沉淀过剩资金的作用。

四是各个交易所取消“严控类措施”，将各品种保证金，手续费率恢复到正常水平，降低交易成本，增加市场流动性。同时，交易所也应建立相应的异常波动监控及处罚制度。对于被认定为异常波动的品种，通过大数据获取相应的持仓和交易信息。及时对市场公布相关信息，并对被认定参与异常波动品种操纵的机构进行一定的处罚，维护市场的公平、公开、公正。

五是各期货公司加强期货投资者教育工作，并对于缺乏交易经验的客户应设立一定阶段的过渡期，在过渡期中采取提高保证金，限制开仓手数等方式降低投资者的风险敞口、降低新入市投资者的投资风险，保护他们的利益。

建议建立统一的空港客运电子申报系统

(2016 年 12 月)

随着国际航空业的迅猛发展,各国口岸管理已从传统靠人力监管逐步升级到依靠最新“大数据”思维打击空港毒品走私犯罪与反恐安保,我国空港口岸各查验单位如何在新形势下把好国门,守卫边境,利用大数据先进手段汇集情报、预警疫情风险、打击走私贩毒犯罪以及开展后期风险分析、对航空公司量化评级等工作,已成为迫切需要解决的课题。据了解,全国各大空港口岸目前入境航空器及旅客的相关信息申报主要有两种形式:

一是通过内部信息系统的数据传输申报。采用此种方式的部门主要是边防部门,数据的初始来源多为国内航空公司。公安部出入境管理局以文件形式与中国航信股份有限公司达成协议,由出入境管理局开发内部信息系统,从API 系统中抓取证件信息,包括姓名、性别、国籍、护照号、出生年月等。信息抓取后,通过其开发的系统将数据分配至各口岸边防检查总站,供现场使用。

二是由航空公司在航空器进港后进行纸质申报。采用此种方式的部门主要为海关和检验检疫部门,数据初始来源多为国际航空公司。航空器进港后,航空公司向政府部门提交总申报单和旅客名单,申报信息包括旅客及机组的名单、座位号等。

以上两种旅客信息申报方式存在诸多不足:一是制约通关速度提升。纸质申报形式使监管部门无法提前获知航班、人员相关信息,无法进行有效的提前布控和准备,一定程度上制约了通关速度。二是突发事件预警不足。在遇有疫病疫情等突发状况,处置部门无法提前知悉并采取应对措施,突发情况的预警能力亟待提升。三是信息可追溯性较差。原始单据查阅困难,信息化水平较低,上级部门无法有效监督和核查业务部门的工作。四是信息数据质量较差。当前空港查验单位获取旅客信息主要途径来自各自系统和互联网,但是系统内综合数据查询功能、查询删选项太少，旅客信息不全；互联网上缺少有利于开展风险分析的相关信息，对分析结果的准确性、实用性产生一定影响。

鉴于目前空港口岸复杂的形式，建议充分利用以大数据为基础建立的空港客运申报系统，有效提高空港旅客查验渠道效能。具体可由中央相关部门牵头，会同边检、海关、检验检疫等监管单位，联合中国民航信息股份有限公司，尽快研发基于大数据的全数据链空港客运电子申报系统，将科学、规范、便利的电子申报和监管系统推广到全国各大空港口岸。其主要功能在于：一是提升质量和效能。网上电子申报逐步取代原有的纸质申报，实现空港口岸快速电子申报、电子通关、电子监管，助推各大空港口岸的旅客查验速度。二是有效强化预警能力。实现快速、高效的信息传递、疫情申报、旅客身份采集以及信息化追溯查找，缩短突发事件信息传递过程，有效制定应对措施，为妥善处置争取时间。三是创新政府服务管理方式。实现民航部门、地方政府、口岸监管单位数据协同共享。四是防止重复投入和建设。由中央相关部门牵头，组织统一研发基于大数据的空港客运信息申报系统，省去各单位独立研发的重复投入，统一数据格式和数据来源，有助于完善联网核查功能和整合数据链的前后端。

关于尽快制定并实施国家口岸管理法律法规的建议

（2017年1月）

截至2016年2月底，全国已拥有各类口岸293个，口岸管理和服务工作已越来越凸显在我国经济社会发展中的重要作用和地位，然而，对照经济社会发展水平以及深化改革开放的要求，口岸管理和服务模式仍存在诸多不适应之处，需尽快改进。

一是口岸管理缺乏体系。口岸工作涉及海关、检验检疫、边检（边防）、海事、民航、出入境管理局、部队等诸多条线，各部门自成体系、各自为政，法律法规多且杂，重监管控制，轻服务引导，缺乏有效的配合协调。比如，由于海关和检验检疫之间的协同不够，导致进出口货物重复查验，在一定程度上制约了贸易便利化水平的提高，由此增加了事主时间和经济成本。

二是口岸管理职能部门各地不一。从口岸管理的机构设置看，在中央层面仅有挂设于海关总署的国家口岸办，其所能发挥的主要作用也仅为与相关部门的工作沟通协调，并无强制性的执法能力，较难从顶层设计的角度统领全国口岸管理工作。而各地方口岸管理部门的设置不尽相同，有政府组成部门，有政府派出机构，也有附属于地方政府办公室的内设机构，面对海关、检验检疫、边检（边防）等中央垂管机构，地方口岸管理部门级别不对等，职权边界不明晰，资金保障不充足，大多难以对口岸各单位提出的实际需求发挥有效作用。

三是口岸管理缺乏保障。在业务骤增、编制不增的现有条件下，现行口岸法律法规对口岸现场各查验单位所需资金、人员、场地、设备未明确来源和申请路径，现实业务的快速发展和各单位查验资源不足的矛盾已严重制约未来的发展。

为此，建议加快制定《中华人民共和国口岸管理条例》。明确中央和地方口岸管理的机构、职责、权限，明晰口岸管理涉及的海关、检验检疫、边检、出入境管理等各职能部门的工作界面和协同机制，以“口岸发展五年规划”为基础，明确现场各查验单位所需资金、人员、场地、设备的来源和申请路径，遵循由点及面拓展、增量为先解决、区别对待大小（口岸）、动态调整资源配置的原则。并在不断总结评估的基础上适时制定《中华人民共和国口岸管理法》。

建议尽快建立110指挥中心与12348公共法律服务热线联动合作机制

（2017年7月）

上海12348热线虽然开通较早，但与110指挥中心缺乏联动合作，未能承接110的非警务报警事项，使得110接报警工作量、出警效率、报警群众满意度等方面均受制约。建议学习借鉴广东省公共法律服务热线的做法，尽快建立110指挥中心与12348公共法律服务热线联动合作机制。

广东省12348公共法律服务热线采用政府购买服务的方式，组建了拥有473名律师的专业服务团队，创立由15名资深律师和9名专职质检员组成的质检团队，为群众提供包括法律援助、公证、司法鉴定、人民调解、律师服务、司法考试等司法行政业务的咨询、申请等服务。仅仅2个月时间内，110报警平台指引群众使用12348热线11 157次，满意率超过95%，出警率减少5 000次。

为此，建议上海借鉴相关经验，尽快建立110指挥中心与12348公共法律服务热线联动合作机制，提高12348作为公共法律服务热线的使用效率，为群众法律咨询需求提供指引，使大量社会矛盾和群众关心的实际问题在发生初期就获取法律解决的路径，并提高出警效率，共同助力推进依法治市。

中国安保应随“一带一路”走出去

（2017 年 8 月）

对于连接亚、非、欧三大陆超过 100 多个国家和组织“一带一路”计划来说，安全议题尤为重要。借助“一带一路”推进，中国的安保事业迎来不可多得的发展机遇。

一方面，中国企业“走出去”共建“一带一路”，需要安全稳定的环境。中国企业已经在二十多个沿线国家建设了 56 个经贸合作区，2016 年中国同“一带一路”沿线国家贸易额达到了 107 万亿美元，对沿线国家直接投资 145 亿美元。伴随着中资企业和境外劳务人员的增加，我国企业和公民在海外的权益保护越来越受到关注。截至 2017 年 1 月末，中国在境外的各类劳务人员总数为 92.4 万人。据有关部门数据，2010 年至 2015 年期间中国企业在海外遭遇 350 起安全事件。只有企业和员工的安全得到有效保障，才能推进“一带一路”更快向前迈进。

另一方面，中国的安保力量存在缺口，可借助“一带一路”推动中国安保服务业快速发展。按照国际上的情况来看，发达国家的警察和保安的比例通常是 1∶4，美国是 1∶6，德国是 1∶10，我们现在是 1∶2，安保人员存在较大缺口。目前，我国 5 800 多家安保企业中，仅有少数几家在海外开展业务，绝大多数从事国内业务。安保服务要随着中国的企业顺利地“走出去”，就必须练好内功，重视队伍建设和人才培养，吸收和培养文化素质高、综合能力强、语言交流顺、沟通技巧良好的安保人员，满足境外安保工作对高层次安保人才的需求。

为此，建议建立健全应对国际安保业服务的素质要求和务实的机制，加强安保人员的国际法（合同法、税法、知识产权保护、劳工权益）、安保理论、安保技能、安保实战等方面的培训，提高队伍的综合素质。通过跨国经营和实施国际化战略，尽快地“走出去”，拓展海外安保市场空间。

柴生报告

第三部分　政协提案

对肇事肇祸精神病人收治工作不容忽视

(2009年1月8日)

上海市户籍肇事肇祸精神病人有980余人,600万外来人员中也有一定数量的此类病人。每年精神病人肇事肇祸事件时有发生,2007年发生肇事肇祸行为的有383人,2008年1—11月发生行为的有336人。依据《上海市监护治疗管理肇事肇祸精神病人条例》的规定,只能由上海市公安局安康医院承担对肇事肇祸精神病人实行强制监护、治疗、管理和康复训练。1985年4月建院以来,上海市公安局安康医院共收治肇事肇祸精神病人1 133名,为维护社会治安稳定作出了应有的贡献,但安康医院面临的困难很多。

一是招聘要求高,医务人员后继无人。医院隶属公安机关,医务人员必须是公务员、公安干警,全院52人中只有16个医务人员,年龄都偏大。

二是医疗设备陋旧,不利于提高医疗水平。症结是资金投入不够。现住院人员234人,其中90多人没有医疗保障,每年医疗费用支出180多万元,只能靠资助办法予以解决,缺少资金购买医疗设备。

三是进了安康医院,出院极为困难。上海市户籍人员出院后,再次肇事肇祸的责任由谁来承担?外地人员托管一个月以后,找不到监护人,有8个人没有任何户籍资料。既尚未建立社会监护网络,又难以认定监护责任,一般都是住院10年以上,最长的28年。

四是承担重大保卫任务,床位明显不足。2009年是国庆60周年,2010年要举办世博会,上海每年组织、承办的重大的经济、文化、外交活动又多,由于多进少出,床位基本饱满,挤出的容量极小,很不适应现实需要。

近日,我与市公安局原副局长张声华到安康医院实地作了调研,鉴于上述问题,建议:第一,要高度重视精神病人的防治工作。尤其肇事肇祸的精神病人收治工作亟待加强(肇事是触犯治安管理条例,肇祸是刑事犯罪),要扩大场所,增加床位,对存在的问题要有切实可行的办法帮助解决。第二,要设立肇事肇祸精神病人出院后的“蓄水池”。同时抓紧建立健全上海市精神卫生三级网络,使监护措施落到实处。

机关事业单位与企业人员病故抚恤标准要公平

(2009年1月8日)

机关事业单位工作人员是人民的公仆;企业职工是社会财富直接创造者,是国家的主人。他们都为建设具有中国特色社会主义作出贡献,法律地位是平等的,工作时的分配待遇可以有所差距,但病故后的抚恤标准应当基本一致。

2006年9月1日,上海市民政局、人事局、财政局和劳动保障局联合发了沪民优发〔2006〕20号文《关于调整本市机关工作人员和离退休人员死亡后一次性抚恤金标准的通知》。文件规定从2004年10月1日起执行。本市机关工作人员和离退休人员病故的,其一次性抚恤金标准按其病故前20个月工资计发,抚恤金标准的所需经费,按原经费渠道列支。同时,文件说明本市事业单位参照上述规定执行,国家有新规定的,从其规定。2004年7月1日实施的上海市劳动保障局《关于本市企业离退休人员死亡后计发其生前供养直系亲属救济金、丧葬费补助金标准的通知》中规定,离退休人员因病或非因公死亡的,丧葬补助金为2个月的上年全市职工月平均工资。对此,企业职工和市民意见很大。归纳起来:

一是名称提法显示不平等。机关工作人员和离退休人员病故称抚恤金,企业职工病故称丧葬补助金。

二是待遇标准显示不公道。机关工作人员和离退休人员其一次性抚恤金标准按其病故前20个月的工资计算,外加丧葬费600元,一般都在35 000元以上。职工离退休因病或非因公死亡的,丧葬补助金为2个月的上年全市职工月平均工资。2007年全市月平均工资为2 892元,2个月只有5 784元,两者相差太大。

三是经费支出显示不合理。抚恤金的标准所需的费用是按原渠道列支，是有财政保证的。丧葬费补助金 2 个月是由社保资金支出的。如事业单位改制为企业的 18 个月的经费要企业出，单位承受不了。

这次市政府机构改革，将市人事局和市劳动保障局合为上海市人力资源社会保障局，这很好。这样可以改变以往政出多门，标准不一致的问题。建议市政府对上述问题作出研究，要从以人为本，着力解决人民最关心、最直接、最现实的利益问题出发，切实缩小机关事业单位与企业人员病故抚恤标准差距过大的问题，更好地构建和谐社会。

关于制定单位安全生产主体责任规定的建议

（2010 年 1 月 6 日）

依据《中华人民共和国安全生产法》和《上海市安全生产条例》，生产经营单位是生产经营活动过程中安全生产的责任主体，必须依法履行安全生产责任主体职责，全面承担安全生产主体责任，并依法对本单位预防生产安全事故、职业健康危害和发生生产安全事故、职业健康危害的后果承担全部责任。

近年来，本市通过组织层层签约工作，把安全生产责任落实到行业、企业，落实到班组、员工。特别是 2008 年奥运会举办前，本市以市政府名义，向全市 50 多万家企业法定代表人发放《上海市人民政府致各企业法定代表人的公开信》，对推动企业落实安全生产主体责任起到了督促作用。

但是，目前本市生产经营单位在责任落实上存在一定的问题。如企业在具体承担哪些安全生产主体责任上还缺乏行之有效的操作标准，安全监管部门在企业开展检查时也缺乏详细的执法依据。

因此，建议市政府法制办会同市安全监管局，借鉴四川、甘肃等省市经验，抓紧制定《上海市生产经营单位安全生产主体责任规定》，对生产经营单位主要负责人应当承担安全生产主要职责、生产经营单位应当建立健全哪些安全生产规章制度、生产经营单位的安全生产管理机构或者安全生产管理人员应当承担的职责等内容作出具体、明确规定。

关于落实基层安全生产监管力量的建议

（2010年1月6日）

随着经济社会的持续发展和确保世博会平安的任务日趋加重，上海安全生产态势面临新的挑战和问题。夯实基层基础，加强日常监管是坚持“安全发展”的关键。可是，本市乡镇（街道）安全监管队伍不健全，不适应，不到位。

一、安全监管机构及执法队伍现状

目前，市、区两级安全生产监管局共有公务员310人。在安全生产执法队伍方面，市级未组建执法总队，区县级仅有8个郊区和浦东新区成立了执法大队，共有145人，其中大部分为非参公事业编制。

在全市现有113个乡镇、100个街道和38个工业园区（合计251个单位）中，设置独立安全生产监管机构的有113个，占45%；安全生产、消防、质监等合署办公的有133个，占53%；未设立安全监管机构的有5个，占2%。

乡镇（街道、工业园区）现有安全监管人员1 864人中，有六种性质人员。其中公务员编制121人，占6.5%，各类事业编制411人，占22%；安全生产服务员（类似协管员）741人，占39.8%；聘用人员280人，占15%；借用人员52人，占2.8%；其他性质259人，占13.9%。

二、存在的问题与建议

目前，上海有各类生产经营企业60多万家，其中有12 000多家危险化学品从业单位，平均每个乡镇、街道辖区内企业近3 000家，个别乡镇、街道多达5 000多家。

面对如此众多的各类生产经营单位和危险化学品从业单位等,现有1 800多名(其中仅少部分属于专职和专业人员)安全监管人员,远远不能满足特大型城市安全保障的需要。同时,随着作业卫生场所从卫生部门职责划转安全监管部门,基层安全监管力量不足的矛盾更加凸显。

不仅如此,在现有乡镇(街道)安全监管人员中,安全生产服务员和借聘以及其他性质的人员占70%以上,根据相关法律法规,不具备安全生产执法资格,仅可承担信息报送等辅助性工作。同时,由于编制不统一、待遇比较低,导致优秀人员引不进、已有人员流动快等情况,影响基层队伍稳定,制约了安全生产监管"重心下移、关口前移"的事前预防措施落实,甚至出现了安全生产监管出现层层递减的状况。

为此,建议由市编办会同市安全生产监管局,对安全生产执法队伍和乡镇、街道安全机构设置以及人员配置等进行规定。一是在市级层面,应该组建安全生产执法总队,人员编制30名左右。二是在区县和乡镇街道层面,分别组建安全生产执法大队和中队,人员根据中心城区和郊区县状况,配备标准分别可为:15人和10人、30人和15人。三是明确乡镇、街道统一设置安全生产监管机构。可根据监管对象和范围差异,配备专职安全监管人员,中心城区3—5人,郊区县5—10人,且应均为公务员或参公管理事业编制。其中,中心城区的乡镇、街道执法中队可与安全生产监管机构有机结合统一安排。四是明确区县职业卫生安全监管人员编制。在区县安全监管局增设职业卫生监督科,根据监管对象和范围差异,增加3—5名公务员或参公管理事业编制。五是规范整合现有乡镇、街道机构安全监管人员。按照公务员或参公管理事业单位招录的要求实行统一考试。

构建城市公共安全运行体系的建议

（2011 年 1 月 6 日）

2010 年上海“11 · 15”特大火灾责任事故，给全市安全生产、消防工作敲响了警钟，给构建城市公共安全运行体系提出十分紧迫的命题。公共安全是由政府及社会提供的预防和控制各种重大事件、事故和灾害的发生或保护人民生命财产安全，减少社会危害和经济损失的基本保障。

构建城市公共安全运行体系必须从城市的现状与需求出发，将眼前与长远结合，坚持以人为本理念，整合城市安全资源，运用现代科学技术，提高资源配置效率。在灾害预警、事故预防和应急反应等公共建设要素上，寻求实现有效预防，及时预警和智能化决策的途径，建立起城市公共安全综合保障，资源共享，迅速互动，处置有序、有力、有效的应急体系。具体建议如下：

一、建立城市公共安全权威的指挥机构

公共安全管理是政府社会管理和公共服务的重要内容，政府是应对各种公共安全事件的主要领导者和组织者，是保障公共安全最重要的力量。建议，将现有上海市安全生产委员会调整为上海城市公共安全委员会，继续由市长担任主任，相关副市长为副主任。办公室设在市政府办公厅，办公室主任由市政府秘书长兼任。同时，加强总值班室建设，每天有一位市政府副秘书长担当值班长，履行值守应急、信息综合、协调组织的职能，确保全市大事不出，小事及时解决。

二、理顺城市公共安全高效的运行机制

城市公共安全是复杂、艰巨的系统工程，涉及政府较多应急管理部门。一

旦发生事件时,必须由市政府自上而下统一协调。因此,纵向协调组织能力是很强的,但在城市日常的运行中,职能部门之间的横向协调能力相对较弱。由于“权责利”诸多因素,大多数情况下仍采用分部门、分灾种的单一灾情的防灾救援体制和安全管理模式。现实各种安全事件大多具有群发性和链状性的特点,各个部门往往各自为政不能形成合力,必须尽最大可能迅速反应,使资源和信息在最短时间内实现有效整合,共同行动、共同来解决危机,以提高政府的工作效率,赢得救灾的黄金时间。同时,进一步加强城市公共安全专家队伍的建设,有切实的措施保证专家第一时间到达事故现场。

三、加强科学预防、增强危机的预警管理

对突发公共危机能否早发现、早报告、早控制,是政府能否及早采取行动消除危机的关键,及时准确的信息传递关系到危机的对策的执行和实施的效果。对危机的风险源,危机的征兆进行不断检测,判断危机发生的速度、规模、损害程度以及发展的趋势,及时向政府或单位、公众发出警报,提醒相关组织或单位对危机采取相应的应急行动。所以,危机预警系统的建立,对政府危机管理具有关键性的作用。

四、切实提高城市公共安全的处置能力

要利用党校和行政学院等渠道,加强对各级党政领导干部的培训,使每一位领导干部都牢记发展是第一要务,安全是第一责任,牢记人的生命是最宝贵的价值。居安思危,在安全风险评估基础上,制定单项应急预案。特别重视抓小来防大,不能对没有人员伤亡的事故就放松对薄弱环节和漏洞的整改;特别注重过程和细节,不停留在会上、纸上、口上,狠抓各项制度和措施的落实;特别夯实基层基础,各类公共安全的检查都要建立起安全记载和督察制度。现场的指挥处置能力尤为重要,现场总指挥要冷静果断,敢于担当,科学施救。

关于确立上海城市公共安全宣传周的建议

（2011年1月6日）

城市公共安全是政府必须履行的重要职责，是社会进步和文明的标志。城市公共安全建设是社会公益事业，既关系到公众人身和财产安全，也关系到城市本身乃至国家的稳定与发展。加强城市公共安全宣传教育，是预防和控制城市灾害和事故发生，促进社会和谐、安宁、稳定和经济可持续发展的客观要求，关系到人民群众最现实、最直接和最关心的切身利益。

长期以来，政府、企业和民众对城市的快速发展而带来高频率的危机事件认识是有的，但不充足。对城市公共安全防范和控制是重视的，但不紧迫，缺乏对城市公共安全全方位系统性的思考。在城市灾害管理上，重救轻防的观念依然存在，城市公共安全的教育和宣传尚未形成体系，从某种程度上说，政府、企业和民众在应对重大突发性的危机事件时，仍然是亡羊补牢，事后补救，不能积极主动地去面对，缺乏主动科学的防范措施。

因此，开展全民城市公共安全的宣传教育显得十分有必要。建议每年11月9日至15日为上海城市公共安全宣传周，倡导“让每个人明白在遇到紧急状态应该做什么”，对消除公众的应急紧张情绪，提高公众自救、自助的能力将会很有帮助。要通过多种方式和手段，加大对公众的应急宣传，政府应积极有效地通过社会宣传、员工培训、学校教育、社会演练等多种方法，提高公众的综合安全意识和综合安全技能，以提高社会长效、整体的应急反应能力。

婚姻(收养)登记员应享受公务员待遇

(2011年1月6日)

从2004年开始,上海进入了新中国成立以来第三个结婚登记高峰期。2010年全市结婚登记128 532对。同时,办理离婚登记37 738对;出具“无婚姻登记记录证明”77 342人;补发结婚登记证书21 514对。

由于本人担任了上海市人口福利基金会理事长,近期专程走访市民政局,并到徐汇区、普陀区婚姻(收养)登记中心求教调研。在座谈中得知,本市婚姻(收养)登记中心性质为公益性全额拨款事业单位,只有嘉定区婚姻登记管理所为差额拨款事业单位。据了解,北京市婚姻(收养)登记中心系参公单位;重庆市人力保障局发文,婚姻登记人员编制参照公务员管理。为此,建议:本市婚姻(收养)登记中心(所)为行政执法类事业单位,工作人员列入参照公务员法管理范围。理由是:

一、婚姻(收养)登记工作是政府部门依法办理登记的行政行为

婚姻(收养)登记工作是贯彻实施《中华人民共和国婚姻法》、《婚姻登记条例》、《中华人民共和国收养法》、《中国公民收养子女登记办法》,依法维护婚姻家庭制度的重要行政工作,是政府行使社会管理和公共服务的职能体现。婚姻(收养)登记机关和婚姻(收养)登记员理应是国家的行政机关和行政人员。

二、婚姻(收养)登记是一项促进社会和谐的重要工作

婚姻登记行为根据法律规定,是当场办结的行政行为,也就是说,当事人

的要件齐全且程序合法的话，要当场颁发婚姻证书。这事关婚姻(收养)当事人的幸福。同时，在办理离婚登记、离婚劝和工作中，为化解家庭矛盾，促进社会稳定发挥了积极作用。为保证本市婚姻(收养)登记中心(所)能够认真履行好政府行政职能和妥善处理各种突发情况的能力，婚姻(收养)登记员的政治业务等综合素养十分重要。

三、适当提高婚姻(收养)登记员待遇有必要

至今，上海市已有 19 个婚姻(收养)登记中心，登记机关人员增加到 153 名(其中行政编制 2 名，事业单位在编人员 76 名，借其他事业单位编制 25 名，通过政府雇员形式或社工形式聘用的登记员 21 名)，从一定程度上解决了登记量大、人员不足的问题。但是，婚姻登记工作人员超负荷、超时工作是常有的事。由于登记中心工作人员的收入相对较低，新进婚姻登记员月收入工资 3 000 元，工作 5 年的收入也只有 4 500 元，且无法保障周六及节假日加班费。因此，这个岗位难以留住一些政治素质、文化水平和业务能力较高的优秀婚姻(收养)登记员。

建议要关注民工子弟学校学生健康问题

(2011 年 1 月 18 日)

上海已于 2010 年实现 47 万来沪务工人员子女的义务教育,但民工子弟小学在学校卫生健康工作方面尚存在一定差距。例如公办小学都建有相对规范的学校卫生室(保健室),都有专职的卫生老师,小学生定期进行常规体检。但由于政府投入有限,民工子弟小学,每年每人只有约 2 000 元教育经费投入。这笔资金仅是公办小学教育经费投入的十分之一。目前绝大多数民工子弟小学没有规范的学校卫生室,没有专职的卫生/保健老师,学生没有体检。

根据国家均等化服务的总体思路,为此建议:

第一,政府要适当增加投入,为民工子弟小学建设规范的校卫生室。

第二,在 2—3 年内建立民工子弟小学有资质的专职的卫生保健老师队伍,并加强能力建设,每年进行岗位培训。

第三,根据国家教委规定,对民工子弟小学学生定期进行常规体检,为学生建立健康档案。

对于因未交体检报告而注销驾驶证的驾驶员恢复其驾驶资格的建议

(2011 年 12 月 28 日)

近年来,有效期为 6 年的驾驶证陆续到期,每月都有大量的驾驶员到期换证,其中一批年龄超过 60 岁的驾驶员发现自己的驾驶证已被注销多年,并被要求重学驾驶。如果这一要求是处罚,则处罚太重。重学驾驶,不仅需要花费大量资金(5 000 元以上),而且前后长达 4 个月到半年之久。无论没有交体检报告出自何种原因,都不应承受如此代价。如果这一要求是为了保证驾驶安全则更是风马牛而不相及。体检报告是反映人的身体状况的,并不反映他的驾驶技术状况,为什么要重学驾驶呢?

由于重学驾驶代价太大,迫使被注销的驾驶员要么铤而走险,带着无效的或过期的驾驶证继续上路;要么通过各种关系卖通车管部门的内部人员解除注销或重新获证。网上甚至于出现了专为此类服务的收费网站。凡此种种,都为车管人员以权谋私提供了可乘之机。其实完全有更好的办法处理此事。每年体检,对 60 岁以上的驾驶员是必要的,如果没有按期执行,可以处以罚款。如为防止因身体状况等原因放弃驾驶多年导致技术生疏又轻易上路的,可考虑在罚款外加考技术,也不必重学。

此外,在网上或电话里应当设置检索驾驶证的使用状况,以弥补没有告知或告知不到的情形。

建议对司法“黄牛”开展一次专项整治

（2011年12月28日）

本人曾兼任上海市整顿规范市场经济秩序办公室主任，时任副市长周太彤与我们一起研究工作，提出要善于研究“黄牛”动向。“黄牛”市场意识强，哪里有“黄牛”，说明什么商品紧俏，日常管理有薄弱环节，“黄牛”有机可乘、有利可图。

“黄牛”亦指责任心差，不履行承诺的，在地下经济里抢购物资或票券的人；你一走进商店，即前簇后拥，紧跟左右，悄声兜售的人。据了解，在上海的司法领域也出现了“黄牛”，从事包揽诉讼，为某些具有特殊权力者充当中介的勾当。

上海市拥有1 100家律师事务所，13 400多名律师，中共党员占30%，民主党派人士也有很多。其中本科以上学历的占91.7%，其中31%是硕士博士。年龄在40岁以下的占60%。女律师约占三分之一。律师中担任全国、市、区三级人大代表、政协委员的有118人，这次换届人数肯定会有新的增加。上海拥有如此一支政治素质高、工作能力强、富有朝气，充满活力的律师队伍，为何司法“黄牛”还能大量存在？

一是律师分布在市中心区，司法“黄牛”活动在郊区。二是律师主要承接收益高的、大的案件（纠纷），司法“黄牛”主要集中在交通事故、医患矛盾、劳资纠纷领域。三是律师服务人群是新老上海的“白领”，司法“黄牛”主要针对外来务工人员。在此更要指出的是，司法“黄牛”的业务往往是我们制度内的人向他们提供的。如某区公安机关交通事故处理办公点，律师协会派驻的律师从未接到过一个案件，可是门口的司法“黄牛”门庭若市，不少镇街的法律援助点形同虚设。司法“黄牛”既扰乱了法律服务的秩序，又损害了当事人的合法权益；既腐蚀了政法干警的肌体，又与黑社会势力相勾结。他们以金钱中介司法，使法律上的是非被金钱所扭曲，后果十分严重。如果司法“黄牛”不予以取缔，非正常公民代理时常活跃在法庭，是上海政法工作的一大隐患。

律师事业的发展，律师地位的提高，与祖国的繁荣富强紧密相连。依法治国方略，建设社会主义法治国家，呼唤着法律人才的涌现。律师已成为中国特色司法体系中不可或缺的重要队伍，律师已成为社会管理、参政议政的重要力量。为此建议，采取有力措施，多管齐下，规范律师法律服务秩序。清除黑律师和假律师代理业务，杜绝律师以行贿和压降收费等手段进行不正当竞争，私自设立办公点，以公民身份有偿代理案件的现象，使司法“黄牛”在上海没有立足、生存之地，这是创造良好法治环境，维护社会公平正义的一件实事。

尽快提高国有企业退休高级工程师的待遇

（2011年12月28日）

自2005年开始，上海市150家大中型国有企业781名退休高级工程师多次联名致信市委、市政府及有关部门，要求提高退休待遇。

目前，我国的退休养老制度是实行“双轨制”，机关、事业单位沿用计划经济时代的退休金制度，资金来源由国家财政支付，企业是社会统筹加个人账户，资金来源由社保基金支付。这样使直接创造物质财富的企业各类人员的退休待遇压得很低，与享用国家财政拨款的机关事业单位退休人员的退休待遇相比，两者差距越来越大，造成严重的分配不公现象，已严重影响了社会的公平、正义、和谐。

企业高级职称专业技术人员长期工作在企业生产第一线，是社会物质财富的直接创造者，是上海工业经济发展壮大的参与者，是企业经济持续发展基础的奠定者。这些人退休后不应成为落实“尊重知识、尊重人才”政策中“被遗忘的角落”。这种状况严重伤害了他们的自尊心和退休后的生存条件，也影响到部分群众对党和政府的知识分子政策的看法，更为严重的是对国有企业留住人才进行科技创新产生不可估量的负面影响。

2011年5月23日，国务院国有资产监督管理委员会、教育部、财政部、人力资源社会保障部联合以《关于妥善解决国有企业职教幼教退休教师待遇问题的通知》(国资发分配〔2011〕63号)下发各省区市。该文件规定企业职教、幼教退休教师养老金待遇与当地同类人员退休金的“差额部分以加发退休教师生活补贴的名义予以补齐”、“所需资金由地方财政承担”，“生活补贴发放自2011年1月1日起计算”。

这是解决养老待遇不公问题相关政策的重大突破，充分证明党中央、国务院对养老保险“双轨制”所引发的社会矛盾极其重视，并以部署新的实质性解决措施，深得民心。众所周知，国有企业职教、幼教退休教师仅占国有企业退休专业技术人员人群中的极少数，绝大多数是对国有企业的科技发展、技术创新及生产经营管理作出重大贡献的职工。如果因为是教师，有《教师法》，这部分人可以先解决，但对其他占绝大多数的国有企业退休高级专业技术人员，如无明确的政策预期或不能一视同仁，则必然引发新的群体性社会矛盾。

为了体现以人为本促和谐，实行公平养老待遇。建议结合上海社会保障的实际，加大倾斜力度，分步实施提高国有企业退休高级专业技术人员的待遇，从而实现同职称、同退休待遇。

对进一步加强行政监察的建议

（2013年1月26日）

2013年是党的纪检与行政监察相关合署办公20周年。监察机关是人民政府行使监察职能的机关，依照法律对国家行政机关及其公务员和国家行政机关任命其他人员实施监察。中共中央政治局委员、中共上海市委书记韩正强调，法治建设要成为上海城市管理的基本方式。因此，切实发挥行政监察的作用显得尤为重要。

为此，提出五点建议。

一、要认真总结党的纪检和行政监察合署办公的成绩和经验，并且认真分析存在的问题与不足

市纪委和监察局（委）共有工作人员200多人，做了大量卓有成效的工作，有些工作经验在全国首创，这要充分肯定。但是，行政监察的作用不够凸显。一个纪委，一个监察局，一个预防腐败局，一个纠正不正之风办公室，这四块牌子的分工、职责还不够清晰。在新的历史时期如何做到各司其职，形成合力，有待积极探索。

二、各级政府尤其是行政主要领导干部要认真学习《中华人民共和国行政监察法》

原来市委党校、市行政干部学院对行政监察法有专题培训，如今没有了。现在新老干部交替又比较快，有很多行政领导干部对行政监察知之不多，或者说是知之甚少，加强行政监察法的学习迫在眉睫，着力提高领导干部依法履行

职责的能力。

三、行政监察要集中主要精力履行自身职责

法律赋予监察机关对监察对象执法、廉政、效能进行监察，其基本职责是5项：

(1) 检查国家行政机关在遵守和执行法律、法规和人民政府的决定、命令中的问题；

(2) 受理对国家行政机关及其公务员和国家行政机关任命的其他人员违反行政纪律行为的控告、检举；

(3) 调查处理国家行政机关及其公务员和国家行政机关任命的其他人员违反行政纪律的行为；

(4) 受理国家行政机关公务员和国家行政机关任命的其他人员不服主管行政机关给予处分决定的申诉，以及法律、行政法规规定的其他由监察机关受理的申诉；

(5) 法律、行政法规规定由监察机关履行的其他职责。朱镕基同志在上海工作时反复强调，反腐倡廉，提高效能给我紧紧盯住506个局级干部。这是市监察机关的主业。各级行政监察机关务必依法履行自己的职责。

四、行政监察工作要常态化

要切实加强日常的行政监察工作，不要发生重大事件、事故、案件时想到了行政监察。行政监察工作要渗透到行政工作全过程、全方位。常态化必须在建立机制上下功夫。目前审计报告会及时送达。同时，行政机关与刑事司法相衔接的机制，要设在市监察局。各相关部门力量的整合十分重要，充分发挥好行政监察部门独特的作用。行政监察机关与党委、政府的督查室和有关部门的业务监督是有本质区别的。

五、要加强行政监察机关的自身建设

党的十八大报告中,对行政监察提出许多十分明确的要求和任务。当前,经济、社会、文化发展日新月异,新情况、新问题不断出现,行政监察机关的工作人员要加强自身素质。只有自身素质提高了,才有能力发现问题,实行有效监察。行政监察工作要注重引进、吸收各方面专业人才,进一步提高监察效能。

对破解消防战斗力生成瓶颈的建议

（2013 年 1 月 26 日）

上海市公安消防总队是一支公安现役部队，按照《中华人民共和国消防法》的规定，主要担负着上海市的防火灭火、抢险救灾和反恐排爆三项任务，是一支全天候、全时制为上海市经济建设和市民提供消防安全服务的队伍。随着上海经济社会的发展，不断提升消防战斗力是上海人民的需求和期待。

目前，上海共有消防现役官兵 6 000 余人，其中士官 3 400 多人，占 63%。其中，每年有近 1 000 名士兵退出现役，也有近 1 000 名士兵加入部队。2012 年，全市消防出警 83 000 多次，平均每个中队每年出警 1 000 多次，多的中队高达 2 000 多次。入伍的新兵每年都需要从最基础的消防技能学起，由于兵役制的限制，刚培训基本可以担任战备时却又面临着退役，还有许多业务精湛的士官由于服役年限的限制也不得不退出现役。造成消防业务训练在低层次中徘徊，作战经验难以积累，战斗素养难以形成，战法技法难以拓展，培养成本大，周期长，造成巨大资源浪费。为切实破解消防战斗力生成瓶颈，提出如下 4 点建议：

一、设法留住骨干，缓解消防现役警力的紧张

每年有半年时间第一线的警力只能保持消防全员警力的五分之二。再则，按照《上海市消防“十二五”规划》，全市将新建公共消防站 30 余个。由于受现役警力编制不足和合同制消防员额度的影响，新建消防站的现役官兵和合同制消防员实有人数均未能达到消防站警力配备标准，到时将会出现有站无人的尴尬局面。因此，建议每年给上海市消防局 50 个常住沪籍的指标，从外省、市籍的士官中挑选优秀者作为人才引进。同时，进一步壮大合同制队

伍，增加合同制消防员招聘额度。

二、提高薪酬待遇，使合同制消防员队伍持续稳定

截至2012年12月底，消防总队共有合同制消防员1 380名。合同制消防员部分岗位薪酬待遇普遍低于市平均工资和事业单位同岗位合同制员工。2012年，合同制战斗员和执勤车驾驶员月平均工资4 537元(税前)，炊事员3 217元(税前)，公务车驾驶员3 317元(税前)，文员3 417元(税前)。这种薪酬待遇造成招聘困难和合同制人员频繁地离职。因此，建议对合同制消防员予以高危岗位职业特殊津贴每人每月1 000元；对从事其他岗位的每人每月津贴500元。同时，对合同制消防员在医疗保障上予以倾斜。目前，上海消防总队给合同制消防员按月缴纳医疗社保金及每年50元大病医疗互助保险金，以及给予每月25元的医疗辅助补贴，虽能满足一般医疗需求，但不足以激励合同制消防员，导致攻坚能力大打折扣。因此，建议采取政府购买医疗保险的方法予以解决。

三、设立消防安全专管，切实加强社区消防安全能力

消防工作的性质决定对人员的体能、技能素质要求较高，特别是合同制战斗员，通常在年龄到达或超过40—45周岁时，就会因身体机能、体能下降等原因，基本不再适合从事一线灭火救援工作。何去何从，是转岗另行安置，还是解聘辞退，对合同制消防员始终是一大职业顾虑。因此，建议将这一年龄段的合同制消防员委派到各社区，担任消防安全专管员，开展消防培训进社区、消防(简易)装备进家庭、消防知识进头脑等工作，切实增强社区消防安全能力。

四、拓宽立功受奖，完善合同制消防员激励机制

上海消防总队对于合同制消防员的奖励只有年终评比，仅局限于嘉奖、先进个人和突出贡献奖的评选，并给予200—800元的经济奖励。对于重特大灾

火救援的立功受奖申报途径不明确，一定程度上影响了合同制消防员的工作热情和整体士气。而在兄弟省市，合同制人员表现突出的可授予劳模荣誉称号，并可立一、二、三等功。因此，建议将合同制消防员参与地方政府立功和相关荣誉的评选，纳入市总工会、团市委组织日常表彰范围，从而进一步提高合同制队伍建功立业的热情和战斗士气。

关于将市消防总队培训基地提升为上海市公共安全应急管理培训基地的建议

（2013 年 1 月 26 日）

从 1994 年 1 月上海市计划委员会批复同意建造上海市公安消防总队培训基地。前后历经 18 年，消防总队培训基地于 2011 年 11 月 9 日建成并揭牌进驻。基地位于奉贤区奉城镇洪南路 258 号，占地面积 189 亩，项目投资 4.5 亿元，按功能划分为模拟设施训练场、室内教学训练设施、体能训练场和生活保障设施四个部分，平面布局科学合理。

基地立足上海灭火救援对象，立足上海消防车辆装备，立足基地实训设施，以全面提升部队履职能力，全面推动消防工作和队伍建设发展为目标，利用视觉模拟指挥训练系统、真火训练系统和远程教育系统，分层次、分等级、分岗位开展专业化、模拟化、实战化训练。2012 年累计培训 3 000 余人次，切实提高了官兵业务素质和部队建设水平，为努力打造现代化公安消防铁军发挥了积极作用。同时，基地以构建上海城市火灾防控体系为目标，大力开展消防宣传教育培训。2012 年累计开展持证上岗培训人数 55 041 人，另有 100 万余人参加业务消防知识讲座，起到了“培训一个人、带动一个家庭、一个单位，影响整个社会”的宣传效果，为增强全民消防安全意识和能力，确保上海城市的安全运行作出了积极贡献。但是，基地发展遇到三个瓶颈：一是基地规模的局限性，影响了大教育、大培训工作的深入推进；二是训练设施的局限性，影响了培训科目的设置和培训效果的提升；三是科普宣传手段的单一，影响了科普教育受众面的拓展。

最近，我到市公安消防总队培训基地实地作了调研，深感这个基地需要拓展和提升。城市发展至今日，公共安全是民意要求的重要期盼，是社会管理的重中之重，是经济发展的重要支撑，是政府履职的重要体现。发生突发事件，属地第一响应，事态研判决策功力，现场处置的方式方法，事后协调处置能力显得尤为重要，对各级党政领导都是很现实的挑战与考验。因此，加强对党政领导干部公共安全素养的实训，切实提高应急处置能力非常有必要，建议将上海市消防总队培训基地提升为上海公共安全应急管理培训基地。

关于进一步改善中小学生午餐的建议

(2013 年 1 月 26 日)

市教育委员会对中小学生午餐问题十分重视,全市各学校都采取了措施,做了许多工作,收到实效。一是保证了学生有热菜热饭,二是部分区教育局给每个学生午餐补贴,三是至今尚未发生大规模的食品安全问题。为了保证学生食品安全和伙食费用过高,市教委曾发文规定午餐不得超过 8 元。由于绝大多数学校不具备办食堂的条件,是由配菜公司送来的冷链食品,再由学校加热提供给学生用餐。因此,不太符合学生的口味,有不少学生既没有吃饱,又缺少必要的营养,更有的学生不吃倒掉,有的学生到学校周边的便利店、小摊去买东西吃。

举一个实例说明:上海兰生复旦中学来了一个新校长,提出学生午餐必须搞好,自己办食堂,让学生吃好吃饱,这关系到青少年身心健康成长,并专题召开了家长会议,每一位家长都签名同意将伙食标准提高到 9 元。现在每天午餐是一个大荤、一个小荤、一素一汤;做到每星期安排一次花式翻新,并配有水果,学生和家长都十分满意。为了进一步了解中小学生的午餐情况,近日,我到中心城区的某个学校作了两次问卷调查。

第一次问卷调查是在午餐标准 7 元的、215 位六、七、八年级学生中进行。

问题一:你早上是否吃早饭? A. 每天吃的 114 人;B. 经常吃的 37 人;C. 偶尔吃的 30 人;D. 不吃的 4 人。

问题二:一般在哪里吃早饭? A. 早饭由家长准备好,在家吃的 150 人;B. 路上随便买点吃的 48 人;C. 在便利店吃的 15 人。

问题三:你的早饭量如何? A. 吃饱的 126 人;B. 有点饿,但可以坚持到吃午餐 75 人;C. 没吃饱,无法坚持 9 人。

问题四:学校的午餐是否好吃? A. 好吃的 34 人;B. 偶尔好吃的 63 人;C. 一般的 60 人;D. 不好吃的 56 人。

问题五:午餐的菜量如何? A. 菜量足的 93 人;B. 勉强够下饭的 87 人;C. 不够的 33 人。

问题六:午餐是否吃得饱? A. 吃得饱的 106 人;B. 吃不饱的 106 人。

第二次问卷调查是在午餐标准 8 元的、59 位九年级学生中进行。

问题一:你是否吃早饭? A. 每天吃的 43 人;B. 经常吃的 6 人;C. 偶尔吃的 10 人。

问题二:一般在哪里吃早饭? A. 早饭由家长准备好,在家里吃的 34 人;B. 路上随便买点吃的 19 人;C. 在便利店吃的 6 人。

问题三:你的早饭量如何? A. 吃饱的 36 人;B. 有点饿,但可以坚持到吃午餐的 24 人;C. 没吃饱,无法坚持的 1 人。

问题四:学校的午餐是否好吃? A. 好吃的 18 人;B. 偶尔好吃的 24 人;C. 一般的 15 人。

问题五:午餐的菜量如何? A. 菜量足的 44 人;B. 勉强够下饭的 13 人;C. 不够的 2 人。

问题六:午餐是否吃得饱? A. 吃得饱的 55 人;B. 吃不饱的 4 人。

许多中小学学生家长反映,放学以后孩子像“饿狼”一样的,带去的点心一下子就吃完了。由于学生刚起床,食欲尚未开,早餐就比较随意了。再则,午餐又不能吃好,将对学生身心健康成长影响重大。因此,学校的午餐至关重要,提出四点建议:

第一,市、区两级财政对中小学生的午餐补贴要适当增加。现在有的区是每位学生午餐加 1 元,建议要进一步提高,同时要扩大覆盖面,包括外来的民工子弟学校。

第二,要增加午餐的伙食品种。蔬菜搁置时间长了,失去了原来的色彩和味道,学生看了都没有兴趣,建议在原有标准上增加一个荤菜或水果、酸奶。

第三,在保持学生午餐营养均衡的基础上,在午餐的可口上多下点功夫。建议要经常听取家长和学生们的意见,不断改善和提高确定的配菜公司的供餐质量和自己办食堂的供餐水平。

第四,要切实加强对学校周边无证摊贩食品的管理。对学生要有效传授食品安全的常识,并劝阻学生午餐尤其是放学以后,不要到这些小摊小贩处去购买没有安全保证的食物。

陆家嘴金融贸易区务必加大基础性公共安全设施投入的建议

（2013 年 1 月 26 日）

陆家嘴自 1994 年成为中国唯一的金融贸易开发区以来，已经迅速发展为商业投资机构分布密集，金融投资市场完备的黄金地区。可是，公共安全的设施远远跟不上这个地区的发展，隐患众多，仅举消防安全为例。

整个金融贸易区总面积共有 28 平方公里，只有一个铜山消防中队，这个中队管理面积为 12 平方公里。辖区内共有居民高层建筑 279 幢、超高层建筑 51 幢，共计 330 幢。单位高层建筑 223 幢、其中 100—199 m 高层建筑 50 幢、200—249 m 高层建筑 7 幢、300 m 以上 3 幢。在建高层建筑 20 幢，其中包括 2014 年竣工的 632 m 上海中心大厦。辖区内，隧道 5 条，地铁线共有 4 条，10 个站点，5 万平方米以上特大型公共聚集场所类商市场 4 个，2 个大型地下商场，19 个大跨度厂房，8 个码头。

陆家嘴公安治安派出所所长反映，该地区社会管理任务超常繁重，每天 16 点至 20 点是治安复杂时间段。高楼林立，高层玻璃幕墙坠落已成巨大隐患。管委会只注重经济贸易的发展，对公共安全关注度和投入不够，公共安全系统性顶层设计缺失。铜山中队只有 4 辆值勤战备消防车，一旦发生火灾，后果不堪设想。在交通拥堵的情况下，铜山消防中队出勤到辖区最远点约 30 分钟，无法满足“15 分钟消防”的要求，从周边调集消防车都要在 30 分钟以上。

因此，市消防局的专家十分担忧，建议浦东新区政府加大对陆家嘴金融贸易区公共安全设施的投入，必须建 4 个消防站，其中 2 个消防站要建在中心区域，车辆不能少于 20 辆。

关于在全国率先建立公安食药安全稽查总队的建议

(2013 年 12 月 4 日)

食品、药品安全是当前人民群众最为关注的民生问题。上海市政府提出"五个最严"(准入、监管、执法、处罚、问责)的要求。2012 年,全市主要食品安全监管部门开展日常的巡察、监督检查和专项执法检查共计 40 余万次,发现问题 2.3 万户次,立案处罚 11 798 件,同比增加 47.20%;罚没款 8 398.2 万元,同比增加 59.97%;注销或吊销各类食品生产经营企业证照 17 万张,同比增加 138%。可是,上海市公安机关破获食品安全的犯罪案件只有 143 起,抓获犯罪嫌疑人 215 人。市政府设立的食品安全举报奖励专项资金 200 万,2012 年只用了 66 500 元。由此可见,发动群众的面和公安机关打击的力度远远不够,与人民群众的期待相差甚远。

鉴于最高人民法院、最高人民检察院就食品安全的犯罪行为作出了司法解释,公安部也就食品安全作出了专项部署。2011 年 6 月起,上海市公安机关在全国率先开展了严厉打击整治危害食品药品安全犯罪"亮剑"行动,得到公安部的肯定。为此,建议:上海市公安局将食品安全、药品安全纳入公安机关依法履行职责的范围之中,在全国率先建立公安食药安全稽查总队。同时,进一步扩充全市社区保安队,再向社会招聘 1 万名成员(尤其是大学生)加入,分配到各个街镇,协助公安机关加强对食品、药品安全的稽查力度,依法严厉打击违法犯罪活动,真正起到威慑作用,使上海成为全国食品、药品最安全的城市之一,使老百姓吃得安全、吃得放心,吃得满意。

大型居住社区管理亟待加强

(2014 年 1 月 16 日)

一、背景和问题

浦东新区大型居住基地有 6 个,包括曹路、航头、惠南、三林、周浦、川沙。其中,曹路基地更为复杂。曹路镇地处浦东新区东部,2000 年由顾路镇和龚路镇合并而成,镇域总面积 45.58 平方公里,总人口 18.6 万,其中户籍人口 6.82 万;下辖 32 个村民委员会,19 个居民委员会(含筹建中的)。

曹路镇大型居住基地是市政府最早确定的六大动迁大型居住社区之一。总面积 5.1 平方公里,建筑面积 492.91 万平方米,其中住宅面积 378.37 万平方米,预计导入 5 万户、13 万人口。

基地建设是 2004 年开始部署的,2005 年动迁了 2 400 户村民,涉及 6 个村,2006 年被迫停工 1 年多,2008 年改为市和区两级共建基地,再恢复建设。由于主体变更,又有 5 家开发商 2 次定价,办大小产证又不顺、跟不上等,曹路大型居住社区有的问题在面上具有共性,有的问题具有个性,不是浦东新区、曹路镇能够解决的,必须引起市里高度重视。

二、曹路大居现状

第一,大居的规划与建设。曹路大居建设基地分南北两块,北块总面积 2.52 平方公里,建筑总面积 274.92 万平方米,住宅面积 202 万平方米,预计导入 2.7 万户、6.8 万人。已交付使用住宅面积 68.8 万平方米,在建住宅面积 92.5 万平方米(其中 70.7 万平方米将于 2014 年年内交付使用),其余住宅面积还在规划中。南块总面积 2.62 平方公里,建筑总面积 217.99 万平方米,住宅面积 179 万平方米，预计导入 2.4 万户、5.98 万人。

第二，居民入住情况统计。大居北块所属 10 个小区都已相继开始入住，规划套数 17 654 套，办理入住 14 770 套（实际居住 11 579 套、25 324 人，自住户 6 014 套，出租户 5 565 套）。其中金钻苑、舜峰家苑、中虹家园、海尚东苑分别于 2009 年、2010 年、2011 年和 2012 年办理入住。星纳、星晓、星海、星金、星颂、佳伟景苑也全部于 2012 年底交付使用。

第三，入住居民结构。大居入住居民分为三类，分别为本地动迁户、纯外来动迁户、混居动迁户，如中虹家苑为纯虹口区动迁居民，星颂家园为纯杨浦区动迁户。经过对已经入住的 10 个居民小区入住情况的不完全统计（大居内有自住人口 12 856 人，出租人数 12 448 人，其中，户籍人口 895 人，60 岁以上 2 697 人；独居老人 293 人，纯老家庭 714 人，低保 93 户），与中心城区小区入住居民状况相比较，大居入住居民在人员结构上呈现“老少年龄段人口多、文化程度不高得多、经济保障收入低得多”的特点。

第四，公建配套项目实况。随着大居入住居民的不断增加，社区相关配套设施也在加紧建设和完善中，大居内共建成 2 所中学（模范中学、复旦附中浦东分校），1 所小学（打一小学），2 所幼儿园（顾路幼儿园分院、海星幼儿园），投入使用配套标准化菜场 2 个（星晓、海鹏路菜场），引入公交线路 5 条（曹路 2 路、4 路、790、1042、1053 路）。

三、调研后的几点建议

曹路大居的居民多次给我写信，我也曾多次实地暗访、明访，就大型居住社区管理提出若干建议：

第一，对镇管社区体制、机制要做深度研究。当前，务必把“两委一中心”做实。2013 年 1 月，曹路镇党委、政府成立了大居“镇管社区”领导小组和“两委一中心”筹建组。现有人员 6 人，都是兼职的，但很用心，做了一些基础性工作：成立了 5 个居委会、3 个筹建组，另有 2 个入住居民较少的小区纳入“就近居委代为管理”模式。大居基本做到了居委筹建与居民入住同步，但与市中心的社区管理体制、机制和管理水平相差甚远。

第二,加快推进共建配套。公安派出所、工商所、邮电、银行用房建设尚未到位,社区中心、卫生中心、托老中心都滞后,5 条公交线没有一条是始末站,尤其是长征医院分院占地 300 亩,还举行了开工典礼,可是至今没有打下一根桩,基地杂草丛生,居民生病要驱车 40 多分钟才能到最近的医院就医。

第三,执法管理力量要抓紧加强。管理力量和执法力量明显不足。曹路镇公务员的编制 51 个,事业编制 69 个,龚路、顾路两个派出所共有警力 90 个,远远低于平均警力配备。城管编制 15 个人,协管员 30 多人,可以说,完全不适应镇管社区的大型居住区管理。

政法机关对食品安全要助威给力

(2014 年 1 月 16 日)

一、背景和问题

“民以食为天,民以安为地”,人民群众对食品安全日趋关注,是对美好生活向往的表现。鉴于危害食品安全案件的作案方式不断翻新,犯罪手段更趋隐蔽。2013 年 5 月 4 日,《最高人民法院、最高人民检察院关于办理危害食品安全刑事案件适用法律若干问题的解释》正式实施,通篇体现了“严”和“厉”两个字。上海市委、市政府对食品安全提出了“五个最严”的工作要求,这是由当前危害食品安全犯罪的特点所决定的。

二、分　　析

现实的情况是尚未形成威慑作用。截至 2013 年 11 月底,上海食品安全部门办理的食品安全案件为 11 503 起,同比上升 13.62%,行政机关只能依法采取警告、罚款、停产停业、吊销许可证等措施,对犯罪嫌疑人没有控制和侦查手段。2012 年 1 至 11 月,上海公安机关破获食品安全违法案件 137 起,抓获犯罪嫌疑人 416 人,同比增长 49%,其中已移送起诉 220 人。如此打击力度使得犯罪成本很低,执法成本很高,违法犯罪分子屡罚屡犯。原因有四个,一是公安部门和食安办、食药监等监管部门的协作沟通方面,市级层面较为顺畅,但在区级层面还存在联合办案的机制衔接不够畅通,信息滞后、犯罪证据破坏和线索中断等不利于查案办案的情形时有发生。二是涉案产品检验鉴定方面,往往周期较长,结论不够明确,从而影响了案件的及时定性;一部分检验项目收费标准较高,客观上对公安部门的办案积极性有一定影响。三是在专业技术支持方面，食品药品领域专业性强，公安部门往往因缺乏相关专业知识导致增大对“罪”与“非罪”的把握难度，相关监管部门的专业支持还比较缺乏。四是跨省市办案方面，在需要外省市食安办、食药监管部门配合公安部门查案时，尚缺少相应的联动协作机制。

三、建　　议

对此，上海市食品安全委员会办公室、上海市公安局共同形成了“关于进一步加强食品安全行刑衔接工作的会议纪要”。根据我的走访、调研，在纪要的基础上提出三点建议：

第一，切实加强“行政执法与刑事司法信息共享平台”的运用，落实该平台的后续维护和推进使用。市公安局要继续派员常驻市食安办联合办公，加强行刑衔接，发挥快速沟通、协调有力的优势。

第二，市、区两级公安机关抓紧组建食品安全侦查队伍。公安派出所要配有食品安全的专职民警，有利于快速、有效打击危害食品安全犯罪。

第三，各区县人民法院对食品安全部门提出的行政处罚强制执行案件要予以高度重视，及时派出法警执行到位。

对进一步优化市民服务热线“12345”的建议

(2014年1月17日)

上海原有234条市民服务热线,大致可以分为三类:第一类是“123”开头的5位数热线,这是由国家部委办统一设立的;第二类是“96”开头的6位数热线,这是上海市水、电、煤、气公共服务窗口设立的;第三类是8位数的,这是政府相关部门自己设立的。那么多热线,普通老百姓基本上记不住。

2013年1月7日,市政府开通了“12345”市民服务热线。一年来,热线共接听市民电话1 553 774个,日均4 328个,接通率为91.99%,当场解答市民电话915 173个,当场解答率为54.5%,下派工单501 962件,办结率为99.97%,按时办结率92.53%,回访市民来电52 343件,事项解决率为63%。总体上市民反映良好,成为服务市民的重要平台,检验政府工作成效的重要窗口。但它与“110”相比,区别有三点:一是“110”由市公安局开通至今已有20年,知晓率高,每天接听量是3万多个,60%—70%是非警务类的。“12345”日均不到5 000。二是报“110”是免费的,“12345”是收费的。三是报“110”会有警察到现场,“12345”是转接的,没有人员到场。从建设服务型政府的高度,认真践行“市民至上,倾心服务”的热线宗旨,对标国际国内一流政务热线,提出4条建议:

第一,要提高“12345”市民服务热线的知晓度和效能。力争能够使“110”非警务类的市民服务事项,合理有序地分流到“12345”热线电话来。在全市逐步形成遇到紧急事情打“110”,非紧急事情打“12345”。同时,要提高市民服务热线管理办公室的权威性,应当赋予办公室督办和协调功能,使市民投诉和求助事项落到实处,提高政府办事效率。

第二,要着力提高市民服务热线的运行质量。目前,市民服务热线采取的是市政府与中国电信上海分公司合作的项目(平台属于政府,话务员由中国电信派出)，是政府购买服务，符合国务院提出的“多办事、少养人”的精神。现有座席200个，460名话务员，24小时运作，平均年龄为28岁，男女各50%。人员是属于劳务派遣性质。现在市政府每年投入6 000多万元，50%是劳务费，人员流动性较大。为了确保市民服务热线的运行质量，政府的财力要切实予以保障。

第三，“12345”要实行免费。开设“12345”是政府转变作风、服务市民、提高效能的举措，为了进一步扩大“12345”的效能，建议“12345”与“110”一样实行免费。同时，要伴随时代步伐，适应年轻人办事的方式，开通网上“12345”。

第四，要进一步加强对话务员的培训。不仅要强化上岗培训，更要强化日常培训。市政府有关职能部门定期或不定期向“12345”通报与市民密切相关的政策、办事程序等信息。要充分发挥智库作用，加强对市民服务热线资料的分析研究，成为收集社情民意的最好平台，及时向有关职能部门提出工作建议，真正把市民服务热线办成市民安居乐业的幸福平台。

关于深化完善区县应急管理机构的建议

(2014年1月19日)

近年来,各区县按照市委、市政府的总体部署,围绕"一案三制"(应急预案和应急管理体制、机制、法制)建设,结合自身特点,创新应急管理模式,探索行之有效的工作机制。总体上看,各区县建立的应急管理机构在预防和应对突发事件中发挥了积极作用,为维护城市公共安全运行提供了重要保障。

但区县在应急管理方面还存在以下问题:

一是应急管理力量配置尚未完全到位,机构相对薄弱。

不少区县应急办反映力量不足,一定程度上限制了综合协调、常态管理和督促检查的力度。区县应急办承担了区一级的应急值守、应急体系建设、应急预案编审、应急培训和演练指导等大量工作,遇突发事件时还要赴现场参与处置,对人员身体素质和专业素养要求都比较高。但目前大多数区县仍然存在"人员基本靠借调,编制没落实"等问题,尤其是应急值守存在临近退休的老同志多、退休返聘人员多的情况,整个应急干部队伍中较为缺乏具备专业素养、有研究能力、年富力强的中青年。

二是区县应急救援机制尚未完全健全,存在"等、靠"现象。

有的区县片面理解扁平化管理的方式,在应急救援中过分依赖市级层面专业应急救援队伍的垂直调度和指挥,属地政府"第一时间"属地责任未充分发挥和落实。从近年发生的危化品槽罐车事故等应急救援后评估工作看,问题突出表现在:区县信息报送不够及时,不能第一时间掌握事故现场情况;属地政府没能完全做到第一时间响应,先期快速组织力量展开救援,尤其是一些事故等级不高,但涉及跨部门、跨条线的救援工作,有时出现现场指挥"缺位"的问题。

三是风险隐患排查属地责任尚未完全落实,重点区域事故苗头时有发生。

2013年8·31宝山液氨泄漏重大事故暴露出隐患排查整治等常态管理和前端管理等问题仍然突出。“一阵风、走过场、运动式”的现象仍然存在,责任落实机制、常态巡查和隐患排查整改的长效机制有待进一步健全。随着经济社会发展和人口快速导入,部分城乡接合部、人口密集场所、化工园区等“点”上的风险尤为凸显,存在“牵头人”缺失、应急管理制度不健全等问题,缺乏有效的分类指导和资源倾斜,应急管理工作亟待加强。

为此,提出以下建议:

一是务必落实区县应急办的编制和人员。要充分发挥区县应急委(办)的统筹和协调作用,按照《上海市实施〈突发事件应对法〉办法》提出的“市区(县)应急办设在本级政府办公厅(室)”的要求,建议各区县明确由区府办主任或副主任兼任区应急办主任,并对应市级层面,明确由承担区县应急联动指挥的区县公安局指挥中心负责人兼任区应急办副主任。同时,各区县可结合中心城区或郊区(县)特点,因地制宜,落实应急办的编制,一般不少于5人,配齐配强应急办的工作力量。

二是强化落实区县应急处置属地责任。突发事件发生后,区县要切实承担起“第一时间报告、第一时间响应”的属地责任。“第一时间报告”就是当发生较大以上突发事件或敏感、复杂的突发事件,接到市“110”应急联动指令后,区(县)联动分中心要第一时间向(区)县政府报告;区(县)应急办要第一时间向区(县)领导报告。所谓“第一时间响应”就是事发单位和所在社区的应急力量要第一时间开展即时处置,力争控制事态的扩大,减少损失。

三是有效加强与网格化综合管理中心的工作衔接。近期,各区县按照全市的统一部署,正在调整组建新的网格化综合管理中心,着力强化网格化管理机构“发现(问题)、分派(案件)、监督(处置)”三大功能,加强城市常态化管理。从目前了解的情况看,有的区明确由应急办主任兼任中心的负责人,有的区与应急办实行“一套班子两块牌子”联合办公。对此类管理模式的区县,建议区应急办要切实统筹好城市综合管理与应急管理两项工作,以抓好常态下城市综合管理为基础,健全风险隐患发现和整治的源头管理机制,以抓好非常态下应对突发事件处置需要为重点,不断完善城市应急联动处置机制,确保日常管理落到实处,应急联动快速高效。

四是全面启动区县基层应急管理单元建设。基层应急管理单位是通过突出“点”上的管理来降低“块”上的风险。各区县要针对城乡接合部、大型商圈、大型居住区、工业园区等区域，逐步推进实施单元化管理，推动落实组织体系、应急预案、应急保障、工作机制和指挥信息平台“五个要素”，确定牵头单位，加强部门联动，严密监控风险，做好应对准备。

关于中级人民法院向市人民代表大会作书面年度报告的制度安排建议

（2014 年 4 月 15 日）

宪法和法律规定，人民法院应当依法向同级人大报告工作，并接受人大、政协的监督，但是唯独直辖市的中级人民法院比较特殊，他们所做的工作只能由当地高级人民法院在向市人大报告时一笔带过，直辖市的中级人民法院没有向同级人大作工作报告的制度安排。我曾在市政协的专题会议上多次提出过这一问题，希望能够让中级人民法院在“两会”期间有更多的“亮相”。可喜的是，上海市第二中级人民法院从 2010 年就开始以开新闻发布会、在报纸上全文刊登等方式公布该院的《工作年度报告》，以上万字的篇幅、丰富翔实的数据、图文并茂的形式向社会公开该院一年来的各项工作情况。发布这样的白皮书是中级人民法院加强司法公开、主动接受监督，进一步落实司法民主的重要举措。对此，人大代表、政协委员予以高度评价。目前，上海市拥有第一、第二中级人民法院、上海市海事法院、上海市铁路法院，都隶属市人大任命和授权，理应向市人大作年度工作报告。书面年度工作报告有利于最大限度地彰显宪法至上、依法办事；有利于最大限度地增强司法的公开、透明程度；有利于最大限度地接受人大、政协对中级法院工作的法律监督和民主监督。为此，建议从明年起，中级人民法院向市人民代表大会提交书面年度工作报告，依法接受人民代表的审议和政协委员的民主评议。

人民政协要善于借助社会智库力量履职的建议

（2015 年 1 月 5 日）

2013 年 4 月，习近平总书记对建设中国特色智库作出重要批示，提出要建设中国特色新型智库，指出智库是国家软实力的重要组成部分，要高度重视，积极探索中国特色新型智库的组织形式和管理方式，把发展智库提到国家战略的高度。党的十八届三中全会也提出：加强中国特色新型智库，建立健全决策咨询制度。在社会主义协商民主的框架下，人民政协要充分发挥协商民主重要渠道作用，必须善于借助社会智库的力量。

上海作为全国最大的经济中心城市，在国家发展大局中占有至关重要的位置，所以，全国 20%的智库集中在上海，但这些智库由于“体制壁垒”处于各自的发展困境中，官方智库“尽说好话”、民间智库“说不上话”；高校智库“重理论、轻应用”、社科智库“重应用、轻理论”。不同类别智库之间没有打破体制壁垒的限制，互相之间没有交集，这对于发挥各类智库整体合力，共同服务于科学民主决策是较大瓶颈。而最适合、同时也最有能力打破界限，搭建各类智库之间交流思想、共谋良策沟通平台的机构，只有人民政协。

人民政协是国家治理体系的重要组成部分，在新形势下必须以改革思维、创新理念、务实举措，大力推进履职能力建设，努力在国家治理体系和治理能力现代化中发挥更大作用。光练内功还不够，政协委员毕竟都是某一领域有影响力的人物，不可能是“全才”，怎么才能做到与政协履职能力的现代化匹配呢？这就需要拓展渠道，依靠智库的“外脑”力量，为政协委员了解改革发展大局提供信息支撑，为政协开展协商议政活动提供思想产品。

2014 年，市政协学习委员会作了一个关于上海智库建设的课题调研，走访了各类官方、社科、高校和民间的智库，在调研过程中，发现市政协和各类智库之间有一个共同的意愿，就是双方要加强合作，实现共赢。

一是共建协商平台。依托政协现有的专题协商、对口协商、界别协商、提案办理协商等平台，吸纳各类智库参与，在重大决策前的协商过程中，协同智库开展前瞻性、科学性、可行性及不可行性论证，为党政机关决策提供参考借鉴。

二是共享思想产品。拓宽思想成果转化渠道和载体，建立多形式、多层次的思想产品传播机制和共享机制，鼓励各类智库，特别是高校智库和民间智库参与政协的协商议政履职活动，通过政协渠道转化研究成果，上报转送，扩大影响力。

三是共促思想引领。全面建成小康社会、全面深化改革、全面推进依法治国、全面从严治党，呼唤着创新思想引领，呼唤着广泛凝聚共识。政协是集聚各族各界有代表性、有影响力人物的政治性"智库"，智库是集聚各研究领域有思想、有见解专家的专业性"智库"，把两者的优势结合起来，通过政协委员与智库专家的影响力、权威性，共同致力于科学决策与思想引领，广泛凝聚全社会推进改革发展的智慧和力量。

更为重要的是，习近平总书记在庆祝中国人民政治协商会议成立65周年大会上的讲话中强调，"要拓宽中国共产党、人民代表大会、人民政府、人民政协、民主党派、人民团体、基层组织、企事业单位、社会组织、各类智库等的协商渠道"，这为新时期开拓人民政协与各类智库的合作渠道，推进协商民主广泛多层制度化发展，指明了新的发展方向。因此，提出三点建议：

第一，中共上海市委统战部在协商推荐政协委员时，尤其要把智库中代表性强、参政议政水平高、群众认可、德才兼备的优秀人士吸收到政协委员队伍中来。

第二，市政协及各专门委员会积极探索借助社会智库力量，围绕政协履职，邀请社会智库到政协机关来，提供思想产品和智力支持。

第三，搭建"申智会"平台，建议由市政协与市社联合作召集联系各类社会智库，每年定期举办智库论坛，围绕市委、市政府中心工作建言献策，要凸显高端性、权威性的品牌效应，努力将其塑造成为上海智库的峰会。

对加强基层应急管理能力建设的若干建议

（2015 年 1 月 6 日）

杨雄市长在 2015 年人代会上所作的《政府工作报告》中提出“加强基层应急管理能力建设”非常及时和十分必要。加强基层应急管理能力建设，是坚持以人为本，执政为民，全面履行政府职能的重要体现，对于提高城市公共安全运行水准，构建社会主义和谐社会，维护社会稳定和人民群众根本利益具有重要意义。

基层是检验应急管理方针、政策、办法和预案是否可行的最重要的场所；基层是应急管理出经验、出办法、出成果的沃土。突出事件第一时间、第一反应者是非常重要的，第一反应者的素质和自救互救能力往往是他们在灾难来临时生存的关键。为了切实加强基层应急管理能力建设，结合本人的工作实践，提出“八个一建议”。

第一，开展一次隐患排查整改。基层组织和单位是隐患排查监控工作的责任主体，要结合各自实际，对各类危险源、危险区域以及社会矛盾纠纷等进行全面排查。对排查出的隐患，要认真进行整改，并做到边查边改。要建立有关隐患排查信息的数据库，并根据有关应急预案规定的分级标准，实行分类分级管理和动态监控。

第二，确定一个专职应急值守的部门。每个街道办事处和乡镇人民政府都要明确一个部门配备专职人员，建立和完善 24 小时值守制度，居(村)委会及社区物业管理企业要加强值班工作。要建立基层信息报告网络，重点区域、行业、部位及群体要设立安全员，并明确其信息报告任务，同时鼓励群众及时报告相关信息。

第三，组织一次基层应急管理实战演练。一旦突发公共事件，基层组织和单位要立即组织应急队伍，以营救遇险人员为重点，开展先期处置工作；要采取必要措施，防止发生次生、衍生事故，避免造成更大的人员伤亡、财产损失和环境污染；要及时组织受威胁群众疏散、转移，做好安置工作。基层群众要积极自救、互救，服从统一指挥。

第四，建设一个基层应急管理教育基地。各街道办事处和乡镇人民政府都要充分利用活动中心、文化中心以及活动教育等场所，通过多种形式广泛开展应急知识普及教育，提高群众公共安全意识和自救互救能力。生产经营企业要依法开展员工应急培训，使生产岗位上的员工能够严格执行安全生产规章制度和安全操作规程，熟练掌握有关防范和应对措施；高危行业企业要重点加强对外来务工人员的安全宣传和培训。

第五，对基层应急预案作一次认真普查。组织百名专家进基层，带着使命，带着感情，带着责任，在市应急办统一组织和领导下，全心全意地开展现场咨询，专题讲座，专项指导，实地调研等各项活动，对基层应急管理预案编制工作具体指导，使之更具针对性和操作性。

第六，开展"我为基层应急管理献一计"活动。充分发挥新闻媒体的作用，对广大市民提出的可操作、可推广、可复制的计策，予以宣传、奖励，营造全社会关心、理解、支持、参与基层应急管理工作的良好舆论氛围。

第七，组建一支社区应急管理志愿者队伍。充分发挥街道、乡镇等基层组织和企事业单位的作用，建立基层应急管理救援队伍，有关专业应急管理部门要发挥各自优势，加强相关专业知识和技能培训，认真开展科普宣教和辅助救援工作。

第八，加快建设一批基层应急管理保障硬件。加强抗御本地区常发突发公共事件的基础设备、设施及避难场所建设。城市社区要严格功能分区，特别是城中村、人口密集场所和工业区等高风险地区，要加强消防、避难场所、医疗卫生等公共安全基础设施建设，按要求配备应急器材。并且，提高乡村自身防灾抗灾能力；加强公用卫生设备设施建设，防止农村疫病的发生和传播。电信、天然气、自来水、电力、市政等主管部门或单位要加强公共设施抗灾和快速恢复能力建设，做好日常管理和巡查。全市应急管理储备物资要做到备得有、找得到、送得快、用得好。

对化解信访老户要有实招

(2015 年 1 月 6 日)

市有关部门的信息库中上海历年沉淀的信访老户有几千人，每逢重要节点，配合市信访办下发的稳控名单中有 1 000 多人。

这些人的问题长期得不到解决的原因，内在因素是：访民总数大；访民心理驱动性强；节点相互鼓励、串联和助推；长期滞留北京现象蔓延。外部因素是：属地稳控无抓手；北京上海交通便利；在京劝返难度大；法律法规支撑不足。基层同志对化解信访老户感到老办法不能用，新办法又没有，工作压力很大。化解人民内部矛盾责任主体是产生矛盾的地区和单位，不能把公安机关和公安干警推到化解信访老户的第一线。市委、市政府分管领导同志与市信访办等部门负责同志要静下心来，依据党的十八届四中全会精神，运用法治思维、法治方法提出实招。我结合自己的工作经验，提四条建议，供领导同志参考。

一是对老信访户要本着心理宣泄和诉愿表达同等必要的方式，进一步重视疏通信访沟通渠道，保证信访人投诉、申诉，表达诉愿的权力。

二是引入第三方化解倾听机制，在接访过程中专门安排一些“倾听员”参与。可以让社会服务团体或律师有偿介入，或者借助政府职能部门中调解能力强，并有一定心理咨询基础的工作人员建立“一对一，两对一”帮扶模式，以满足一部分来访者的宣泄需求，释放其内心的积郁，并寻找矛盾化解的突破口。

三是将市和区县、各委办局刚退休或退休不久，身体健康，做群众工作经验丰富，愿奉献余热的信访干部、政法干警组织起来，采取政府购买服务的办法，对信访老户分头包干，专人联络，谈不间断，帮扶到位，着力化解。

四是重新启动市督促化解人民内部矛盾办公室。2000 年 7 月，市委、市政府下很大的决心成立了“督解办”，从市委组织部、市纪律检查委员会、市政法机关、市政府职能部门抽调20多位处级以上干部(有些是局级后备干部)集中办公，一至两年轮换，专职从事信访矛盾的化解，收到了非常明显的成效。

关于贯彻实施新行政诉讼法的相关建议

（2015 年 1 月 8 日）

2015 年 5 月 1 日，修改后的《中华人民共和国行政诉讼法》将正式施行。这是党的十八届四中全会以后国家立法机关修改的第一部法律，也是行政诉讼法实施 24 年以来的首次修改。这次修改，将行政征收、征用及补偿决定，滥用权力限制或排除竞争，政府特许经营协议，土地房屋征收补偿协议，以及规章授权组织的行为等纳入了受案范围，扩大了行政诉讼受案范围，并且将起诉期限从目前的 3 个月延长至 6 个月。规定了“红头文件”可一并审查，法院可以根据原告请求，对作出原具体行政行为所依据的规范性文件一并进行审查。同时，将行政首长出庭应诉作为法定义务，因各种原因不能出庭的，明确应当委托相应工作人员出庭。此外，扩大了复议机关当被告的范围。现行法律要求复议机关只在不作为或改变原具体行政行为时才当被告，作出维持决定时则由复议被申请人当被告。新法明确，复议机关即使维持原具体行政行为，也要与复议被申请人共同当被告。

修改后的行政诉讼法对上海行政机关及其工作人员开展各项工作会带来极大影响，行政诉讼案件将会大幅度上升。如何贯彻实施修改后的行政诉讼法，并以此为契机，推进上海法治政府建设，现提出以下四点建议。

1. 尽快充实加强政府法制机构的人员力量

修改后的行政诉讼法实施后，在一段时期内行政诉讼案件将呈现“井喷式”增长，而上海各级政府及其部门应对行政诉讼的人员力量明显准备不足。据向市政府法制办了解，近年来全市复议案件数量连年增加，从 2011 年的 3 052 件激增至 2013 年的 4 270 件；三年中，当事人复议后又提起诉讼的共有 1 286 件，年均 430 件，几乎全部是复议机关维持后起诉的案件，被告基本都是复议被申请人，即作出原具体行政行为的行政机关。而同期全市复议应诉人员几乎未增加，在 460 人左右。复议机构人手不足与复议案件连年增加的矛盾日益凸显。新的行政诉讼法实施后，无论是作出维持决定，还是改变原具体行政行为，复议机关都将担当共同被告，应诉任务更加艰巨，将使得人手不足与工作量不断增加的矛盾更加突出。区县政府法制办的人员匮乏问题尤为严重。机构不独立，平均编制数仅为 2.1，这样的配置根本无法维持复议工作的正常运行，不少区县甚至常年依靠借用人员开展复议接待等相关工作。新的行政诉讼法实施后，几乎翻倍的工作量将给区县政府法制办带来更大压力，对工作质量产生难以估量的负面影响。因此，建议市政府法制办公室在原有基础上增加、充实人员编制；各委办局法制办相应加强，尤其要参考北京等地，在区县设置独立的政府法制机构，配备与工作量相适应的人员编制。

2. 抓紧强化培训，切实提高依法行政的能力和水平

做好贯彻实施新行政诉讼法的相关培训工作。一是组织政府法制办的干部特别是行政应诉人员的短期系统性培训，提高相关人员行政应诉的能力和水平；二是继续加强对行政机关工作人员的法律知识教育，通过开办讲座、举办培训、专题辅导等多种形式，提高各级干部运用法治思维和法治方式深化改革、推动发展、化解矛盾、维护稳定的能力。

3. 积极推进领导干部出庭应诉工作

推动领导干部出庭应诉，对于培育领导干部法治精神具有重要作用，出庭一次胜过几次培训，是其他法治宣传教育方式不可替代的有效方式。通过出庭应诉，领导干部能更好地了解相关法律知识，进一步感受法律的威严，正确认识“法”与“权”的关系，杜绝“权大于法”、“以权代法”的思维和习惯，同时还可以将诉讼法庭现场变成与百姓交流互动的平台，既开诚布公向原告澄清误解，又聆听群众诉求，了解社情民意，有利于营造稳定、和谐、有序的法治环境。

4. 进一步借助社会力量，着力推进依法行政

一是借用政协平台，加强协商沟通，使民主监督更有针对性、实效性。二是借用专家学者力量，为政府依法行政决策和管理提供法律支持；三是借用律师等专业人士的力量，提高政府工作规范化水平，推进法治政府建设；四是借用新闻媒体力量，加强宣传引导，增强市民的法治意识。

关于加强整治机动车非法占道经营的建议

（2015 年 1 月 20 日）

机动车非法占道经营，是城市管理的一大“顽症”。在第二批群众路线教育实践活动中，群众对机动车非法占道经营的投诉和不满意度非常集中，另据2014上海法治发展报告的数据显示，居民对各部门整治机动车非法占道经营方面的满意度竟低于50%。为了解决这一问题，各区县在此次群众路线教育实践活动中，均把整治机动车非法占道经营作为重中之重，花大力气加强整治，建立起各类联合执法平台，但这些举措都是权宜之计，机动车流动摊点时常“死灰复燃”，与执法部门玩“猫捉老鼠”。

根治机动车非法占道经营问题，需要在全市层面予以统筹，加强整治。

经过调查分析，机动车占道经营在整治方面主要存在以下问题：

第一，处于立法“空白点”和执法“交叉点”。机动车非法占道经营，其“非法”主要表现在“乱停车”、“乱设摊”两个方面，立法上没有专门的法律法规进行约束规范，执法上分属交警和城管两个执法部门。交通执法部门依据交通法规对乱停车行为予以处罚，城管执法部门依据市容环境卫生管理条例对占用道路设摊行为进行处罚，由于条线分割，在综合执法方面没有长效机制。

第二，处罚形式单一、力度较弱。对于机动车占道经营的处罚，目前仅罚款和暂扣车辆两种形式，但这两种形式不能起到震慑和禁止作用。一方面，罚款金额有限，违法成本低，城管执法部门对乱设摊的处罚金额基本在200—500元，交警执法部门对违法停车的处罚金额基本为200元，这一罚款额度相比于机动车经营收益，只是凤毛麟角，机动车流动摊主宁愿选择罚款。另一方面，暂扣车辆执行难，很多执法部门出现暂扣车辆无处停放、场地紧张而不了了之。

第三，执法过程中易引发冲突。理想状态情况下，城管执法部门可以依据条例对乱设摊行为每天进行处罚，通过处罚消除乱设摊行为。但实际情况做不到，且城管执法过程中经常面临野蛮抵抗，拒绝被罚；围观群众起哄凑热闹，使得城管执法处于尴尬境地。且这些流动设摊摊贩对城管执法人员的家庭情况了如指掌，甚至有上门扰乱行为发生。

为此提出以下三点建议：

第一，加强联合执法力度。一方面，加强各执法部门之间的联合执法，建立经常化执法机制，由城管、交警、民警联合处置机动车非法占道经营行为，加强惩治力度，防止暴力冲突。二是加强区域间的联合执法，针对在各区、各街镇交界处难于执法的问题，建立联合执法机制，形成联合执法的整体合力。

第二，形成多元化的约束机制。近乎100％的机动车流动摊主为外来流动人口，户口均不在上海，没有各类约束。除了联合执法外，建议以外来人员管理为切入口，由城管部门对长期非法占道经营的摊主情况进行排摸，交由综治部门进行综合管理，从居住证积分管理等方面予以约束，凡有非法占道经营行为的人员留不良记录，并扣除其居住证积分。同时，也要多考虑外来流动人员的就业问题，协助其本人及子女就业，多予以人文关怀。

第三，严格把控车辆年检关。机动车非法设摊一般都集中在人流集中、有空闲区域的小区门口、道路交叉口等地方，可利用电子监控，由应急指挥中心的电子监控摄像作为违法停车记录凭证，在车辆、年检审证时从严处罚。

国家会展中心交通配套举措亟待加强

（2015 年 1 月 24 日）

国家会展中心由国家商务部和上海市政府合作共建，由上海博览会有限责任公司投资建设并运营。作为国家会展项目，它以突破性的设计，完善的功能，立足长三角，服务全中国，面向全世界，推动中国产业结构调整，促进经济发展方式转变，服务中国经济社会平稳健康发展。

国家会展中心建筑总面积为 147 万平方米，其中地上建筑面积 127 万平方米，是目前世界上面积最大的建筑单体和会展综合体。室内展厅 40 万平方米，室外展场 10 万平方米，是上海现代服务业标志性品牌。2015 年展会档期已经排满，上海国际广告技术设备展览会将于 3 月 8 日至 14 日举行，展区 20 万平方米，进入全馆全运行。其中最需要引起重视和关注的是上海汽车展，时间是 4 月 8 日至 5 月 1 日。以往的车展最高客流量是 80 万人，高峰日近 20 万人，这次预计人数会突破以往。

近日，我实地作了调研，感到青浦区政府在服务管理配套方面已经尽了很大努力，但仅靠区里的力量有限，必须市里统筹部署。国家会展中心的交通配套举措亟待加强，现在面临四个大的问题：

第一，通达国家会展中心的轨道交通只有 2 号线。国家会展中心位于 2 号线的徐泾东站，前面两站是虹桥火车站和二号航站楼。2 号线是上海轨道交通东西向的主要干线，目前已经处于饱和状态。国家会展中心的活动带来的大客流，会对轨道交通 2 号线造成巨大运营压力。

第二，人流的停车场、货运的停车场目前规划没有全部定位。作为临时的配套设施，有的正在准备建设，有的方案尚未确定，长此以往是要出大问题的。

第三，连接市中心的公交线路严重不足。国家会展中心地处郊区，徐泾交通枢纽有 12 条公交线路，基本上没有一条是到达市中心的，出租车驾驶员一般也不太愿意跑这条线路，遇到大客流的时候人员疏散困难重重。

第四，国家会展中心是地处青浦区最大的项目，它周边交通道路需要拓展、需要加固，虽然目前正在抓紧进行，但是还跟不上会展中心的发展所需。

综上所述，市政府要引起高度重视，建议由市政府分管领导召开协调会议，区与市有关部门共同研究方案，建立内外联动机制，并认真进行风险评估和预案编制，确保国家会展中心的安全有序运行。

加快推进亚太地区具有国际影响力的检测中心建设的建议

(2015 年 7 月 26 日)

上海市检测中心位于自贸区和张江国家资助创新示范区内,占地 15 万平方米。2002 年 2 月挂牌成立,2006 年完成一期工程项目建设。在项目决定和启动前,时任上海市长徐匡迪就提出,要将此中心建设成为具有全球影响力的亚太地区最有权威的检验检测中心。中心的第一任理事长是杨雄同志;第二任理事长是我,由于诸多原因,中心没有达到既定要求。现状是:上海市计量测试技术研究院、中国上海测试中心、上海市食品药品检验所、上海市食品药品包装材料测试所等单位成为中心的主要技术支柱,初步集聚了涵盖计量溯源和校准、食品药品检验、包装材料检测、环境监测和化学品检测等各方面的能力,建立了 184 个专业功能实验区、536 个现代化实验室,仅成为目前国内唯一一个跨部门、跨行业、以公共平台方式实现检测资源整合的园区。

2014 年国务院发布《关于整合检验检测认证机构的实施意见》(以下简称“8 号文件”),指出我国检验检测认证服务行业发展态势总体良好,但是检验检测机构仍存在“缺乏政府统一有效的监管,规模普遍偏小,布局结构分散,重复建设严重,体制机制僵化,行业壁垒较多,条块分割明显,服务品牌匮乏,国际化程度不高”等问题,总体上提出了对检验检测认证机构整合的改革要求。

2015 年,中共上海市委、市政府提出关于加快建设具有全球影响力的科技创新中心的 22 条意见,明确要把上海建设成为世界创新人才、科技要素和高新科技企业集聚度高,创新创造创意成果多,科技创新基础设施和服务体系完善的综合性开放型科技创新中心。检验检测行业包括标准、量值溯源验证、检测方法研究在内的技术基础服务体系建设,在新一轮全球性产业结构调整和创新革命中,可为上海产业转型升级,保持和提高科技竞争力、增强技术创新优势提供强大助力和后劲。

近期，上海社科院和中国工程科技战略发展研究中心(上海)联合课题组发布《转型升级的新战略与新对策：上海加快建设具有全球影响力的科技创新中心研究》。课题组明确提出，上海建设具有全球影响力的科技创新中心，应该在基础科学研究、前沿技术研发、创新企业集聚、创新资源市场、创新成果产业化等五个方面，打造五个功能中心。其中到2030年要拥有50个国家重点实验室，其中1—3家进入全球顶尖实验室行列；拥有100家研发专业服务平台。到2050年国家重点实验室要达到70个，其中5—10家进入全球顶尖实验室行列；拥有200家研发专业服务平台。

然而，上海市检测中心的建设与发展还存在突出问题：

1. 未能实现中心建设预设的功能定位

上海市检测中心建设初期的设想是作为政府的技术支撑平台，归并整合为政府执法所需支撑的检测资源，可为产业转型升级和新型战略产业提供必需的前瞻性、战略性检测技术研究，最终实现检测资源共享、资产整合、功能集聚。

经过十多年的建设，中心园区已建成并发展为长江三角洲地区具有国际先进水平的综合性检测平台，各入驻机构在技术能级、检测仪器设备的水平上都有了质的飞跃，填补了原来高端计量、检测、校准领域的空白，在装备制造业、环境卫生、生物医药业、微电子产业、现代农业、现代服务业及纳米技术等高新技术领域，新开展了一批重大科研项目，为产业调整、优先发展先进制造业提供了技术支撑。在社会效益和经济效益上也硕果累累，基地总体业务量和收入比进入中心张江园区前数倍增长。

由于我国法律法规和行政管理体制的现状还未有大的改变，依法设置或授权的检测检验机构绝大多数与政府主管部门存在隶属关系等问题，园区内各入驻机构的业务还处在“半封闭”状态，中心预设实现跨部门资源整合的目标未能全部实现，资源整合和支撑能量也未能得到充分释放。

2013年8月底，中编办政策法规司司长王龙江带队到中心张江园区作检验检测机构改革专题调研，肯定了中心的整合模式，认为中心的模式、思路是超前的，但实际操作未能达到预期，主要是体制上的问题，需要进一步解放思想。

2. 科创中心需要大型综合性公共平台的专业性引领与技术性支撑

随着科技的快速发展,已经出现了许多跨领域的革命性技术和全新的领域,现代计量和检测检验也已不再纯粹限于传统意义上的物理范畴,正逐步向化学量、工程量、生物量等扩展,原有的按专业领域进行分类建设的模式对机构发展的制约逐渐显现,要使公共机构能提供更为完善的公共科技研究、检测与服务,并能为跨领域的革新性技术研究提供强大的技术支持,围绕提高产业综合竞争力开展检测资源整合和共享势在必行。

《中共中央关于全面深化改革若干重大问题的决定》中就明确提出,要"整合业务相同或相近的检验检测、认证机构"。从国家长远发展来看,推进检测体制改革和资源整合,符合政事分离的总体改革方向;有利于政府购买服务的机制实现;有利于切实解决多头检测、重复检测和检测结果不互认的问题;有利于切实解决政府重复投入、检测资源配置效率不高的问题;有利于提高国内检测机构技术创新的核心竞争力。

《中共上海市委市政府关于加快建设具有全球影响力的科技创新中心的意见》提出要"重点支撑和大力发展检验检测认证等专业科技服务和综合科技服务"。

在科创中心建设和检验检测机构整合的双重要求下,上海通过检测中心建设,实现了初步突破。但由于检验检测机构整合过渡期缺乏宏观战略规划和顶层设计、有效监管和激励措施,先期推进的检测中心的跨部门整合建设滞后。多元的检验检测市场主体之间,缺乏必要的信息共享平台与互动合作机制。协同创新机制的缺乏,导致整个行业的技术研发和创新水平受到极大的限制。

为此,提出以下三点建议:

1. 拆除各类"围墙",实现管办分离,明确职能划分

"8号文件"以及国家质检总局的发文都提到了检验检测认证机构"行政依赖较多、体制机制僵化、行业壁垒较多、条块分割明显"等问题,这就要求拆除行政权力的"围墙",打破行政权力对部门利益的保护,去除官僚体制固有的臃肿和低效对检验检测行业的侵蚀。实践证明,实现管办分离,政府专司监督管理的职能,技术机构按照市场的要求开展业务工作,让市场在检验检测资源

配置中发挥决定性作用,有利于提高资源的使用效率,提升检验检测产业的服务水平。

上海可借此次全国范围检验检测机构整合的东风,以壮士断腕的改革决心,按照国家的总体要求,完成检验检测认证机构分类改革,管办分离、政事分开、事企分开等改革任务,科学界定国有检验检测认证机构功能定位,形成公平开放、竞争有序的检验检测市场环境:形成布局合理、精简高效、职责清晰、保障有力的政府检验检测技术服务体系。要充分重视上海已有的公共平台——上海市检测中心的功能优化,在实现物理整合的基础上,对公共检验检测功能进行整合,以最小的成本实现公共检验检测服务高地建设。

2. 发挥集聚功能,整合检验检测资源,服务高技术产业

国家要求上海实施创新驱动发展战略,大力推进具有国际影响的科技创新中心的建设,最终实现中国产业结构的优化和升级,实现“三大转变”。作为高技术产业的“技术基础”,检验检测行业在产业标准的制定、产品的计量检测、技术业务咨询等方面发挥着重要的作用,没有高精尖的检验检测技术基础为依托,高技术产业发展将成为空中楼阁,而现实分散破碎的检验检测行业,难以完成这一重任。这就要求对检验检测的资源进行有效整合,发挥资源的集聚效应。

具体到上海市检测中心,可以科创中心建设为契机,对中心园区的存量进行整合,对二期建设的增量加强统筹规划。首先,迅速根据上海战略需求完善检验检测资源共享和公共服务平台建设,迅速形成人才、技术、装备的集聚效应。其次,利用主动承接国家重大项目,加强不同层级、不同区域、不同领域的合作交流,成为检验检测改革的弄潮儿,吸引更多的资源和投入,重点服务高技术产业,凸显高端优势。

同时,上海作为长江三角洲的中心城市,对长三角的辐射作用表现在向周边地区释放大量物流、资金流和技术流。通过争取国家级重点实验室或区域性专业实验室的加入,可以更好地利用其定位和资源配置优势,辐射长三角地区,并反作用于产业发展和新产品研发。

3. 释放机构活力,推进检验检测技术机构改革,推行体制创新

检验检测机构在现有的体制机制下缺乏科学研发和技术创新的动力,利

益分配的不平衡是重要原因。科学研发和技术创新需要大量的资源投入，而现有的大型检验检测研究机构多是以公益性事业单位为主，属于财政全额拨款事业单位，承担的业务主要是政府委托的项目，无法主动对接市场需求，这就失去了科研和创新所必需的场景。

科研体制的僵化无法吸引到高端科技人才，也没有办法留住人才。在新一轮的检验检测机构改革中，上海市检测中心在定位于“政府实验室”的公共研发服务平台的同时，可以推行科研体制的改革，实现混合所有制，让科研人员能够持有一定的股份、享有科研成果分红，以激励科研人才进行技术创新。

上海建设具有国际影响力的创新中心，需要构建创新共同体，以研发集群提供协同创新服务。政府要通过公共服务平台把产、学、研、用、介等全社会创新资源有效地聚集起来，发挥全社会科技资源的作用和价值。政府实验室（计量检测检验类）作为独特的专业技术服务领域，应成为创新共同体四大基本构成之一。希望上海市委、市政府能一如既往加强领导，重视作为技术基础的公共检验检测创新平台的建设，以符合国际通行准则的理念（即转变现有的向企业直接投放资金扶持，用低价抢占国内外市场的方法），改由向检验检测、标准化提供资金支持，用于研发符合国际水平、可互认的检测方法和技术，提高产品竞争力，降低企业在检测检验、标准化上的成本。

关于对为改革作出牺牲的工人要予以特殊关心的建议

（2016年1月20日）

上海是工人阶级的发源地，广大工人在革命、建设和改革开放中都作出巨大贡献。20世纪90年代初，为了产业结构调整，城市规模扩大，不少工厂关停并转，尤为典型的是上海纺织系统。

上海纺织系统原有职工55万人。1995年，提出“壮士断臂求生存”，压锭敲锭实施产业结构调整，大批的纺织工人没有了工作岗位，市纺织局成立了“再就业中心”，有20多万纺织工人进入了再就业中心。“再就业中心”解决这些失岗工人的做法有以下几种：一是男满55岁，女满45岁提前退休；二是男满52岁，女满42岁承诺提前退休，就是先回家自谋工作，到了男满55岁，女满45岁办理退休；三是前面两个条件都不满足的与企业签订协议保留劳动关系，自己到社会上去谋生路，由企业缴纳最低标准的“三金”直至男满60岁，女满50岁办理退休；四是在调整过程中实施破产的企业，男满55岁，女满45岁退休。另外，很多公司如毛麻公司等让满50岁的女干部作为工人退休，这些人也是改革的牺牲者。

据当初从事这一工作的专业人员告知，为了纺织改革，提前退休的纺织工人和干部有近20万人，其中工人提前了5年退休，干部提前了10年退休。由于社保实行的退休工资政策由工龄、账户资金、退休当年市平均工资等几块组成，所以这些提前退休的人本来就比正常退休的人工资少了很大的一块。更为不公平的是，现在每年退休工人加工资都有工龄工资这块，这些为改革作出牺牲提前退休的人每年都比正常退休的人少掉了工龄工资这块，长年累月他们之间的差距将越拉越大。

当我们在享受改革成果的时候，要让这些为改革作出牺牲的人也能共享改革开放、经济发展的成果。建议市政府对此予以重视，专题作出研究，从社保角度给这些人（包括其他行业同类下岗协保人员）加上损失的工龄，并补偿多年来少加的退休工资。

关于对机构编制实现动态化管理的建议

(2016年1月4日)

党的十八大以来,国务院不仅把简政放权作为全面深化改革的“先手棋”和转变政府职能的“当头炮”,更是把简政放权当作反腐败的治本之策。上海市人民政府认真贯彻国务院的部署,在简政放权、职能转变上采取了许多新举措,标志着在建设法治政府、创新政府、廉洁政府和服务型政府上迈出了坚定步伐。

政府部门的职能发生变化了,不少行政审批项目取消了,但行政机关的编制仍未作较大调整。全市现有行政编制超过10万,其中政法系统近6万,事业编制40万,行政机构设置和编制配备与现代城市治理体系的建设不适应、不匹配。

在当前新形势下,只有将思想观念转变到管好用活存量、优化编制结构上来,积极开展内部挖掘和创新管理,才能更好地缓解编制与供需的矛盾。具体建议:有减有增、动态调整;保障重点、服务群众。

为此,提出对机构编制实行动态化管理的建议,总的建议:立足现有机构编制总量,坚持走内涵式发展之路,以职能结构为统领,调整优化机构设置,积极探索实践机构编制动态管理,大力精简市级机关的机构编制,加强区县及基层一线和重点领域及部门,不断加强机构编制动态管理创新力度。

第一,为提升机构编制调整的实效性,市编办要允许各行政机关在编制总量范围内,根据实际工作需要,自行研究调整委办局所属处室编制配置。如,市政协对外友好委员会只有牌子,没有编制。

第二,为推动机构编制管理规范化,要鼓励各行政机关根据目前现实情况,重新进行定职责、定机构、定编制的“三定”工作,理顺职责关系,明确机构设置和人员编制配备,切实解决职能交叉、机构重叠、忙闲不均、机关冗员等问题。

关于弘扬海派文化品格，加快建设上海国际文化大都市的建议

（2016 年 1 月 19 日）

《中共上海市委十三五规划建议》中指出，上海要“传承中华文化精髓、吸收世界文化精华、弘扬海派文化品格，着力提升核心价值观感召力、理论成果说服力、宣传舆论影响力、文化产业竞争力，基本建成国际文化大都市”。

背靠长江、面向大海、位于我国海岸线中点的独特地理条件、近现代历史变革及多样化人口的不断集聚等，使上海从一个滨海渔村及滩涂，演变成为我国东西文明交汇最充分，接受国外新鲜事物最迅速的国际化大都市。

“海派”一词如今却演变成为了上海这个国际大都市“海纳百川、追求卓越、开明睿智、大气谦和”城市精神的表征。这个过程其实是一种跳出了文艺范畴、跨越了专业边界，进而打开了“海”一般宏阔的视野，使“海派文化”成为上海城市发展精神动力象征与品格标签的过程。

按照《辞海》的定义，“文化”，从广义来说，指人类社会历史实践过程中所创造的物质财富与精神财富的总和，从狭义来说，指社会的意识形态，以及与之相适应的制度和组织机构。

有鉴于此，海派文化内涵丰富、作用领域广泛，对于推动建设上海国际文化大都市意义重大，值得深挖细研。

重在说清海派文化的发源、流布、传承、发展、复兴的历史轨迹和地理分布，进而分析其发展的未来走向。无论是市的层面，还是各个区县，都在历史文化的保护利用方面做了大量的工作。各区县，或多或少都保留了能体现海派文化特色的历史遗存，为在新的历史时期，开展关于海派文化的整体研究，整理上海海派文化的历史渊源，重绘上海海派文化的地理版图奠定了良好基础。说清海派文化内涵，研究海派文化发展的历史轨迹，推动海派文化的繁荣发展，必须充分发挥各区县的资源优势和主体作用。

阐明海派文化的作用领域和对上海的意义。文化之于城市发展，首在影响人的精神与灵魂，其次还能作用于或影响到相关的投资、出口、消费等多个经济领域，并涉及文化空间及地标的打造、文化产业的促进推动、文化产品的制作发行、文化资本的投入运作、文化体制的创新改革、文化艺术的繁荣发展等。在新的历史时期，我们弘扬海派文化，强调的是上海在中国文化日趋开放的环境下如何宣介中国优秀传统文化和与世界优秀文化融合与创新的作用与作为；强调的是上海在文化产业如何与旅游业、商贸业、建筑业、互联网经济等融合与创新中的主要做法和重要举措；强调的是上海市民如何养成海派文化品格，提升文化素养，展现城市精神的点点滴滴，以及如何建立让来到上海的移民与游客喜欢上海、融入上海、推介上海的机制。

为此，提出以下建议：

第一，建议发挥民间对于海派文化发展的主体作用。鼓励社会力量以各种形式参与共同推动海派文化的传承发展；

第二，建议完善政府在发展海派文化方面的政策扶持与工作举措；

第三，建议政协发挥自身优势与特点，通过持续推动，促进海派文化繁荣发展：

其一，政协发挥人才密集的优势，编辑出版一套《上海海派文化地图》丛书并举办一届上海海派文化发展论坛。丛书拟分为17卷，其中16卷分别介绍16个区县的海派文化资源特色和与海派文化有关的知名人物等，1卷为上海海派文化地图绘本。

其二，政协发挥地位超脱的优势，跨领域、跨专业、跨区域地构建海派文化研究、展示、宣传、推介、合作的平台，组建上海海派文化发展联合会、构建海派文化公益平台。

其三，政协发挥联系广泛的优势，整合文、商、旅、创、金等优势，利用相关区县历史优秀建筑资源，筹建上海海派文化馆，并以上海海派文化馆为载体，建立复兴海派文化的常态工作机制：一是要引领对上海的深度文化体验和旅游消费，掀起市民与游客发现和体验海派文化的热潮；二是要引领上海品牌的复兴，鼓励支持上海老字号品牌通过海派文化馆的运营运作，进一步赢得市场和人民喜爱；三是要引领海派文化走向世界，同时又要让各国文化融入上海，丰富充实新的海派文化内涵，让海派文化也做到全球连锁。

关于扶持民营孤独症康复机构的建议

(2016 年 1 月 25 日)

上海的常住人口约为 2 300 万,其中 0—14 岁的儿童有 198 万。由于国内没有孤独症(自闭症)的流行病学调查,而美国疾病控制与预防中心的数据表明,儿童孤独症的发病率高达 68∶1。国内一般按照 1%的发病率,那上海就有 0—16 岁的孤独症儿童 2 万名以上。

上海市“阳光宝宝卡”是上海市政府、市残联专门为 0—16 岁的智力、听力、肢体、视力、孤独症自闭症等 5 类残疾儿童推出的特殊康复服务。根据规定,凡持有“阳光宝宝卡”的儿童可以到指定康复中心进行康复训练,并根据康复机构出具的康复训练发票,享有相应的经费补贴。

上海有定点的康复机构 146 家,其中公办孤独症康复机构有 30 家,民营的有 13 家。民营机构的运作经费主要来源于收取学生学费和社会捐赠,难以实现机构的可持续发展。市民营康复机构作为孤独症康复不可或缺的部分,已经得到广大家长的认可。

为扶持民营孤独症康复机构提出以下建议:

第一,康复机构中除了硬件和专业技术之外,其中最重要的就是特殊教育老师队伍的建设。而保证特教老师的队伍稳定化、专业化则需要政府进行托底。

为民办康复机构的老师提供一定的培训支持和认证,加强老师的专业化建设;对持有相关资质的特殊教育老师(如社工证、教师资格证、心理咨询师证)或取得认证且劳动关系隶属于定点康复机构的老师进行一定的补助。

第二,对表现特别优异的民营康复机构老师进行评选和奖励。

图书在版编目(CIP)数据

柴生报告/柴俊勇著.—上海:上海人民出版社,
2018
ISBN 978-7-208-15298-4

Ⅰ.①柴…　Ⅱ.①柴…　Ⅲ.①人民生活-调查报告-
上海　Ⅳ.①D669.3

中国版本图书馆CIP数据核字(2018)第154178号

责任编辑　熊　捷
封面设计　零创意文化

柴生报告
柴俊勇　著

出　　版　上海人民出版社
　　　　　　(200001　上海福建中路193号)
发　　行　上海人民出版社发行中心
印　　刷　上海商务联西印刷有限公司
开　　本　720×1000　1/16
印　　张　23
插　　页　10
字　　数　342,000
版　　次　2018年9月第1版
印　　次　2018年9月第1次印刷
ISBN 978-7-208-15298-4/D·3244
定　　价　78.00元